राजा राममोहन रॉय

राजा राममोहन रॉय

पूजन थापा

First published in India in 2020 by
Krishna Publishers

ISBN: 978-93-874851-1-2

Krishna Publisher
RTB 157, Royal Tower Shipra Sun City,
Indirapuram, Ghaziabad 201014

E-mail: Krishnapublisher@gmail.com

Printed and Bound in
Delhi

₹ 590/-

प्रस्तावना

आज हम जिस युग में जी रहे हैं, उसकी कल्पना समाज के महापुरुषों के बिना अधूरी है। इतिहास के कई स्वर्णिम पन्नों पर हमें ऐसे महापुरुषों की कहानी पढ़ने को मिलेगी जिन्होंने अपनी क्षमता, दूरदर्शिता और सूझबूझ से देश को नई राह दी। ऐसे ही महापुरुषों में से एक थे–राजा राममोहन राय। राममोहन राय अपनी विलक्षण प्रतिभा से समाज में फैली कुरीतियों के परिष्कारक और ब्रह्म समाज के संस्थापक के रूप में निर्विवाद रूप से प्रतिष्ठित हैं। राजा राममोहन राय सिर्फ सती-प्रथा का अंत कराने वाले महान समाज सुधारक ही नहीं, बल्कि एक महान दार्शनिक और विद्वान भी थे।

राजा राममोहन राय भारतीय पुनर्जागरण आंदोलन के प्रर्वतक माने जाते हैं। इन्होंने पुनर्जागरण आन्दोलन में जो योगदान दिया वह काफी प्रशंसनीय है। ये बहुविवाह और वेश्यावृत्ति को जड़ से उखाड़ना चाहते थे। भेदभाव अथवा छुआछूत को दूर कर समाज में समता लाने का प्रयास राममोहन राय ने प्रारम्भ किया था। जातीय भेदभाव के विरुद्ध उन्होंने प्रचार किया था। ब्रह्मसमाज के सदस्य जातीयता को प्रश्रय नहीं देते थे। राममोहन राय ने विधवा-विवाह का समर्थन किया था। वे अंतरजातीय विवाह के पृष्ठपोषक थे। कुछ लोगों की यह धारणा है कि राजा राममोहन राय का योगदान सामाजिक सुधार के क्षेत्र में उतना महत्वपूर्ण नहीं था जितना उसका प्रचार किया गया है। सती-प्रथा का विरोध राममोहन के पहले ही प्रारम्भ हो चुका था। राममोहन राय ने सती-प्रथा को अवैधानिक करार देने में मात्र अपना ही सहयोग प्रदान किया था। विधवा-विवाह, मदिरापान और मांस खाना शास्त्र के अनुसार स्वीकृत था। राममोहन राय ब्रह्मणिक और तांत्रिक विवाह-पद्धति को समान रूप से महत्त्व देते थे। वस्तुतः इन्होंने रूढ़िग्रस्त समाज की बुराइयों को दूर करने का प्रयास किया और बंगाल के सामाजिक जीवन में एक नयी चेतना का विकास किया था।

राजा राममोहन राय एकेश्वरवाद में विश्वास करते थे तथा मूर्ति-पूजा के खिलाफ थे। कुरान की लोकतंत्रात्मक शिक्षाओं का उन पर गहरा प्रभाव पड़ा था। राममोहन राय अपनी विलक्षण प्रतिभा से समाज में फैली कुरीतियों के परिष्कारक और ब्रह्म समाज के संस्थापक के रूप में निर्विवाद रूप से प्रतिष्ठित हैं। राजा राममोहन राय सिर्फ सती-प्रथा का अंत कराने वाले महान समाज सुधारक ही नहीं, बल्कि एक महान दार्शनिक और विद्वान भी थे। वह जहाँ संस्कृत और हिंदी भाषा में दक्ष थे वहीं अंग्रेजी, ग्रीक, बांग्ला और फारसी भाषा में भी बेहद निष्ण ात थे। उन्होंने वेदों और उपनिषदों को विश्व जनमानस तक पहुँचाने के लिए इनका बांग्ला हिंदी, फारसी और अंग्रेजी भाषा में अनुवाद किया। इन भाषाओं में उन्होंने कई ग्रंथों की रचना भी की।

—लेखक

अनुक्रम

1

जीवन वृत्त

आज हम जिस युग में जी रहे हैं उसकी कल्पना समाज के महापुरुषों के बिना अधूरी है। इतिहास के कई स्वर्णिम पन्नों पर हमें ऐसे महापुरुषों की कहानी पढ़ने को मिलेगी जिन्होंने अपनी क्षमता, दूरदर्शिता और सूझबूझ से देश को नई राह दी। ऐसे ही महापुरुषों में से एक थे–राजा राम मोहनराय। राममोहन राय अपनी विलक्षण प्रतिभा से समाज में फैली कुरीतियों के परिष्कारक और ब्रह्म समाज के संस्थापक के रूप में निर्विवाद रूप से प्रतिष्ठित हैं। राजा राममोहन राय सिर्फ सती प्रथा का अंत कराने वाले महान समाज सुधारक ही नहीं, बल्कि एक महान दार्शनिक और विद्वान भी थे।

जीवन वृत्त

राजा रामोहन राय का जन्म अठारहवीं शताब्दी के उत्तरार्द्ध में 22 मई 1772 ई. को समृद्ध परिवार में हुआ था। उनके पिता का नाम रमाकांत राय और माता का नाम तारिणी देवी था। वे अपने पिता के दूसरे संतान थे। इनके पिता एक नवाब के यहां कर्मचारी पद पर कार्यरत थे। राजा राममोहन राय का जिस समय जन्म हुआ उस समय तक सम्पूर्ण भारत पर ब्रिटिश साम्राज्य का आधिपत्य स्थापित हो गया था। उन दिनों गांव-देहात में शिक्षा के नाम पर सिर्फ वर्णमाला तथा कामचलाऊ गणित ही सिखाया जाता था। राममोहन राय अरबी-फारसी की शिक्षा पाने के लिए पटना चले गये, जहां उन्होंने दोनों भाषाओं में विशेष दक्षता प्राप्त की।

राममोहन राय की किशोरावस्था में ही एक संस्कृत अध्यापक नंदकुमार से मुलाकात हुई। वे एक तंत्रसाधक थे। राममोहन ने अपने अध्यापक से संस्कृत तो सीखी ही, साथ ही उनका झुकाव तंत्र साधना की ओर भी हुआ। उन्होंने अल्पायु में ही तिब्बत का भ्रमण किये, जहां उन्हें अनेक कष्टों का सामना करना पड़ा। वहाँ लामाओं को ही ईश्वर की भाँति पूजा जाता था और राममोहन का

मानना था कि ईश्वर तो एक ही है। बस यह विचार व्यक्त करते ही चारों ओर विद्रोही उठ खड़े हुए। राममोहन के लिए प्राण बचाना भारी हो गया। वहाँ उन्हें एक तिब्बती महिला ने अपने यहाँ आश्रय दिया। भारत वापिस भेजने का प्रबंध भी उसी ने किया। उस तिब्बती महिला के उस उपकार व प्रेमपूर्ण व्यवहार ने राममोहन को श्रद्धा से अभिभूत कर दिया जिससे उन्हें नारी-उत्थान की प्रेरणा मिली।

राममोहन राय के पिता जी ने एक वसीयत लिखकर अपनी संपत्ति को पुत्रों में बाँट दिया। राममोहन के हिस्से कुछ ज़मीन व दो घर आए। उन्होंने अपनी बुद्धिमता के बल पर, शीघ्र ही संपत्ति को दुगुना कर दिया। कुछ ही समय पश्चात राय परिवार

संकट में घिर गया। पिता व बड़े भाई कार्य के बोझ तले दब गये थे। राममोहन ने दोनों को उबार लिया। जब वे कलकत्ता पहुँचे तो उन्होंने नौकरी कर ली। वहाँ उनकी भेंट जॉन डिगबी नामक अंग्रेज अफसर से हुई। वे दोनों अच्छे मित्र बन गए। राममोहन की कुशाग्रबुद्धि का परिचय पा कर डिगबी ने उन्हें, अपने यहाँ नियुक्त कर लिया। वे कई सालों तक डिगवी के यहां अलग-अलग पदों पर कार्य किये।

राममोहन स्वभाव से शिष्ट व संयत थे, परंतु अन्याय के शक्त विरोधी थे। उन दिनों एक नियम बन गया था कि यदि कोई अंग्रेज अधिकारी दिखाई दे तो उसे अपनी सवारी से उतर कर सलाम करना होगा, वरना यही माना जाएगा कि उसका अपमान किया गया है। गुलाम भारतीय मजबूरीवश इस अन्यायपूर्ण नियमों का पालन करते थे। एक दिन राममोहन पालकी पर सवार होकर कहीं जा रहे थे। राह में कलकत्ता का कलॅक्टर सर फ्रेडिक हेमिल्टन खड़ा था। अनजाने में ही पालकी सवारों ने उसे देखा नहीं व आगे बढ़ गए। हेमिल्टन का क्रोध सातवें आसमान पर जा पहुँचा और कहा कि–"पालकी सवार की इतनी जुर्रत! वह उन्हें नजरअंदाज कर आगे बढ़ गया"

हेमिल्टन के सैनिक शीघ्र ही पालकी को रुकवा दिये। पालकी से राममोहन उतरे व शिष्टतापूर्वक पूछा कि उन्हें क्यों रोका गया, साथ ही उन्होंने नमस्कार भी किया। हेमिल्टन को समझाने की सभी कोशिशें बेकार गईं। वह यह मानने को तैयार नहीं था कि पालकी सवार की नजर, उस पर नहीं पड़ी। वाद-विवाद बढ़ता ही गया। उस समय तो राममोहन वहाँ से चुपचाप चले आए, परंतु उन्होंने पूरी घटना का हवाला देते हुए लार्ड मिंटो को शिकायती पत्र भेजा। आगे चलकर राममोहन राय ने इस असभ्य नियम के खिलाफ कानून पास करवाए।

राममोहन राय उन व्यक्तियों में नहीं थे, जो केवल भोग को ही जीवन का पर्याय मानते हैं। राममोहन ने अल्पायु में ही परमेश्वर के विषय में चली आ रही, भ्रांत धारणाओं को मानने से इंकार कर दिया था। उनका विचार था कि ईश्वर केवल एक ही है, वह है 'ब्रह्म'! हिंदू धर्मावलंबी इस विचार के विरुद्ध थे। यदि ईश्वर एक है तो दूसरे ईश्वरों का अस्तित्व कहाँ से आया। यहाँ तक कि राममोहन के पिताजी भी इस मत से सहमत नहीं थे। राममोहन सत्यानुरागी थे और सत्य के जिज्ञासुओं को पग-पग पर अवमानना का विष पीना ही पड़ता है। यद्यपि विरोधियों ने उन पर बहुत से आरोप लगाये लेकिन इससे उनकी प्रतिष्ठा और बढ़ती गई।

यदि राममोहन राय को एक भ्रमणकारी के रूप में देखा जाए तो भी अनुचित नहीं है। वे आजीवन सत्य की खोज में भ्रमणशील ही रहे। भारत के विभिन्न भागों की यात्रा के पश्चात, उन्होंने यूरोप की यात्रा का विचार भी बनाया।

राजा राममोहन राय ने 1885 ई. में आत्मीय सभा की स्थापना किये। इस सभा के सदस्य विद्वान, तर्कशील व विवेकी थे। इस सभा ने तत्कालीन शिक्षा के विरुद्ध आवाज उठाई। उन दिनों शिक्षा के नाम पर एक ऐसा वातावरण बन गया था, जिसमें केवल आडंबर ही आडंबर था।

राममोहन राय बहुमुखी प्रतिभा के धनी थे उन्होंने गद्य-लेखन में भी अपना बहुमूल्य योगदान दिया। प्रारंभिंक दिनों में मिशनरी राममोहन के साथ थे, क्योंकि वे लोग भी मूर्तिपूजा में विश्वास नहीं रखते थे। उन्होंने समझा कि राममोहन उनके साथ हैं परंतु जब उन्होंने 'द परसेप्टस ऑफ जीसस, गाइड टू जीस एंड हैप्पीनेस' लिखकर प्रकाशित करवाई तो ईसाई समुदाय तिलमिला गये। इस पुस्तक में राममोहन ने स्पष्ट रूप से लिखा कि बाइबिल की सभी घटनाओं पर आँख मूँदकर विश्वास न करें। 'ब्रह्मनिकल मैगजीन' का भी यही मकसद था। राममोहन राय केवल यही चाहते थे कि मनुष्य तर्क व विवेक की कसौटी पर कसकर ही, किसी धारणा को अपनाए। इसी तरह इन्होंने इस्लाम के विषय में भी कहा, परिणामस्वरूप हिंदू, मुसलमान व ईसाई उनके खिलाफ हो गये और विरोध करने लगे।

राममोहन राय ने बंगला भाषा में वेदांत का अनुवाद किया। इस पुस्तक के प्रकाशित होते ही विरोधियों ने अपनी-अपनी कमर कस ली। वे लोग राममोहन पर व्यक्तिगत आक्षेप करने से भी बाज नहीं आए। राममोहन इन बेबुनियाद आरोप से जरा भी नहीं विचलित हुए।

एक दिन कुछ मित्रों के सुझाव पर उन्होंने एक धार्मिक सभा आरंभ करने की योजना बनाई। इस सभा में ब्रह्म की उपासना की जाती। अतः सभा का नाम ब्रह्म सभा' रखा गया। 1828 ई. में स्थापित इस सभा में वैदिक श्लोकों व उपनिषद् पर चर्चा होती। सभा में सभी धर्म के अनुयायियों को आने की छूट थी। उपदेश-संगीत व प्रार्थना के माध्यम से आपसी प्रेम व एकता को बढ़ावा देने का प्रयास किया जाता। सभा में गाया जाने वाला संगीत 'ब्रह्मसंगीत' कहलाता था। इस सभा के कुछ मुख्य उपदेश थे कि मूर्तिपूजा नहीं की जाएगी। जीव-हत्या नहीं होगी। शाकाहार पर विशेष बल दिया जाएगा। किसी भी धर्म अथवा इष्ट का उपहास नहीं होगा एवं परस्पर प्रेम व भाईचारे को बढ़ावा दिया जाएगा।

राममोहन तत्कालीन शिक्षा पद्धति से असंतुष्ट होकर एक कॉलेज खोलने की स्वीकृति ईस्ट इण्डिया कम्पनी से लिया, परंतु विरोधी नहीं चाहते थे कि राममोहन का नाम प्रबंधन समिति से जुड़े। यदि राममोहन चाहते तो इस बात पर बवाल खड़ा कर सकते थे, किंतु वे शांतिपूर्वक वहाँ से हट गए। उनके ही स्वप्न को उनसे दूर

कर दिया गया, परंतु वे इसी बात से प्रसन्न थे कि कॉलेज खुल तो गया। यही संस्था बाद में हिंदू कॉलेज' और फिर 'प्रेसीडेसी कॉलेज' के नाम से विख्यात हुआ। राममोहन ने अपने प्रयत्नों के दम पर एक और स्कूल भी खोला, जो आगे चल 'स्काटिश चर्च कॉलेज' के नाम से विख्यात हुआ।

राममोहन की दृष्टि कई ऐसे स्थानों पर भी पड़ी जो सदियों से उपेक्षित थे। भारतीय समाज में नारी की हीन दशा उनसे छिपी न थी। औरत को पाँव की जूती समझा जाता था। पोंगा पंडितों ने स्त्री जाति को, ढ़ेर से नियम कानूनों में जकड़कर दयनीय बना दिया था। कहा जाता था कि पति के बिना स्त्री का जीवन कुछ नहीं होता। अमानवीय रूप से स्त्री को उसके मृतक पति के साथ ही जला दिया जाता था। किसी जीवित व्यवित के, आग की लपटों में घिरने की कल्पना ही, कितनी भयावह जान पड़ती है, परंतु उस समय सती-दाह को धर्म की चाश्नी में लपेटकर इस तरह प्रस्तुत किया जाता था कि स्त्रियाँ स्वयं ही मृत पति के शव को गोद में लिए चिता पर बैठकर भस्म हो जाती थीं।

पत्नी अगर अपने मृत पति के साथ नहीं जलना चाहती थी तो, वहाँ उसे जबरन चिता की ओर धकेल दिया जाता था। ढोल व नगाड़ों की गूँज व सती-मैया की जयकार के नारों के बीच पीड़िता के स्वर गुम हो जाते थे।

हिन्दू धर्म में प्रचलित इस कुप्रथा को राममोहन राय पूरी तरह खत्म करना चाहते थे। उन्होंने शास्त्रों के उद्धरणों द्वारा यह कहने का प्रयास किया कि शास्त्र में कहीं भी सती-दाह का नाम नहीं आता। उन्होंने इसी विषय में एक पुस्तक की रचना भी की- ''सतीदाह के संबंध में प्रर्वतक संवाद : सतीदाह प्रसंग।''

इसके बाद तो राममोहन राय का और अधिक विरोध होने लगा। लार्ड विलियम बेंटिक ने भी राममोहन के विचारों को समर्थन दिया और सती-प्रथा पर रोक लगाने के कानून पर विचार-विमर्श होने लगा। पुरातनपंथी खेमें में जबरदस्त हलचल मच गई। उन्हें तो ऐसा लगने लगा कि राममोहन एक हिंदू विरोधी हैं, जो हिंदू धर्म का नाश करने पर तुले हैं। राममोहन ने किसी भी आक्षेप का तीखा जवाब देने की अपेक्षा अपने, तर्क प्रस्तुत किए, परंतु विरोधी पक्ष तो कुछ सुनने न समझने को तैयार ही नहीं थे।

सन् 1829 में राजा राममोहन राय के प्रयास से सती-प्रथा के विरुद्ध कानून बन गया।

दिल्ली का बादशाह, अकबर द्वितीय ने, ईस्ट इण्डिया कम्पनी के पास कुछ आवेदन भेजा परन्तु कम्पनी ने उसे रद्द कर दिया। जब वह आवेदन रद्द हो गया

तो उसने इंग्लैण्ड में राजा के दरबार में अपना एक दूत भेजना चाहा। वहाँ जाने वाले का निश्चित रूप से प्रतिभावान, सुरुचि संपन्न होना आवश्यक था। अंग्रेजी भाषा पर भी मजबूत पकड़ होना चाहिए या जिससे वह अपना आवेदन प्रस्तुत कर सके। ऐसे में राममोहन राय का नाम मुख पर आना स्वाभाविक ही था।

राममोहन का स्वभाव तो भ्रमणशील था ही, उन्होंने यह प्रस्ताव स्वीकार लिया। विदेश में शीघ्र ही राममोहन की ख्याति चारों ओर फैल गई। अनेक जाने-माने विद्वानों ने उनसे मिलकर भारत के विषय में अधिक जानकारी प्राप्त की। अकबर द्वितीय की पेंशन भी कबूल कर ली गई। अनेक संस्थाओं ने उन्हें अपने यहाँ वक्तव्य देने हेतु आमंत्रित किया। राममोहन राय ने उन्हें भारत की वास्तविक स्थिति से परिचित करवाया जिससे विदेशी जनमत भी भारत के साथ हो लिया।

राजा राममोहन राय जीवन भर देश के कल्याण के लिए प्रयत्न करते रहे। सन् 1833 में विदेश प्रवास के दौरान ही, वे बुरी तरह बीमार पड़ गए। शुभचितंकों की सेवा भी कुछ काम न आई। राममोहन का शरीर जर्जर होता चला गया और अन्त में इसी वर्ष 27 सितंबर की रात को लगभग ढ़ाई बजे वह हमेशा के लिए मृतलोक को छोड़कर अनन्त यात्रा पर चल दिये।

कुछ वर्ष पश्चात उनके समाधिस्थल पर एक सुंदर मंदिर का निर्माण हुआ। आज सिर्फ भारत में ही नहीं बल्कि पूरी दुनिया में राजा राममोहन राय को बड़ी श्रद्धा आदर से याद किया जाता है।

ब्रिटेन के ब्रिस्टल नगर के आरनोस वेल कब्रिस्तान में राजा राममोहन राय की समाधि है। बहुत ही कम लोगों को ज्ञात होगा कि यात्रा के मध्य मेनिनजाईटिस हो जाने के कारण यहाँ ब्रिटेन में ही उनका अप्रत्याशित निधन हो गया था। उस युग में ब्रिटेन में दाह-संस्कार की अनुमति नहीं थी, अतः उनके शव को भूमि में यों ही दबा/समाहित कर दिया गया था। वह समाधि तब से धूल-धूसरित, टूटी-फूटी, अज्ञात, उपेक्षित व बुरे हाल में पड़ी थी। एक भारतीय पारसी से विवाह करनेवाली अंग्रेज महिला कार्ला कॉन्ट्रैक्टर ने इसके जीर्णोद्धार का बीड़ा उठाया। कोलकाता के एक व्यवसायी व तत्कालीन मेयर के सहयोग से 5 वर्ष पूर्व ही उन्होंने इसका पुनरुद्धार करवाया और इसे एक भव्य समाधि का रूप दिया। कार्ला के प्रयासों से ही हाथीदाँत से बनी राजा की एक दुर्लभ मूर्ति को भी समाधि-भवन में सँजोकर रखा गया है। स्मरणीय है कि ब्रिस्टल नगर में एक प्रमुख स्थान पर चमकीले काले पत्थर से बनी राजा राममोहन राय की लगभग दो मंजिला ऊँचाई की एक प्रतिमा भी स्थापित है, जिसमें में वे पुस्तकें हाथ में पकड़े खड़े हैं।

विद्वानों की राय में राजा राममोहन राय

विद्वानों की राय में राजा राममोहन राय को नये युग का अग्रदूत ठीक ही कहा गया है।

मोनियर विलियम के अनुसार, राजा महोदय सम्भवतः तुलनात्मक धर्मशास्त्र के प्रथम सच्चे अन्वेषक थे।

सील के अनुसार, राजा विश्व मानवता के विचार के संदेशवाहक थे। वे मानवतावादी, पवित्र तथा सरल थे। वे विश्व इतिहास में विश्व मानवता के दिग्दर्शन करते थे।

मिस कोलेट के कथनानुसार, इतिहास में राममोहन राय ऐसे जीवित पुल के समान हैं, जिस पर भारत अपने अपरिमित भूतकाल से अपने अपरिमित भविष्य की ओर चलता है। वे एक ऐसे वृत खंड थे, जो प्राचीन जातिवाद तथा अर्वाचीन मानवता, अंधविश्वास तथा विज्ञान, अनियन्त्रित सत्ता तथा प्रजातंत्र, स्थिर रिवाज तथा अनुदार प्रगति, भयावने अनेक देवताओं में विश्वास तथा पवित्र, यद्यपि अस्पष्ट आस्तिकता के बीच की खाई को ढके हुए थे।

नन्दलाल चटर्जी के अनुसार, राजा राममोहन राय अविनष्ट भूतकाल और उदित होते हुए भविष्य, स्थिर अनुदारता तथा क्रांतिकारी सुधार, अंध परम्परागत पृथकता तथा प्रगतिशील एकता के मध्य मानव सम्बंध स्थापित करने वाले थे। संक्षेप में वे प्रतिक्रिया तथा प्रगति के मध्य बिंदु थे।

रवीन्द्रनाथ टैगोर के अनुसार, राममोहन राय ने भारत में आधुनिक युग का सूत्रपात किया। उन्हें भारतीय पुनर्जागरण का पिता तथा भारतीय राष्ट्रवाद का प्रवर्तक भी कहा जाता है। उनके धार्मिक और सामाजिक सब विचारों के पीछे अपने देशवासियों की राजनीतिक उन्नति करने की भावना मौजूद रहती थी। वे आगे लिखते हैं कि मुझे यह खेदपूर्वक कहना पड़ता है कि हिन्दुओं की वर्तमान पद्धति उनके राजनीतिक हितों की दृष्टि से ठीक नहीं है। जात पात के भाव ने उन्हें राजनीतिक भावना में शून्य कर दिया है। सैकड़ों हजारों धार्मिक कृत्यों और शुद्धता के नियमों ने उन्हें कोई भी कठिन काम करने के अयोग्य बना दिया है। मैं समझता हूँ कि यह आवश्यक है कि उनके राजनीतिक लाभ और सामाजिक सुविधा के लिए उनके धर्म में कुछ परिवर्तन हो।

2

सामाजिक सुधार में भूमिका

राममोहन राय ने ईस्ट इंडिया कंपनी की नौकरी छोड़कर अपने आपको राष्ट्र सेवा में झोंक दिया। भारत की स्वतंत्रता प्राप्ति के अलावा वे दोहरी लड़ाई लड़ रहे थे। दूसरी लड़ाई उनकी अपने ही देश के नागरिकों से थी, जो अंधविश्वास और कुरीतियों में जकड़े थे। राजा राममोहन राय ने उन्हें झकझोरने का काम किया। बाल-विवाह, सती प्रथा, जातिवाद, कर्मकांड, पर्दा प्रथा आदि का उन्होंने भरपूर विरोध किया। धर्म प्रचार के क्षेत्र में अलेक्जेंडर डफ्फ ने उनकी काफी सहायता की द्वारका नाथ टैगोर उनके सबसे प्रमुख अनुयायी थे।

राजा राममोहन राय भारत के नवजागरण के अग्रदूत माने जाते हैं। उनके द्वारा किये गए कार्य उन रेखाओं की भाँति हो गए जिन पर भारत के अनेक महापुरुषों नें उनके बाद भारत के भविष्य की आधार-शिलाए रखीं।

भारत के सांस्कृतिक पुनर्जागरण के लिए उन्हें अपनों से ही लड़ना पड़ा। सती के नाम पर बंगाल में औरतों को जिंदा जल दिया जाता था। उस समय बाल विवाह की प्रथा भी थी। कहीं कहीं तो 50 वर्ष के व्यक्ति के साथ 12-13 वर्ष की बच्ची का विवाह कर दिया जाता था और फिर अगर उस व्यक्ति की मृत्यु हो जाती थी तो उस बच्ची को उसकी चिता पर बैठा कर जिंदा जला दिया जाता था।

इस प्रकार की अनेक कुरीतियों के खिलाफ राजा राममोहन रॉय नें अपने ही लोगों से जंग लड़ी। इसके लिए उनका बहुत विरोध भी हुआ। लोगों ने उनपर ब्रिटिश एजेंट होने तक के आरोप लगाये लेकिन उच्च आदर्शों के एक सच्चे योद्धा की तरह वे अडिग रहे और विजयी रहे। आज ही के दिन 1772 में उनका जन्म बंगाल के राधानगर, हुगली, में हुआ था। उनके पिता एक वैष्णव ब्राह्मण थे जबकि माता शाक्त परंपरा से थी। 15 वर्ष की आयु में ही उन्होंने बंगाली, संस्कृत, अरबी तथा फारसी का ज्ञान हो गया था। ज्ञान की पिपासा में वो हिमालय के पर्वतों में घूमे और तिब्बत तक गए। उन्होंने वेद, उपनिषद और हिंदू दर्शन का गहराई से

अध्ययन किया और अंत में वेदान्त को अपने जीवन तथा कार्यों का आधार बनाया।

उन्होंने अनेक हिन्दू शास्त्रों का अंग्रेजी में अनुवाद किया जिससे की वे शास्त्र विश्व भर को प्राप्त हो सकें। सामाजिक और धार्मिक नवजागरण के लिए उन्होंने "आत्मीय समाज" और "ब्रह्म समाज" की स्थापना की। 1822 में कोलकाता में उन्होंने "हिन्दू कालेज" की स्थापना की। उसके बाद उन्होंने "वेदांत कॉलेज" की स्थापना की।

जाति प्रथा, दहेज प्रथा और बाल विवाह का विरोध, महिलाओं की शिक्षा और अंग्रेजी भाषा की शिक्षा की जरूरत पर उन्होंने विशेष ध्यान दिया। उनके इन सभी कार्यों का उस समय के रूढ़िवादी लोगों नें विरोध किया, लेकिन उनकी निष्ठा और भारत तथा भारतीय संस्कृति के प्रति उनका समर्पण का भाव सदैव उनको शक्ति प्रदान करता रहा।

1830 में वो इंग्लैंड गए। भारत के शिक्षित लोगों में से भारतीय संस्कृति की मशाल को इंग्लैंड ले जाने वाले वे पहले व्यक्तियों में से थे। उनके पश्चात त्यागी

विवेकानंद तथा अन्य विभूतियों नें पश्चिम में भारत का परचम फहराया। 1833 में इंग्लैंड के ब्रिस्टल शहर में उन्होंने अपनी अंतिम सांस ली। वहां उनकी समाधि है और वहीं के "कॉलेज ग्रीन" में उनकी एक भव्य मूर्ती भी लगी हुई है।

राजनीति, लोक प्रशासन, शिक्षा सुधार, समाज सुधार, धार्मिक पुनर्जागरण के क्षेत्रों में किये गए उनके कार्य उनको भारत की एक विभूति की श्रेणी में खड़ा करते हैं।

आध्यात्मिक दृष्टिकोण

सन् 1817 में बंगाल के साथ-साथ भारत के अन्य क्षेत्रों में भी राजा राममोहन राय बहुत प्रसिद्ध हो चुके थे। इसी दौरान उन्होंने इस तथ्य को स्पष्ट कर दिया था कि उनके व्याख्यानों व लेखों का अर्थ यह नहीं समझना चाहिए कि वे धर्म सुधारक की भूमिका निभाना चाहते हैं। इस सन्दर्भ में मूनरो विलियम का मानना है कि "राममोहन राय न तो धार्मिक नेता ही थे और न ही वेदान्ती। धर्म के प्रति उनका झुकाव न तो अलौकिकता के प्रति उनके आकर्षण और न ही शैक्षणिक कारणों से था, मात्र सामाजिक हित ही उनका उद्देश्य था, जिसने उन्हें प्रेरित किया कि वे धर्म में कुछ सुझावों को प्रतिपादित करें।" 19वीं शताब्दी के धार्मिक आन्दोलन, सामाजिक ताकतों के साथ इतनी सघनता से जुड़ गये थे कि उन्हें एक दूसरे से अलग करके नहीं देखा जा सकता था। इस दौरान सुधारवादियों का ध्यान वेदान्तों से सामाजिक आचरण एवं तत्व मीमांसा से नीति सम्बन्धी की ओर गया और इस तरह धर्म सामाजिक सुधारों के एक उपकरण के रूप में प्रयोग होने लगा। इस नवीन युग की शुरुआत राजा राममोहन राय ने ही की थी।

ईशोपनिषद के अंग्रेजी अनुवाद में मूर्ति-पूजा के संबंध में राजा राममोहन राय ने लिखा है कि "उन्हें इस बात का घोर दुःख है कि मूर्ति पूजक अपने देवताओं को प्रसन्न करने हेतु सभी मानवीय और सामाजिक भावनाओं का खुला उल्लंघन करते हैं।" इस सन्दर्भ में उन्होंने नर-बलि तथा स्वयं को अग्नि में झोंक देने जैसी प्रथाओं की घोर आलोचना की। राममोहन राय का यह सुधारवादी दृष्टिकोण पवित्र ग्रन्थों के अनुवादों और धार्मिक लेखों में उनके द्वरा आधुनिक भारतीय भाषाओं में प्रयोग से भी स्पष्ट होता है। शंकर की टीका, पाँच उपनिषदों और गायत्री मंत्र के अनुवाद से भी उनका साहस और व्यापक मानसिकता स्पष्ट रूप से झलकती है।

इस प्रकार राजा राममोहन राय के द्वारा किये गये अनुवादों, उनके द्वारा धार्मिक वाद-विवादों में प्रयोग की गयी भाषा और सुझाये गये सुधारों से यह

स्पष्ट होता है कि उनका धार्मिक आन्दोलन सामाजिक सुधार आन्दोलन से व्यापक रूप से संबंधित था। राजा राममोहन राय विभिन्न धर्मों व वर्गों के पवित्र धर्म ग्रन्थों का विश्लेषण करने के उपरान्त वे इस निष्कर्ष पर पहुंचे कि प्रत्येक धर्म एक सर्वोच्च सत्ता का अस्तित्व स्वीकार करता है जबकि इस सत्ता का प्रारूप के सम्बन्ध में विवाद है। इस आधार पर राममोहन राय का मानना है कि जहाँ पारलौकिक सत्ता में विश्वास रखना मनुष्य का प्राकृतिक स्वभाव है, वहीं किसी एक विशिष्ट देवता के प्रति श्रद्धा रखना और स्तुति की एक विशिष्ट पद्धति को अपनाना एक सांसारिक गुण है जो कि परम्पराओं और प्रशिक्षण से उत्पन्न होता है।

राममोहन राय ने स्पष्ट किया है कि विभिन्न धर्मों के धर्मगुरू और नेता मात्र अपनी शाश्वतता और सम्मान को सुनिश्चित करने के लिए धर्म में अकारण ही संशय और जटिलता उत्पन्न करते हैं और अपनी कही हुई बातों को सत्य सिद्ध करने के लिए जिस नीति को प्रयोग में लाते हैं वह किसी भी तरह से उचित नहीं है। जिस अवधारणा ने इनके मन को सबसे अधिक प्रभावित किया था, वह था–स्वतन्त्र सोच और तर्क के विरुद्ध धर्म की भूमिका। राममोहन राय जानते थे कि क्यों गैलिलियों को जेल भेजा गया, बूनो को जिन्दा जलाया गया और मंसूर को मृत्युदण्ड दिया गया। उन्होंने स्पष्ट रूप से उद्घोषित किया कि तर्क और एक मात्र तर्क ही धर्म के अन्वेषण में मार्गदर्शक है।

धर्म के बारे में राममोहन राय को दृढ़ विश्वास था कि इसका अभ्युदय अचानक या किसी पारलौकिक सत्ता से नहीं हुआ है। धर्म मानव समाज की आवश्यकता के अनुसार विकसित होता है। किसी भी समाज के संरक्षण के लिए तीन प्रमुख आवश्यकतायँ होती हैं–

1. आपसी संवाद के लिए भाषा,
2. जीवन और सम्पत्ति की सुरक्षा के लिए विधि,
3. मनुष्यों के मध्य एकता सुनिश्चित करने हेतु धर्म, भाषा और विधि की तरह धर्म भी मानव की खोज है।

आत्मा तथा पुनर्जन्म की संकल्पनाओं का अध्ययन भी राजा राममोहन राय किये थे। इन्हीं दोनों संकल्पनाओं पर वर्तमान धर्म निर्भर है। तार्किकता के प्रति उनके सुझाव ने उन्हें प्रेरित किया कि वे पारलौकिकता, मनुष्य और ईश्वर के बीच के मध्यस्थों और धर्म के प्रति उनकी संकल्पना एक सर्वोच्च सत्ता में विश्वास और मानवता के प्रति प्रेम इन दो सिद्धान्तों पर निर्भर था।

धर्म के प्रति उनके इस विचार को ब्रह्मोपासना और ब्रह्म समाज के न्यास विलेष में भी दोहराया गया है। इन्हीं दो सिद्धान्तों के आधार पर राममोहन राय ने एक विश्व धर्म की वकालत की।

हिन्दू धर्म

राजा राममोहन राय हिन्दू धर्म के एकेश्वरवादी मत का प्रचार करने हेतु 'आत्मीय सभा' का गठन किया था। हिन्दू धार्मिक सिद्धान्तों के अन्धकारमय करने वाली रूढ़ियों और अन्धविश्वासों के वे कटु आलोचक थे। वे उन लोगों में नहीं थे जो ईसाई मिशनरियों की आलोचना से वेदान्त और हिन्दू धर्म के दोष भी सत्य सिद्ध करने को प्रयासरत रहते थे। यह पूर्वाग्रह सत्य की खोज करने वाले व्यक्ति के लिए अशोभनीय है, परन्तु धर्मगुरुओं एवं उसे मानने वाले लोगों में धार्मिक समस्याओं के प्रति प्रायः यही भावना विद्यमान रहती है। राममोहन राय इस पूर्वाग्रह के विरोधी थे। अपने विशिष्ट संयम और गरिमा से उन्होंने हमेशा रूढ़ियों और अन्धविश्वासों पर गहरा प्रहार किया, जिसने धार्मिक हिन्दू दर्शन को दूषित कर रखा था। उन्होंने शास्त्रों की उपयोगिता को ही नहीं प्राथमिकता प्रदान नहीं की, बल्कि उसके साथ-साथ आदमी के महत्व, बोध, उसकी सूझ-बूझ और विवेक पर भी बल दिया। सत्य तक पहुंचने के लिए उन्होंने मीमांसा पद्धति अपनायी। मीमांसा पद्धति अर्थात् शास्त्रों में कही गयी किसी बात को लेना, उसके महत्व को आंख बन्द करके न मानना, उसकी प्रमाणिकता को तर्क की कसौटी पर रखना, उस पर नये सिरे से विवेचन करना और तब जाकर किसी भी नतीजे तक पहुंचना।

राजा राममोहन राय ने 1815 ई. में प्रकाशित वेदान्त के बंग्ला अनुवाद की प्रस्तावना में लिखा है कि "शास्त्रों और तर्क द्वारा निर्धारित रास्ते पर हमें चलना चाहिए ताकि इस दुनिया और इसके बाद की दुनिया में भी हम सन्तुष्ट रह सकें।" कठोपनिषद के अंग्रेजी अनुवाद की प्रस्तावना में उन्होंने लिखा है कि "सत्य की स्थापना के लिए शास्त्र, तर्क और ईश्वर की दया तीनों ही आवश्यक है। सम्भवतः शास्त्रों और तर्कों के आगे घुटने टेक देना भी ठीक नहीं होगा। तर्कों को हमारी नैतिकता के विवेक और ज्ञान का प्रकाश चाहिए। इसके बाद हम सर्वशक्तिमान ईश्वर की दया पर निर्भर रह सकते हैं।"

सन् 1816 में राजा राममोहन राय का वेदान्त पर प्रथम अंग्रेजी प्रकाशन आया था। इस प्रकाशन ने इंग्लैण्ड और यूरोप के पत्र-पत्रिकाओं की प्रशंसा प्राप्त की। द मन्थली रिपाजिटरी ऑफ थियालॉजी एण्ड जनरल लिटरेचर के सन्दर्भ में लिखा है

कि, "एक हिन्दू पण्डित राममोहन राय ने जो कि ब्राह्मण है, इस वर्ष कलकत्ता में एन एब्रीजमेण्ट ऑफ द वेदान्त नामक एक छोटी सी पुस्तक प्रकाशित की है। आदि वेदों के कुछ बहुत महत्त्वपूर्ण अंशों का संकलन इसमें किया गया है। प्राकृतिक धर्म के सिद्धान्तों को बड़े महत्व के साथ रखा गया है। धर्म में भी इनका स्थान है। भले ही ज्ञान और ईश्वर प्रेम पाने वाले नकार दें। शास्त्रों पर आधारित अपने धर्म निबन्धों के अन्तर्गत इन्होंने प्रायः विनिष्ट पंक्तियों का हवाला दिया है जो निम्नलिखित हैं–

"अगर एक बच्चा कोई तर्क पूर्ण बात कहता है तो उसे मान लेना चाहिए, लेकिन अगर स्वयं ब्रह्मा भी कोई तर्कहीन बात कहें तो नहीं माननी चाहिए।"

हिन्दू धर्म ग्रंथ व उपनिषद के अनुसार ज्ञानेन्द्रिय, मस्तिष्क और बुद्धि ये तीनों तत्व असीम ज्ञान व बोध के साधन हैं। ब्रह्मत्व-ईश्वर का ज्ञान अलौकिक है। इस तथ्य का उपनिषद में कही भी उल्लेख नहीं किया गया है। इसलिए बोध की पहुच से परे है। शास्त्रों का सहारा लेकर नहीं किया जा सकता है। वेदान्त ने भी असीम के प्रतिबोध को ब्रह्माण्ड का मूल कारण माना है। जन्म, जीवन व संहार इसके प्रमाण हैं। इससे स्पष्ट हो जाता है कि मस्तिष्क, बुद्धि और तर्क के सहारे ब्रह्म की अनुभूति होती है। राममोहन राय ने सत्य तक पहुचने के लिए और उसके सूक्ष्म दर्शन के लिए उसी हेतुवाद का सहारा लिया, लेकिन शास्त्रों की प्रभुता को उन्होंने हमेशा स्वीकार किया है। इतना अवश्य ध्यान दिया है कि इसे स्वीकार करने से पहले शास्त्रों के उपदेशों की जाच-परख होनी चाहिए।

राजा राममोहन राय ने वेदान्त का बंगला में, सन् 1815 में वेदान्त सारका का अंग्रेजी में तथा सन् 1817 में कठ और माण्डक्या उपनिषदों का बंगला में अनुवाद किया। वेदान्त और उपनिषद के बंगला और अंग्रेजी अनुवाद का यह पहला अवसर था। सन् 1823 में उन्होंने एक विवरणिका लिखी, 'हिन्दू स्त्रियों का अधिकारापहण, इसमें उन्होंने माँग की कि हिन्दू स्त्रियों को उनके पिता और पति की सम्पत्ति में हिस्सा मिलना चाहिए। सन् 1827 में उन्होंने संस्कृत 'मृत्युन्जय' की व्रजशुचि का सम्पादन और प्रकाशन किया। यह निबन्ध जाति-भेद पर लिखा गया था।

हिन्दू धर्म की कुरीतियों को सुधारने का प्रयत्न

हिन्दू धर्म में व्याप्त कुरीतियों को खत्म करने और उसमें सुधार करने पर राजा राममोहन ने अधिक ध्यान दिया था। पश्चिमी शिक्षा तथा ज्ञान विकास एवं राजनीतिक दशाओं ने 19वीं सदी के अन्तिम दौर में बंगाल को सुधार व परिवर्तन के द्वार पर लाकर खड़ा कर दिया। यूरोपीय संस्कृति और ज्ञान का प्रभाव भारतीय

समाज पर क्रमशः बराबर स्पष्ट होता गया जिससे पाश्चात्य विचारधारा ने पढ़े-लिखे भारतीय नवयुवकों को न केवल अपनी ओर आकर्षित किया, वरन् उन्हें पाश्चात्य वेश-भूषा, रहन-सहन की प्रणाली और जीवन-दर्शन को भी अपनाने की प्रेरणा दी। भारतीयों में एक वर्ग ऐसा भी था जिसने पश्चिम के बुद्धिवाद का स्वागत तो जरूर किया लेकिन भारतीयता के बाने को छोड़ने को तैयार नहीं हुआ, ऐसे वर्ग के नेता राजा राममोहन राय थे, जिन्हें आधुनिक भारत का जनक कहा गया है।

इस समय भारत में ईसाई धर्म का प्रचार-प्रसार बहुत तेजी से हो रहा था जो सांस्कृतिक संकट का प्रतीक था। मिशनरी के लोग भारतीय धर्मों की निन्दा करते घूमते थे। देश का प्रशासन विदेशियों के हाथ में था। दूसरी ओर हिन्दू धर्म रूढ़ियों और आडम्बरों के कारण जनता को आकर्षक नहीं मालूम पड़ रहा था, अनेक सामाजिक कुप्रथाओं ने हिन्दू-समाज को और भी जर्जर बना दिया था। ऐसी दशा में अंग्रेजी पढ़े-लिखे भारतीय नवयुवक ईसाई धर्म अपनाने लगे। वस्तुतः पश्चिम के बुद्धिवाद ने नई चेतना के लोगों को अपनी स्थिति पर दृष्टिपात करने तथा अपने धर्म के विषय में सोचने समझने का अवसर दिया और इसी बौद्धिक प्रक्रिया का परिणाम 19वीं शदी में अपने देश के अनेक धार्मिक आन्दोलनों के रूप में प्रकट हुआ। भारतीय धर्मों की नयी व्याख्या होने लगी। इसी प्रवृत्ति को हम धार्मिक क्षेत्र में नवजागरण के नाम से पुकारते हैं।

उन्नीसवीं शताब्दी के धार्मिक तथा सामाजिक नवजागरण के नेता राजा राममोहन राय थे जिन्होंने पाश्चात्य ज्ञान के आधार पर हिन्दू धर्म के प्रति अध्ययन व विश्लेषण से वह शक्ति निकालनी चाही जिससे हिन्दू धर्म के लोग ईसाई न बने। धार्मिक तथा सामाजिक सुधारों के माध्यम से राममोहन राय हिन्दू समाज को विखण्डित होने से बचाना चाहते थे। इसी उद्देश्य से प्रभावित होकर इन्होंने ब्रह्म सभा की स्थापना की जो बाद में चलकर ब्रह्म समाज के नाम से प्रसिद्ध हुआ। राजा राममोहन राय ने किसी नये सम्प्रदाय की स्थापना नहीं की, वे तो 'ब्रह्म समाज' संस्था द्वारा हिन्दू समाज में व्याप्त कुरीतियों को दूर करना चाहते थे।"

पाश्चात्य दृष्टियों का असर शिक्षित भारतीय नवयुवकों पर पड़ने के कारण कलकत्ता में बौद्धिक गतिविधियाँ सक्रिय हो गयीं, जिसके कारण कतिपय हिन्दुओं को अपने धर्म के सम्बन्ध में पुनः विचार करने पर बाध्य होना पड़ा।

उन्नीसवीं शताब्दी में भारतीय समाज में कई तरह की बुराइयाँ धर्म के नाम पर आकर मिल गयी थीं। धर्म के पवित्र हाथ में उन बुराइयों ने बड़ी सरलता से

मानवीय सुख-दुःख की भावना एकदम पीछे छोड़ दिया था। नैतिकता तथा साहस का अभाव था, अतः इन प्रथाओं के खिलाफ भी राजा राममोहन राय ने जोरदार अभियान चलाकर इसे दूर किया था।

भारतीय नवजागरण का जनक राजा राममोहन राय को ही कहा जाता है। उन्होंने बहुदेववाद, सती-प्रथा, बहु-विवाह, जाति-प्रथा की कुरीतियों आदि का विरोध किया। विधवा-विवाह, समुद्र-यात्रा आदि का समर्थन किया तथा अन्य धर्मों के प्रति उदार दृष्टिकोण अपनाने का उपदेश दिया। इन सबका परिणाम यह रहा कि अपने देश में धार्मिक तथा सामाजिक जकड़बन्दी को चुनौती दी जाने लगी तथा समाज में प्रचलित रीतियों के बन्धन टूटे।

आसान ना थी बदलाव की राह

जब उनकी भाभी को सती होने के लिए बाध्य किया गया तो वे उनकी कारुणिक अवस्था से विचलित और द्रवित हो उठे। समाज में इस प्रकार की कुरीतियों के उन्मूलन के लिए उन्होंने जो भी प्रयास किए उन्हें प्रारंभ में समाज ने नहीं स्वीकारा और वे बहिष्कृत कर दिए गए। समाज के इस विरोध के कारण ही उनको माता-पिता ने घर से निकाल देने में ही अपनी भलाई समझी। इसके बाद राममोहन राय तिब्बत चले गए। वहाँ भी उन्होंने समाज को अंधविश्वास की चपेट में जकड़े हुए देखा। अपने क्रांतिकारी स्वभाव के कारण उन्होंने तिब्बत में भी एक परिष्कारक के रूप में स्वयं को प्रस्तुत किया। इसका परिणाम यह हुआ कि उन्हें तिब्बत छोड़कर पुनः बंगाल लौटना पड़ा, लेकिन उन्होंने हार नहीं मानी और अपने मंजिल को पाने के लिए प्रयास करते रहे।

राजा राममोहन राय ने लार्ड विलियम बैंटिक से मिलकर सती प्रथा समाप्त करने का अपना संकल्प शासनादेश जारी कराकर पूर्ण कर दिया। महिलाओं की कारुणिक परिस्थितियों पर तब लोगों का ध्यान आकर्षित हुआ और लोग राममोहन राय को एक समाज सुधारक के रूप में जानने लगे। उन्होंने अनुभव किया कि अगर समाज की महिलाओं को शिक्षित किया जाए तो समाज सुधार में निश्चित सफलता मिलेगी। उन्होंने सरकार से मिलकर महिलाओं के लिए उच्च शिक्षा प्रवर्तन के विद्यालय स्थापित कराए। इसी तरह केशवचंद्र सेन, ईश्वरचंद्र विद्यासागर के साथ ऐंग्लो वैदिक स्कूलों एवं महाविद्यालयों की स्थापना कराई। इसके बाद एक समय ऐसा भी आया कि साधारण जनता उनको राजा राममोहन राय के रूप में संबोधित करने लगी।

आत्मीय सभा

सन् 1815 में राजा राममोहन राय ने हिन्दू धर्म एकेश्वरवाद मत का प्रचार करने के लिए आत्मीय सभा की स्थापना की। आत्मीय सभा ऐसे लोगों की सभा थी जो कि एक विश्वव्यापी परमात्मा में विश्वास करते थे। ये सभायें साधारण जनता में प्रकट रूप में न होकर केवल राममोहन राय के कुछ अन्तरंग मित्रों एवं उनके प्रशंसकों तक ही सीमित थी। आत्मीय सभा की प्रतिष्ठा, सादगी और शुद्धता से प्रभावित होकर रवीन्द्रनाथ ठाकुर के बाबा द्वारकानाथ ठाकुर भी इस सभा में शामिल हो गये। हरिहरानन्द तीर्थ स्वामी और उनके छोटे भाई रामचन्द्र विद्या वागीश भी इस सभा के सदस्य थे। यद्यपि आत्मीय सभा मुख्यतः हिन्दुओं की ही थी, तथापि इसमें दूसरी जातियों का प्रवेश लेने में कोई प्रतिबन्ध नहीं था। डेविड हेयर नामक एक अंग्रेज महाशय आत्मीय सभा से प्रभावित होकर राममोहन राय के सम्पर्क में आये। वे राममोहन राय के साथ समाज सुधार और शिक्षा के क्षेत्र में रुचि लेने लगे और उनके घनिष्ट मित्र बन गये।

आत्मीय सभा में प्रतिदिन भजन गाये जाते थे। वह यह भजन पहले पहल राममोहन राय ने स्वयं ही लिखे थे। वैदिक पुस्तकों से चुनी हुई अद्वैतवादी रचनाओं का शिव प्रसाद मिश्र पाठ करते थे और गोविन्द माला भक्ति पूर्ण गीत गाते थे।

राजा राममोहन राय ने आत्मीय सभा के द्वारा कुलीनवाद, लड़की बेचने की परम्परा तथा भेद-भाव का विरोध किया। सन् 1819 में 'आत्मीय सभा' बन्द हो गयी। पुराने विचारों के एक उपनिवेशवादी अंग्रेज जानबुल और हिन्दू रूढ़ियों की पक्षधर 'समाचार चन्द्रिका' ने इस उदारता का विरोध किया।

राममोहन राय ने स्पष्ट शब्दों में कहा, "मैंने हिन्दू धर्म पर प्रहार नहीं किया है, मेरा प्रहार उसके अन्धविश्वासों और उसकी कट्टरता पर है।"

पंडितों से शास्त्रार्थ

राजा राममोहन राय धर्म के प्रति बौद्धिक दृष्टिकोण अपनाने के पक्षधर थे। इन्होंने विभिन्न शब्दों का अध्ययन किया, लेकिन दकियानूसी पंडितों तथा रूढ़िवादी विद्वानों का शास्त्रों की परम्परागत व्याख्या में विश्वास था। इन लोगों का मानना था कि शास्त्रों के प्रत्येक अंग को स्वीकार किया जाए। इसी कारण वे राम मोहन को नास्तिक कहने लगे। राममोहन राय का स्वतन्त्र चिन्तन उन्हें स्वीकार नहीं था, परन्तु राममोहन राय एक सच्चे धार्मिक व समाज सुधारक थे। उनकी शास्त्रों की आधुनिक

व्याख्या से रूढ़िवादी पंडित वर्ग क्रोधित हो गया। इसके बाद राजा राममोहन राय ने जनता से अपील की कि वे अपने मस्तिष्क को शुद्ध करें और अज्ञान को दूर करें। उन्होंने अपनी पुस्तकें मुफ्ट में बाँटी, ताकि जनता सत्य को ग्रहण कर सके। वे जनता को शास्त्रों की वास्तविक व्याख्या से परिचित कराना चाहते थे, जिसमें मूर्ति-पूजा के लिए कोई स्थान नहीं था। मूर्तियों को कपड़े पहनाना तथा भोजन खिलाना उनकी दृष्टि में अनुचित था।

राजा राममोहन राय ने स्पष्ट शब्दों में कहा था- "मैं ब्राह्मणों के कर्मकाण्ड का विरोध करता हूँ और यह प्रार्थना करता हूँ कि शीघ्र ही हिन्दू समाज पाखण्ड को छोड़कर केवल एक परमात्मा की पूजा करने लगे और दूसरों के साथ वही व्यवहार करे जो अपने प्रति चाहता है।" उनका यह सत्य विचार था कि प्रत्येक व्यक्ति धर्मों के मूल सत्य को पहचाने। सबसे पहले हिन्दू शास्त्रों की गलत व्याख्या करने वाले पंडितों की आलोचना की।

इसी दौरान राजा राममोहन राय को मद्रास राजकीय कॉलेक के प्राध्यापक शंकर शास्त्री ने शास्त्रार्थ के लिए चुनौती दिया। राममोहन राय ने हिन्दू आस्तिकता के पक्ष नामक अंग्रेजी पुस्तक द्वारा यह बतलाया कि दकियानूसी पंडितों के देवी-देवता तर्क के आगे नहीं टिक सकते। राजकीय कॉलेज फोर्ट विलियम, कलकत्ता के प्रधान पंडित मृत्युंज्य विद्यालंकार ने 'वेदान्त चन्द्रिका' नाम की पुस्तक अंग्रेजी व बंगला में प्रकाशित कर राममोहन राय की कटु आलोचना की। राममोहन राय ने उनकी आलोचना का यथोचित व प्रभावशाली उत्तर दिया। पं. शिवनाथ शास्त्री ने अपनी रचना 'ब्रह्म समाज का इतिहास' में उन दोनों के वाद-विवाद का विस्तृत वर्णन किया है। उससे यह भी पता चलता है कि राम मोहन के तर्क कितने विद्वतापूर्ण और संतुलित होते थे।

राजा राममोहन राय के प्रति उदारवादी लोग बहुत अधिक श्रद्धा रखते थे। मद्रास के एक पंडित सुब्रह्मणयशास्त्री ने राममोहन राय को शास्त्रार्थ के लिए ललकारा। संस्कृत के प्रसिद्ध विद्वान रमाकान्त की अध्यक्षता में बिहारीलाल छोटे के गृह निवास पर शास्त्रार्थ का आयोजन किया गया। इस शास्त्रार्थ में राममोहन राय के आत्मविश्वास, तर्क व व्यापक ज्ञान ने दर्शकों के अनेक संदेहों को दूर कर दिया। दूसरी ओर सुब्रह्मण्यम शास्त्री ने केवल मतवाद व भावुकता का सहारा लिया। शास्त्रार्थ में राममोहन राय विजयी हुए और 1820 में हिन्दी, अंग्रेजी, बंगला व संस्कृत चार भाषाओं में राजा राममोहन राय द्वारा दिया गया उत्तर प्रकाशित हुआ, परन्तु रूढ़िवादी सोच के लोगों ने राजा राममोहन राय के इस उत्तर को गलत बताया।

ब्रह्म समाज

ब्रह्म समाज हिन्दू धर्म से सम्बन्धित प्रथम धर्म-सुधार आन्दोलन था। इसके संस्थापक राजा राममोहन राय थे, जिन्होंने 20 अगस्त, 1828 ई. में इसकी स्थापना कलकत्ता (वर्तमान कोलकाता) में की थी। इसका मुख्य उद्देश्य तत्कालीन हिन्दू समाज में व्याप्त बुराइयों; जैसे-सती प्रथा, बहुविवाह, वेश्यागमन, जातिवाद, अस्पृश्यता आदि को समाप्त करना था। राजा राममोहन राय को भारतीय पुनर्जागरण का पिता माना जाता है। राजा राममोहन राय पहले भारतीय थे, जिन्होंने समाज में व्याप्त मध्ययुगीन बुराइयों को दूर करने के लिए आन्दोलन चलाया। देवेन्द्रनाथ टैगोर ने भी ब्रह्मसमाज को अपनी सेवाएँ प्रदान की थीं। उन्होंने ही केशवचन्द्र सेन को ब्रह्मसमाज का आचार्य नियुक्त किया था। केशवचन्द्र सेन का बहुत अधिक उदारवादी दृष्टिकोण ही आगे चलकर ब्रह्मसमाज के विभाजन का कारण बना।

राजा राममोहन राय का जन्म 22 मई, 1774 ई. को बंगाल के हुगली जिले में स्थित राधा नगर में हुआ था। इन्हें फारसी, अरबी, संस्कृत जैसे प्राच्य भाषाओं एवं लैटिन, यूनानी, फ्राँसीसी, अंग्रेजी जैसी पाश्चात्य भाषाओं में निपुणता प्राप्त थी। पटना तथा वाराणसी में अपनी शिक्षा प्राप्त करने के बाद इन्होंने 1803 ई. से 1814 ई. तक कम्पनी में नौकरी की। राजा राममोहन राय ने एकेश्वरवाद में विश्वास व्यक्त करते हुए मूर्तिपूजा एवं अवतारवाद का विरोध किया। इन्होंने कर्म के सिद्धान्त तथा पुनर्जन्म पर कोई निश्चित मत नहीं व्यक्त किया। राजा राममोहन राय ने धर्म ग्रंथों को मानवीय अन्तरात्मा तथा तर्क के ऊपर नहीं माना। राजा राममोहन राय के उपदेशों का सार 'सर्वधर्म समभाव' था। कालान्तर में देवेन्द्रनाथ टैगोर (1818-1905 ई.) ने ब्रह्मसमाज को आगे बढ़ाया और उन्होंने तीर्थयात्रा, मूर्तिपूजा, कर्मकाण्ड आदि की आलोचना की। इनके द्वारा ही केशवचन्द्र सेन को ब्रह्मसमाज का आचार्य नियुक्त किया गया। केशवचन्द्र सेन (1834-1884 ई.) ने अपनी वाक्पटुता एवं उदारवादी दृष्टिकोण से इस आंदोलन को बल प्रदान किया। इनके ही प्रयासों के फलस्वरूप ब्रह्मसमाज की शाखाएँ उत्तर प्रदेश, पंजाब एवं मद्रास में खोली गयी। केशवचन्द्र सेन का अत्यधिक उदारवादी दृष्टिकोण ही कालान्तर में ब्रह्मसमाज के विभाजन का कारण बना। 1865 ई. में देवेन्द्रनाथ ने केशवचन्द्र को ब्रह्मसमाज से बाहर निकाल दिया।

राजा राममोहन राय ने कुछ महत्त्वपूर्ण रचनाएँ भी की हैं, उनकी कुछ रचनाएँ इस प्रकार हैं- तुहफतुल-मुवाहिद्दीन, गिफ्ट द मोनाथेइस्ट्स (1809 ई. में पारसी में प्रकाशित), पीसेप्टस ऑफ जीसस आदि। इन्होंने संवाद कौमुदी का भी सम्पादन

किया। राजा राममोहन राय ने 1815 ई. में हिन्दू धर्म के एकेश्वरवादी मत के प्रचार हेतु आत्मीय सभा का गठन किया, जिसमें द्वारकानाथ टैगोर शामिल थे। 1815 ई. में इन्होंने वेदांत कॉलेज की स्थापना की। राजा राममोहन राय ने अपने समय में भारतीय समाज में व्याप्त तमाम बुराइयों में सर्वाधिक प्रखर आन्दोलन सती प्रथा के विरुद्ध चलाया। 1829 ई. में भारत के गवर्नर-जनरल लॉर्ड विलियम बैंटिक द्वारा सती प्रथा को प्रतिबंधित करने के लिए लगाए गए कानून को लागू करवाने में राजा राममोहन राय ने सरकार की मदद की। राजा राममोहन राय ने पाश्चात्य शिक्षा के प्रति अपना समर्थन जताते हुए कहा कि, यह हमारे सम्पूर्ण विकास के लिए आवश्यक है। 1817 ई. में डेविड हेयर की सहायता से कलकत्ता में हिन्दू कॉलेज की स्थापना की गई।

राजा राममोहन राय को भारत में पत्रकारिता का अग्रदूत माना जाता है। इन्होंने समाचार-पत्रों की स्वतंत्रता का समर्थन किया था। भारत की स्वतंत्रता के बारे में उनका मत था कि, भारत को तुरन्त स्वतंत्रता न लेकर प्रशासन में हिस्सेदारी लेना चाहिए। अतः राजा राममोहन राय ब्रिटिश शासन के समर्थक थे। इन्होंने भारत में पूँजीवाद का समर्थन किया। रवीन्द्रनाथ टैगोर ने राजा राममोहन राय के विषय में कहा कि, 'राजा राममोहन राय अपने समय में सम्पूर्ण मानव समाज में एकमात्र ऐसे व्यक्ति थे, जिन्होंने आधुनिक युग के महत्व को पूरी तरह समझा।' राजा राममोहन राय ने भारतीय स्वतन्त्रता एवं राष्ट्रीय आंदोलन को समर्थन दिया। 1821 ई. में स्पेनिश अमेरिका में क्रांति के सफल होने पर राजा जी ने एक सार्वजनिक भोज का आयोजन कर अपनी खुशी को व्यक्त किया। इन्हीं सब कारणों से राजा राममोहन राय के व्यक्तित्व को एक अन्तर्राष्ट्रीय व्यक्तित्व माना जाता है।

सन् 1827 में रेवरण्ड विलियम एडम ने आर डयूटन के नामक एक पत्र में यूनिटेरियन एसोसिएशन के बारे में लिखा, "इसके वर्तमान सदस्य हैं–सर्वोच्च न्यायालय के वैरिस्टर थियोडर डिकन्स, मेकिन्टाश एण्ड कम्पनी के एक व्यापारी जर्जा जेम्स गार्डन, एक वकील विलियम टेट, कम्पनी के शल्य चिकित्सक बी. डब्ल्यू. मैक्लायड, कम्पनी के प्रतिज्ञा मुक्त अधिकारी नार्मनकर, राममोहन राय, द्वारका नाथ टैगोर, प्रसन्न कुमार टैगोर, राधा प्रसाद राय (राममोहन राय के ज्येष्ठ पुत्र) और मैं।"

यूनिटेरियन एसोसिऐशन की समाप्ति के बाद राममोहन राय के शिष्यों ने एकेश्वरवादी अराधना के लिए समर्पित संस्था की स्थापना करना अत्यन्त आवश्यक समझा। राममोहन राय के अनुयायी चन्द्रशेखर ने उन्हें समझाया कि एकेश्वरवादियों के लिए कोई ऐसा स्थान होना चाहिए, जहाँ वे बिना किसी व्यवधान के उपैा

गोष्ठी कर सकें। राममोहन राय ने अपने मित्रों के परामर्श पर राज कमल बसु, जिन्हें 'फिरंगी कमल' नाम से पुकारा जाता था, से एक कमरा किराये पर ले लिया। 48, चित्तपुर रोड पर 20 अगस्त, 1828 के ब्रह्म सभा का उद्घाटन किया गया। वह दिन ब्रह्म समाज द्वारा आज भी भादोत्सव के रूप में बड़े हर्षोल्लास के साथ मनाया जाता है। तारा चन्द्र चक्रवती को ब्रह्म समाज का अध्यक्ष बनाया गया। 23 जनवरी 1830 को कलकत्ता के जोरासाको स्थित नये मकान में ब्रह्म समाज का प्रधान कार्यालय स्थानान्तरित किया गया। यह उद्घाटन दिवस प्रति वर्ष माघोत्सव के रूप में मनाया जाता है। समाज द्वारा 'तत्व कौमुदी' नाम की पत्रिका का प्रकाशन प्रारम्भ किया गया। उन्हीं दिनों श्री रामानन्द चट्टोपाध्याय द्वारा 'मार्डन रिब्यू' नामक अंग्रेजी पत्रिका का प्रकाशन शुरू किया गया। वहाँ के निष्ठापूर्ण वातावरण के प्रति अनेक प्रबुद्ध हिन्दू आकर्षित हुए, परन्तु कट्टरपन्थी हिन्दुओं ने उन्हें जातिच्युत, धर्मनाशी, छद्म ईसाई, समाज विरोधी व नास्तिक की संज्ञा देकर राजाराममोहन राय की बहुत अधिक आलोचना की।

सन् 1830 में ब्रह्म समाज की स्थापना होने के उपरान्त कट्टरपंथी हिन्दुओं ने प्रतिद्वन्दी धर्म सभा स्थापित किया। हिन्दू समाज की परम्पराओं की रक्षा करना उस सभा का प्रमुख उद्देश्य था। इसके नेता राधाकान्त देव तथा 'शोभा बाजार' जमींदार परिवार था। अनेक धनी हिन्दू इसके समर्थक थे जो न स्त्रियों को अधिकार देने के खिलाफ थे तथा न ही विधवाओं की रक्षा करना चाहते थे। वे सामाजिक प्रतिक्रियावादी, सभी प्रगतिशील सुधारों के विरोधी और सती-प्रथा के समर्थक थे। ये महिलाओं को आजादी व अधिकार देना धर्म के खिलाफ मानते थे। इनका मानना था कि नारी स्वतन्त्रता उन्हें उच्छृखंल बना देगी। हिन्दू धर्म की परम्परायें उनके लिए पवित्र वस्तु थी। इसी कारण उनमें परिवर्तन या सुधार करना वे धर्म के खिलाफ मानते थे।

राजा राममोहन राय ने ब्रह्म समाज संस्था का एक दस्तावेज बनाया जिसमें यह उल्लेख था कि ट्रस्टी हमेशा इस इमारत, प्रांगण, चल सम्पत्ति या आवास और उनसे सम्बद्ध उपांगों को सभी तरह के लोगों की सभाओं के लिए इस्तेमाल की इजाजत देंगे। किसी तरह का भेदभाव नहीं बरता जायेगा, लेकिन इसके लिए एक ही शर्त है कि वे मर्यादा का पालन करें, सभ्य धार्मिक एवं श्रद्धालु व्यवहार से शाश्वत और सनातन सत्ता की उपासना-पूजा में व्यस्त हों। वही इस ब्रह्माण्ड के रचयिता और रक्षक हैं और किसी भी वस्तु जीव या निर्जीव, जो भी हैं या आगे होगी, जो किसी व्यक्ति या व्यक्ति के समूह के लिए पूज्य हो उनकी निन्दा

वे उपेक्षा किसी भी रूप में न की जाए। चाहे वह धर्मोपदेश में हो, स्तुति या ईश-भजन में हो या उस अराधना में पूजा की अन्य किसी विधा द्वारा कथित, प्रतिपादित या प्रयुक्त हो, जब तक कि यह भर्त्सना, अनादर या उपेक्षा ब्रह्माण्ड के रचयिता और रक्षक का संकल्प करने में सहायक न हो और दानशीलता, नैतिकता, पवित्रता, उदारता, सदाचार और विभिन्न धर्मों तथा सम्प्रदायों के बीच एकता का सूत्र मजबूत करने का कारण न बने।

उपरोक्त तथ्यों से ज्ञात होता है कि राजा राममोहन राय ने किसी नये धर्म या सम्प्रदाय के रूप में ब्रह्म सभा की कल्पना नहीं की थी। वह चाहते थे कि विभिन्न धर्मों के एकेश्वरवादी लोग ब्रह्म सभा के स्थान का उपयोग करें और इसे अपना माने। बम्बई प्रेसीडेन्सी के उदार सुधारवादी नेता एम. जी. रानाडे ने दस्तावेज पर यह टिप्पणी की थी–"इस दस्तावेज की आध्यात्मिक गहनता पवित्रता, सार्वभौमिकता और सहिष्णुता इसके सौन्दर्य और परिपक्वता के आदर्श का प्रतीक है। इसके महत्त्व को समझ पाने में हमारी जनता को सैकड़ों साल भी लग सकते हैं।"

प्रसन्न कुमार टैगौर द्वारा संचालित अखबार "रिफार्मर" के 1831 के एक अंक में छपा "ब्रह्म सभा, 1828 में स्थापित, वेदान्तिक संस्था की स्थापना राजा राममोहन राय ने अनेक हिन्दू विचारकों के सहयोग से की। प्रत्येक शनिवार को ब्रह्म सभा का आयोजन चित्रपुर रोड पर होता था। इस सभा में वेदान्त की शिक्षा तथा अद्वैत ईश्वर का भजन कीर्तन होता था। इस सभा में भाग लेने के लिए किसी भी धर्म के लोगों पर कोई प्रतिबन्ध नहीं था। अतः हम यह कह सकते हैं कि राममोहन राय ने किसी नये धर्म का प्रचार नहीं किया। उन्होंने अपने देशवासियों को यही बताया कि ईश्वर एक ही है।

हिन्दू धर्म में मौजूद सत्य को राजा राममोहन राय ने पूरी ईमानदारी से उजागर किया है। इसी कारण उनकी प्रार्थना-सभाओं में सभी धर्मों के लोग आ सकते थे। प्राचीन ऋषियों के विश्व बन्धुत्व के सिद्धान्त को पुनर्जीवित किया। उन्होंने इस बात पर जोर दिया कि सभी धर्मों की मौलिक एकता एक ईश्वर की मान्यता है। उस काल में ईसाई धर्म का प्रभाव बढ़ रहा था। प्राचीन हिन्दू धर्म ग्रन्थों में राजा राममोहन राय जन साधारण की आस्था फिर से जगाना चाहते थे।

ब्रह्म समाज के स्वयं सेवकों ने बाल-विवाह, बहु-विवाह व जातिगत शोषण को खत्म करने का प्रयत्न किया। राजा राममोहन राय ने नारी शिक्षा की रूपरेखा तैयार की। शिक्षित मध्यम वर्ग ने सुधारों में विशेष रुचि प्रकट की। नवयुवक उनके साथ था। उन्होंने अनेक पत्र, पत्रिकायें भी प्रकाशित की, जिनमें 'इन्क्वायरर', बंगाल

स्पेक्टर', द क्विल, तथा 'ज्ञानेन्नासन' को बड़ी लोकप्रियता मिली। बंगाल के युवक व प्रबुद्ध व्यक्ति अब पुरानी परम्पराओं का अनुकरण करने को तत्पर नहीं थे। बहु-विवाह, बाल-विवाह आदि जैसी सामाजिक बुराइयों के खिलाफ में जनमत बन चुका था। राममोहन राय के निधन के बाद महर्षि देवेन्द्र नाथ ने ब्रह्म समाज का संचालन किया। रवीन्द्र नाथ ने अपने साहित्य व उपदेशों द्वारा तथा शांति निकेतन की स्थापना कर राम मोहन के विचारों का ही प्रचार किया।

राजा राममोहन राय और ब्रह्मसमाज आन्दोलन

राजा राममोहन राय भारतीय पुनर्जागरण आंदोलन के प्रर्वतक माने जाते हैं। इनका जन्म बंगाल में एक उच्च कुल के ब्राह्मण परिवार में 1772 ई. को हुआ था। राममोहन राय ने बनारस से संस्कृत तथा पटना से उर्दू और फारसी की शिक्षा प्राप्त की थी। युवावस्था में पिता से धार्मिक परम्परा पर विरोध होने के कारण राममोहन राय बनारस चले आये और वहाँ उन्होंने अंग्रेजी भाषा का अध्ययन प्रारम्भ किया। कुछ ही दिनों में वे अरबी, फारसी, बंगाल, उर्दू, संस्कृत और अंग्रेजी भाषा के अच्छे ज्ञाता हो गये। बौद्ध एवं जैन ग्रन्थों का अध्ययन करने के पश्चात् उनका झुकाव पाश्चात्य संस्कृति की तरफ हुआ और वे तार्किक ढंग से उनका विश्लेषण करने लगे। 1803 ई. में राममोहन राय के पिता की मृत्यु हुई और उन्होंने अपना प्रथम ग्रन्थ 'तुहफतुल-मुवहहिदीन' प्रकाशित किया। इस ग्रन्थ में उन्होंने मूर्तिपूजा का खण्डन और एकेश्वरवाद के सिद्धान्त की व्याख्या प्रस्तुत की थी। 1804 ई. से 1814 ई. तक राममोहन राय ईस्ट इण्डिया कम्पनी में कर्मचारी थे। सरकारी कर्मचारी के रूप में उन्हें दिगबी के साथ काम करने का अवसर मिला और वे ईसाई धर्म की विशेषताओं से प्रभावित हुए। 'स्थायी प्रबन्ध' के बाद जमींदारी-व्यवस्था को संगठित करन के सिलसिले में राजा राममोहन राय ने इतना अधिक धनसंग्रह कर लिया था कि उससे उन्होंने एक जमींदारी खरीद ली जिसकी वार्षिक आय 10,000 रुपये थी। 1814 ई. में दिगबी के इंग्लैण्ड लौट जाने पर राममोहन राय स्थायी तौर पर कोलकात्ता में ही अपना जीवन बिताने लगे।

राजा राममोहन राय की कोलकात्ता में यंग बंगाल के सदस्यों में मित्रता हुई। वे हिंदू धर्म में व्याप्त बुराइयों एवं सामाजिक रूढ़िवादिता से अच्छी तरह परिचित थे। उन्होंने भारत के सामाजिक जीवन-स्तर को उन्नत बनाने के उद्देश्य से पश्चिमी सभ्यता के सद्गुणों को स्वीकार किया और हिन्दू धर्म की विकृतियों को दूर करने का बीड़ा उठाया। अपने विचारों से उन्होंने कुछ मित्रों को प्रभावित

किया और 1815 ई. में 'आत्मीय सभा' की स्थापना की। आत्मीय सभा में उदारवादी मध्यम वर्ग और अभिजात वर्ग के सदस्य सम्मिलित थे। इस सभा का आयोजन हफता में एक दिन निर्धारित किया गया था और एकेश्वरवाद तथा धार्मिक सिद्धांतों के संदर्भ में चर्चाए होती थी। 1816 ई. में एक वेदांत कॉलेज की स्थापना की गयी। वेदांत और उपनिषदों का अनुवाद किया गया। राममोहन राय ने अद्वैतवाद की शिक्षा पर बल दिया था। 1817-1820 ई. के बीच रूढ़िवादी हिन्दुओं के साथ उनका वाद-विवाद चलता रहा। 1819 ई. में उन्होंने मद्रास के प्रसिद्ध मूर्तिपूजक सुब्रह्मण्यम् शास्त्री को तार्किक ढंग से शास्त्रार्थ में पराजित कर ख्याति अर्जित की। मूर्ति-पूजा और पंडाशाही के विरुद्ध आवाज उठाकर उन्होंने हिन्दुओं के नैतिक जीवन को उन्नत बनाने का प्रयास किया। राममोहन राय की विरोधी प्रवृत्तियों से उत्साहित होकर ईसाई मिशनरियों ने उन्हें समर्थन देना प्रारम्भ किया, परन्तु ईसाईयों का समर्थन उन्हें अधिक दिनों तक नहीं मिल सका। 1820 ई. में जीसस क्राइस्ट पर उनकी एक पुस्तक प्रकाशित हुई। इस पुस्तक में उन्होंने मानवता को सबसे बड़ा धर्म स्वीकार किया और यह भी लिखा कि ईश्वर में विश्वास रखनेवाले सभी व्यक्तियों के बीच भाईचारे का सम्बन्ध रहना चाहिए। 1821 ई. में उन्होंने बैप्टिस्ट मिशनरी विलियम एडम को अद्वैतवाद का समर्थक बना लिया। इसी वर्ष कलकत्ता में यूनिटेरियन कमिटी की स्थापना की गयी। राममोहन राय के व्यवहार से ईसाई पादरियों की नाराज़गी बढ़ी और उन्होंने उनके 'ब्रह्मनिकल मैगनीज' का प्रकाशन नहीं होने दिया।

20 अगस्त 1828 को राजा राममोहन राय ने ब्रहा समाज की स्थापना किया, जो अंत में ब्रहम समाज के नाम से प्रसिद्ध हुआ। ब्रह्मसमाज में एक ईश्वर की उपासना पर बल दिया जाता था और बताया जाता था कि ईश्वर विश्वव्यापी है। इसकी बैठक प्रत्येक शनिवार को संध्या समय आयोजित की जाती थी। साधारणः 50-60 सदस्य प्रार्थना में सम्मिलित होते थे। ब्रह्मसमाज की स्थापना का विरोध ईसाईयों ने किया और पिता-पुत्र के बीच मुकदमा दायर करवा दिया। इस मुकदमे में राजा राममोहन राय की क्षमता और समय की बर्बादी अधिक हुई।

ब्रह्मसमाज के लिए 1830 ई. में एक स्वतंत्र भवन खरीदा गया और वहाँ निराकार ब्रह्म की उपासना की जाने लगी। ईश्वर का न कोई रूप है और न कोई नाम। मूर्तिपूजा का वहाँ कोई प्रावधान नहीं था। पशु-बलि भी वर्जित था। वेद और उपनिषदों के मंत्रों का अनुवाद बंगला भाषा में किया गया। पूजा के लिए पुरोहित और पूजा-विधि की कोई आवश्यकता नहीं थी। अगे चलकर ब्रह्मसमाज के लिए निश्चित

विधान और नियम बनाये गये। दो वर्ष बाद राजा राममोहन राय इंग्लैण्ड गये और वहीं 1833 ई. में उनकी मृत्यु हो गयी।

ब्रह्मसमाज के मुख्य सिद्धान्त : ब्रह्मासमाज आन्दोलन का मुख्य उद्देश्य भारतीय समाज एवं धर्म में व्याप्त बुराइयों को समाप्त करना था। इसमें सभी धर्मों के उत्तम तथ्यों को शामिल किया गया था। ब्रहम समाज के कुछ प्रमुख सिद्धांतों को निम्न परिस्थितियों में स्पष्ट किया जा सकता है–

1. ईश्वर एक है। वह विश्व का स्रष्टा, पालक एवं रक्षक है। उसकी शक्ति, प्रेम, न्याय एवं पवित्रता अपरिमित है।
2. जीवात्मा अमर है। उसमें असीम उन्नति करने की क्षमता है और वह अपने कर्मों के लिए भगवान के प्रति उत्तरदायी है।
3. आध्यात्मिक उन्नति के लिए प्रार्थना, भगवान का आश्रय एवं उसके अस्तित्व की अनुभूति आवश्यक है।
4. किसी भी बनाई हुई वस्तु को ईश्वर समझकर पूजा नहीं करनी चाहिए और न किसी पुस्तक या पुरुष को निर्वाह अथवा मोक्ष का एकमात्र साधन मानना चाहिए।

वस्तुतः ब्रह्मसमाज आन्दोलन के द्वारा किसी नये धर्म को स्थापित नहीं किया गया। राममोहन राय ने यह कभी दावा नहीं किया कि उनका धर्म हिन्दू धर्म से अलग है। ब्रह्मसमाज में वार्णित सभी बातें उपनिषद् से मेल खाती हैं। राममोहन राय ने प्रचलित हिन्दू धर्म की धार्मिक एवं सामाजिक प्रथाओं का उल्लंघन किया था। वे जीवन के अन्तिम क्षण तक अपने को हिन्दू मानते रहे। प्रेम, दया, भक्ति और साधुता का प्रचार किया। मूर्तिपूजा, बलिप्रथा, भोग या आडम्बर का खुलकर विरोध किया। ब्रह्मसभा की स्थापना कर राजा राममोहन राय ने सामाजिक, धार्मिक और सांस्कृतिक जीवन में नया मोड़ लाने की चेष्टा की थी।

राममोहन राय और सामाजिक सुधार : राजा राममोहन राय एक प्रभावशाली एवं योग्य समाजसुधारक थे। भारतीय समाज के अंतर्गत विभिन्न प्रकार की बुराइयों का आधिपत्य था। बाल-विवाह, सती-प्रथा, कन्या-हत्या, कन्या या वर के विक्रय आदि को धार्मिक रंग देकर सामाजिक जीवन को गतिहीन बना दिया गया था। राममोहन राय ने सामाजिक दोषों और कुरीतियों को समाप्त करने के लिए एक प्रबल आन्दोलन खड़ा किया जिसके तत्कालीन सामाजिक जीवन को अत्यधिक प्रभावित किया। हमारे देश में सती प्रथा का प्रचलन था जो सामाजिक जीवन के लिये बड़ी कलंक थी जिसका असर तात्कालिक सामाजिक जीवन पर पड़ा। भारत में सती-प्रथा

सामाजिक जीवन का एक बहुत बड़ा अभिशाप थी। पति की मृत्यु के बाद स्वेच्छा से प्राणत्याग की प्रथा अत्यन्त प्राचीन थी। धीरे-धीरे यह प्रथा आम जीवन का एक अंग बन गयी और बलपूर्वक विधवाओं को नशीली वस्तुएँ पिलाकर चिता में भस्म कर दिया जाता था। 1815-17 ई. में केवल बंगाल में 864 स्त्रियाँ सती हुई थीं। सती-प्रथा का रूप बर्बर एवं अमानुषिक हो गया था। इस प्रथा के विरोध में पहले भी आवाज उठायी गयी थी, लेकिन राजा राममोहन राय ने लॉर्ड विलियम बेंटिक को प्रभावित कर सती-प्रथा को अवैध घोषित करवाया। 1829 ई. में सती-प्रथा के विरुद्ध कानून पारित हुआ।

राजा राममोहन राय बहुविवाह और वेश्यावृत्ति को जड़ से उखाड़ना चाहते थे। भेदभाव अथवा छुआछूत को दूर कर समाज में समता लाने का प्रयास राममोहन राय ने प्रारम्भ किया था। जातीय भेदभाव के विरुद्ध उन्होंने प्रचार किया था। ब्रह्मसमाज के सदस्य जातीयता को प्रश्रय नहीं देते थे। राममोहन राय ने विधवा-विवाह का समर्थन किया था। वे अंतरजातीय विवाह के पृष्ठपोषक थे। कुछ लोगों की यह धारणा है कि राजा राममोहन राय का योगदान सामाजिक सुधार के क्षेत्र में उतना महत्वपूर्ण नहीं था जितना उसका प्रचार किया गया है। सती-प्रथा का विरोध राममोहन के पहले ही प्रारम्भ हो चुका था। राममोहन राय ने सती-प्रथा को अवैधानिक करार देने में मात्र अपना ही सहयोग प्रदान किया था। विधवा-विवाह, मदिरापान और मांस खाना शास्त्र के अनुसार स्वीकृत था। राममोहन राय ब्रह्मणिक और तांत्रिक विवाह-पद्धति को समान रूप से महत्त्व देते थे। वस्तुतः राजा राममोहन राय ने रूढ़िग्रस्त समाज की बुराइयों को दूर करने का प्रयास किया और बंगाल के सामाजिक जीवन में एक नयी चेतना का विकास किया था।

ब्रह्म समाज का विकास

1830 ई. में राजा राम मोहन राय इंग्लैंड चले गये। उसके बाद ब्रहम समाज की देखरेख रामचन्द्र विद्यावागीश करने लगे। 1833 ई. में राजा रामोहन राय की मृत्यु के बाद ब्रह्मसमाज के विकास में कुछ बाधाएँ उत्पन्न हुई। इसके सदस्यों की संख्या घट गयी, परन्तु 1843 ई. में देवेन्द्रनाथ ठाकुर ने अपने साथियों के साथ ब्रह्मसमाज की सदस्यता स्वीकार कर ली। ब्रह्मसमाज में सम्मिलित होने के पूर्व देवेन्द्रनाथ ठाकुर ने 'तत्व बोधिनी सभा' की स्थापना की थी और उनका झुकाव धार्मिक और आध्यात्मिक कार्यों की तरफ अधिक था। कट्टर हिन्दुओं के नेता राधाकान्त देव ने धर्मसभा की स्थापना कर ब्रह्मसमाज के विकास के मार्ग में बाधा उत्पन्न करने की

चेष्टा की थी, परन्तु देवेन्द्रनाथ ठाकुर और ईश्वरचन्द्र विद्यासागर के प्रयास से ब्रह्मसमाज को नवजीवन प्राप्त हुआ और आपसी मतभेद दूर हो गया। ब्रह्मसमाज के अध्यापकों और प्रचारकों के लिए 1840 ई. में एक विद्यालय की स्थापना तत्त्व बोधिनी सभा की देखरेख में की गयी जिसके अन्तर्गत धर्मशास्त्र तथा विज्ञान की शिक्षा प्रदान की जाती थी। देवेन्द्रनाथ ठाकुर के द्वारा 'तत्त्वबोधिनी पत्रिका' का प्रकाशन शुरू किया गया। इस पत्रिका के माध्यम से वे ईसाइयों के प्रभाव से भारतीय संस्कृति की रक्षा करना चाहते थे। देवेन्द्रनाथ ठाकुर को ब्रह्मसमाज को भारतीय परम्परा के आधार पर संगठित करने का श्रेय दिया जाता है। इस कार्य में उन्हें अक्षयकुमार दत्त का सहायोग प्राप्त था। समाजसुधार, विधवा-विवाह, स्त्री-शिक्षा के प्रचार एवं भाषा के विकास आदि क्षेत्रों में ब्रह्मसमाज को एक महत्त्वपूर्ण सफलता प्राप्त हुई।

1856 ई. में देवेन्द्रनाथ ठाकुर अध्ययन एवं मनन के लिए पहाड़ों पर चले गये। देवेन्द्रनाथ ठाकुर के बाद ब्रह्मसमाज को युवक केशवचन्द्र सेन का सहयोग वरदन के रूप में मिला। केशवचन्द्र सेन समाजसेवा और धर्मसुधार में विशेष अभिरुचि रखते थे। केशवचन्द्र सेन ने जाति-प्रथा के खिलाफ अपनी आवाज उठायी तथा विमेल विवाह व विधवा विवाह को एक नया मोड़ देना प्रारम्भ किया। केशवचन्द्र सेन जनेऊ-परित्याग की राय देते थे। भारतवर्ष के अनेक क्षेत्रों की यात्रा कर उन्होंने लोक-कल्याण और सार्वजनिक हित के कार्यों का प्रचार प्रारम्भ किया। गरीबों को शिक्षा देने के लिए उन्होंने रात्रि विद्यालय की स्थापना की। केशवचन्द्र सेन कुशल वक्त थे। 1859 ई. में ब्रह्मविद्यालय और 1860 ई. में संगत सभा की स्थापना की गयी। 1861 ई. में 'इण्डियन मिरर' नामक पत्रिका का प्रकाशन आरम्भ किया गया। केशवचन्द्र सेन ने धार्मिक तत्त्वों अथवा सिद्धान्तों के बदले समाजसुधार को प्राथमिकता दी। फलतः ब्रह्मसमाज दो दलों में विभाजित हो गया।

देवेन्द्रनाथ ठाकुर के समर्थकों ने प्राचीन ग्रन्थों तथा उपनिषदों पर विशेष बल देते थे लेकिन केशव चन्द्र अध्यात्म के बदले समाजसुधार को आवश्यक समझते थे। केशवचन्द्र प्रगतिवादी थे और सामाजिक बुराइयों को दूर करना चाहते थे। केशवचन्द्र के समर्थकों में दुर्गामोहन दास, द्वारकानाथ गांगुली, आनन्दमोहन बोस ओर शिवनाथ शास्त्री प्रमुख थे। केश्वचन्द्र के दल को 'भारतवर्षीय ब्रह्मसमाज' और देवेनद्रनाथ ठाकुर के दल को 'आदि ब्रह्म समाज' के नाम से पुकारा गया। केशव चन्द्र सेन ब्रिटिश साम्राज्य के समर्थक थे। वे 1872 ई. में ब्रह्म विवाह की वैधता दिलाने में सुफल हुए। 1872 ई. के कानून द्वारा बाल-विवाह अवैध घाषित किया गया तथा

बहुविवाह पर रोक लगाया गया, परन्तु 13 वर्षीय पुत्री का विवाह कुचबिहार के अल्पवयस्क राजकुमार से करने के फलस्वरूप केशवचन्द्र का विरोध युवकों द्वारा किया गया और उन्होंने केशवचन्द्र से अलग होकर 'साधारण ब्रह्म समाज' की स्थापना कर ली। फलतः ब्रह्म समाज आन्दोलन विभाजन के कारण दुर्बल हो गया।

बंगाल से हटकर ब्रह्म समाज की कुछ संस्थाओं को स्थापित किया गया था। 1876 ई. में उत्तरप्रदेश में दो, मद्रास और पंजाब में एक-एक शाखा खोली गयी। परन्तु ब्रह्मसमाज आन्दोलन अखिल स्वरूप नहीं प्राप्त कर सका। और अन्त में 1884 ई. में केशवचन्द्र मोक्ष प्राप्त हो गया।

सबसे अधिक बंगाल के शिक्षित वर्गों पर ब्रह्म समाज का प्रभाव पड़ा। इसके सदस्यों की संख्या कम थी, परन्तु उनमें योग्यता अधिक थी। धार्मिक अन्धविश्वास और परम्परागत बन्धनों से मुक्त होने के लिए ब्रह्म समाजी अधिक जोर देते थे। वे व्यक्तिगत स्वतंत्रता का समर्थन करते थे। वे सत्य की प्राप्ति किसी भी धर्मग्रन्थ से करना चाहते थे। हिन्दू धर्म से वे धीरे-धीरे पृथक् हो गये। ब्रह्मसमाज में तर्क, मानवबुद्धि और अन्तः प्रेरणा को विशेष महत्व प्राप्त था। इसके प्रयत्न से शिक्षित वर्ग ईसाई धर्म अपनाने से वंचित हो गये। ब्रह्मसमाज लोगों के बीच अपनी जगह बनाने में कामयाब न हो सका। वह पेड़ों से तोड़े हुए फूलों की माला की तरह शीघ्र ही मुरझा गया, लेकिन थोड़े ही वर्षों में उसके द्वारा जो नवचेतना जागरित की गयी उसके फलस्वरूप राजनीतिक एवं सामाजिक जीवन के क्षेत्र में एक नया मोड़ आया। ईसाई धर्म की बढ़ती हुई प्रगति को रोकने में ब्रह्मसमाज का योगदान अत्यन्त महत्त्वपूर्ण था।

तत्वबोधिनी सभा

1850 ई. में मुगल बादशाह अकबर द्वितीय ने राजा राममोहन राय को राजा की उपाधि के साथ अपने दूत के रूप में तत्कालीन ब्रिटिश सम्राट विलियम चतुर्थ के दरबार में भेजा। इन्हें ब्रिटिश सम्राट से मुगल बादशाह को मिलने वाली पेंशन की राशि को बढ़ाने की बात करनी थी। यहीं पर ब्रिस्टल में 27 सितम्बर, 1833 ई. को राजा राममोहन राय की मृत्यु हो गयी। सुभाषचन्द्र बोस ने राजा राममोहन राय को 'युगदूत' की उपाधि से सम्मानित किया था। राजा राममोहन राय की मृत्यु के बाद ब्रह्मसमाज की गतिविधियों का संचालन द्वारिकानाथ टैगोर तथा पंडित रामचन्द्र विद्यागीश ने किया। इनके बाद द्वारिकानाथ के पुत्र देवेन्द्रनाथ टैगोर ने (1818-1905 ई.) ब्रह्मसमाज की गतिविधियों को जारी रखा। ब्रह्मसमाज में शामिल होने से पहले देवेन्द्रनाथ ने

कलकत्ता के जोरासांकी में तत्वरंजिनी सभा की स्थापना की। बाद में तत्वरंजिनी ही तत्वबोधिनी सभा के रूप में परिवर्तित हो गयी। देवेन्द्रनाथ टैगोर ने तत्वबोधिनी सभा से जुड़ी पत्रिका 'तत्वबोधिनी' का प्रारम्भ किया। इसके सम्पादक अक्षय कुमार दत्त थे। 1840 ई. में तत्वबोधिनी स्कूल की स्थापना हुई, अक्षय कुमार इसके अध्यापक पद पर नियुक्त हुये। इस स्कूल के अन्य सदस्यों में राजेन्द्र लाल मित्र, ईश्वर चन्द्र विद्यासागर, ताराचन्द्र चक्रवर्ती तथा प्यारेचन्द्र मित्र आदि थे।

संगत सभा की स्थापना

21 दिसम्बर, 1843 ई. को देवेन्द्रनाथ टैगोर ने ब्रह्मसमाज की सदस्यता ग्रहण की तथा उत्साह के साथ राजा राममोहन राय के विचारों को प्रचारित किया। देवेन्द्रनाथ ने अलेक्जेंडर डफ द्वारा भारतीय संस्कृति पर किए जा रहे ईसाई धर्म के प्रचार के प्रहार के विरुद्ध संघर्ष किया। देवेन्द्रनाथ टैगोर ने ब्रह्म धर्म नामक धार्मिक पुस्तिका का संकलन किया तथा उपासना के ब्रह्म स्वरूप ब्रह्मोपासना की शुरुआत की। 1857 ई. में आचार्य केशवचन्द्र सेन ने ब्रह्मसमाज की सदस्यता ग्रहण की। इनके उदारवादी विचारों ने ब्रह्म की लोकप्रियता को बढ़ाया। केशवचन्द्र सेन ने देवेन्द्रनाथ के साथ मिलकर तत्कालीन आध्यात्मिक तथा सामाजिक समस्याओं के विचार के उद्देश्य से संगत सभा (मैत्री संघ) की स्थापना की।

आदि ब्रह्मसमाज का गठन

1861 ई. में केशवचन्द्र सेन ने 'इण्डियन मिरर' नामक पत्र का प्रकाशन प्रारम्भ किया। इस पत्र (मिरर) ने शीघ्र ही अपनी पहचान बना ली और अंग्रेजी का पहला दैनिक समाचार होने का गौरव प्राप्त किया। बाद में इण्डियन मिरर ब्रह्मसमाज का मुख पत्र बन गया। आचार्य केशवचन्द्र सेन ने ब्रह्मसमाज को एक अखिल भारतीय रूप देने के उद्देश्य से पूरे भारत का दौरा किया, जिसके परिणामस्वरूप मद्रास में वेद समाज तथा महाराष्ट्र में प्रार्थना समाज की स्थापना हुई। आचार्य केशवचन्द्र सेन ने महिलाओं के उद्धार, नारी शिक्षा, अन्तर्जातीय विवाह आदि के समर्थन में प्रचार किया तथा बाल विवाह का विरोध किया। इन अमूलकारी परिवर्तनवादी विचारों के कारण ही 1865 ई. में ब्रह्मसमाज में पहली फूट पड़ी। देवेन्द्रनाथ टैगोर के अनुयायियों ने आदि ब्रह्मसमाज का गठन किया। आदि ब्रह्मसमाज का नारा था ब्रह्मवाद ही हिन्दूवाद है।

लन्दन की यात्रा से लौटने के बाद 1872 ई. में केशवचन्द्र सेन ने सरकार को ब्रह्मविवाह अधिनियम को कानूनी दर्जा देने के लिए तैयार कर लिया। आचार्य

केशव चन्द्र सेन ने पश्चिमी शिक्षा के प्रसार, स्त्रियों के उद्धार तथा स्त्री शिक्षा आदि के उद्देश्य से इण्डियन रिफार्म एसोसिएशन की स्थापना की। ब्रह्मसमाज में दूसरा विभाजन 1878 ई. में हुआ, जब आचार्य केशवचन्द्र सेन ने ब्रह्मविवाह अधिनियम 1872 ई. का उल्लंघन करते हुये अपनी अल्पायु पुत्री का विवाह कूचबिहार के महाराजा से किया।

साधारण ब्रह्मसमाज की स्थापना

केशवचन्द्र सेन के अनुयायियों ने उनसे अलग होकर साधारण ब्रह्मसमाज की स्थापना की। साधारण ब्रह्मसमाज के अनुयायी मूर्तिपूजा और जाति प्रथा के विरोधी तथा नारी मुक्ति के समर्थक थे। साधारण ब्रह्मसमाज की स्थापना आनन्द मोहन बोस द्वारा तैयार की गई रूपरेखा पर हुआ था। आनन्द मोहन बोस इसके प्रथम अध्यक्ष थे। इरा संगठन के सक्रिय कार्यकर्ताओं में शिवनाथ शास्त्री, विपिनचन्द्र पाल द्वारिकानाथ गांगुली तथा सुरेन्द्रनाथ बनर्जी प्रमुख थे।

सती-प्रथा

सती प्रथा भारत में पुराने हिन्दू समाज की एक घिनौनी एवं गलत प्रथा है। इस प्रथा में जीवित विधवा पत्नी को मृत पति की चिता पर जिंदा ही जला दिया जाता था। सती (सती, सत्य शब्द का स्त्रीलिंग रूप है) हिंदुओं के कुछ समुदायों की एक प्रथा थी, जिसमें हाल में ही विधवा हुई महिला अपने पति के अंतिम संस्कार के समय स्वंय भी उसकी जलती चिता में कूदकर आत्मदाह कर लेती थी।

इस शब्द को देवी सती (जिसे दक्षायनी के नाम से भी जाना जाता है) से लिया गया है। देवी सती ने अपने पिता राजा दक्ष द्वारा उनके पति शिव का अपमान न सह सकने करने के कारण यज्ञ की अग्नि में जलकर अपनी जान दे दी थी। यह शब्द सती अब कभी-कभी एक पवित्र औरत की व्याख्या करने में प्रयुक्त होता है। यह पुराने हिन्दू समाज कि एक घिनौनी एवं गलत प्रथा है।

भारतीय (मुख्यतः हिन्दू) समाज में सती प्रथा का उद्भव यद्यपि प्राचीन काल से माना जाता है, परन्तु इसका भीषण रूप आधुनिक काल में देखने को मिलता है। सती प्रथा का पहला अभिलेखीय साक्ष्य 510 ई. एरण अभिलेख में मिलता है।

प्राचीन समय से ही भारतीय समाज में सती-प्रथा व्याप्त रही है। प्राचीन काल में इसके अनेक उदाहरण मिलते हैं। रामायण में मेघनाथ की पत्नी सुलोचना अपने पति के शव के साथ सती हो गई थी। महाभारत में पांडु की दूसरी पत्नी

माद्री पांडु के शव के साथ सती हो गई थी। मुस्लिम शासकों ने सती-प्रथा का विरोध किया। कश्मीर के शासक सिकन्दर ने पन्द्रहवीं सदी के शुरू में सती-प्रथा को रोकने का प्रयास किया था, लेकिन उसके बेटे जैन-उल-आबिदीन ने इस प्रथा को फिर से शुरू कर दिया था। 1510 में अलबुकर्क ने गोआ में सती-प्रथा बंद कर दी थी। मुगल सम्राट अकबर और जहाँगीर ने भी इस अमानवीय प्रथा को बन्द करने का प्रयास किया, लेकिन इसमें वे असफल रहे। पेशवा बाजीराव भी इस दिशा में असफल रहे थे। भारत में यह क्रूर प्रथा दो हजार साल तक चलती रही, जिससे अनगिनत स्त्री अपने पति की मौत के बाद सती हो गईं।

अंग्रेज प्रशासन शुरुआत में सती-प्रथा को खत्म करने में किसी तरह की रुचि नहीं दिखलाई, इसका प्रमुख कारण हिन्दू और मुस्लिम के धार्मिक मामलों में ये नहीं आना चाहते थे, इसीलिए बंगाल, बम्बई और मद्रास की ईस्ट इंडिया कंपनी की सरकारों ने सती के मामलों में निष्पक्षता का रुख अपनाया। सामान्यतया उस समय के यूरोपीय लोग इस प्रथा को सहन नहीं कर सके। फ्रांसीसियों और डचों ने अपने-अपने क्षेत्रों में इस प्रथा पर अंकुश लगाने की कोशिश की।

सन् 1789 में ईस्ट इंडिया कंपनी की सर्वोच्च सरकार से कुछ अंग्रेज अधिकारियों ने सती-प्रथा पर रोक लगाने के लिए अनुमति माँगी थी, लेकिन सरकार ने उन्हें सिर्फ यह आदेश दिया कि वे सती-प्रभा को रोकने के लिए लोगों को समझा-बुझा तो सकते हैं पर इस विषय में बल का प्रयोग नहीं कर सकते। श्रीरामपुर के ईसाई मिशनरियों की एक रिपोर्ट के अनुसार 1804 में 3 महीनों से भी कम समय में कलकत्ते के 30 मील के आस-पास के क्षेत्रों में कम-से-कम 300 महिलाएँ पति की मौत के बाद सती हो गईं थीं।

पति की मौत के बाद कुछ स्त्री तो स्वेच्छा से सती हो जाती थी लेकिन जो ऐसा नहीं करती थी उन्हें जबरन जलती चिता में धकेल दिया जाता था। सती होने वाली महिलाओं का विश्वास था कि अपने पति के शव के साथ जलकर मर जाने से उन्हें मृत्यु के बाद भी अपने पति के साथ रहने को मिलेगा। स्त्रियों के मन में यह संस्कार-सा बन गया था। हजारों साल की परम्परा ने यह विश्वास और गहरा कर दिया था। इस प्रथा का सबसे जघन्य पहलू यह था कि जो स्त्रियाँ अपने पति के शव के साथ सती नहीं होना चाहती थीं, उन स्त्रियों को जबरदस्ती सती होने के लिए मजबूर किया जाता था। उनके शव के साथ बाँध दिया जाता था और चिता पर चढ़ा दिया जाता था। अग्नि संस्कार के समय घंटे-घड़ियाल बजाए जाते थे, जिनके कोलाहल में स्त्री के चिखने-चिल्लाने की आवाज विलुप्त हो जाती थी। परिवार के

लोगों द्वारा विधवा स्त्रियों को बलपूर्वक पति के शव के साथ जलाने का एक कारण यह भी था कि परिवार को उनका भरण-पोषण का खर्च न वहन करना पड़े।

5 फरवरी, 1805 को तत्कालीन गवर्नर जनरल लार्ड वेलेजली ने सती-प्रथा के बारे में निजामत अदालत से सलाह माँगी। निजामत अदालत ने हिन्दू पंडितों से सलाह-मशविरा किया और अपनी राय गवर्नर जनरल के पास भेज दी। पंडितों का मंतव्य था कि उन विधवाओं को तो पति के शव के साथ नहीं जलना चाहिए, जिनकी आयु बहुत कम हो, जो गर्भवती हों अथवा जिनके ऐसे छोटे-छोटे बच्चे हों जिनकी परवरिश करनेवाला कोई न हो। जिनकी अवस्था अधिक है उनको पति के साथ ही चिता में जल जाना चाहिए लेकिन किसी स्त्री को नशा कराके सती होने की प्रेरणा देना शास्त्र के विरुद्ध है। निजामत अदालत की सम्मति थी कि जिन क्षेत्रों में सती का कम चलन है, वहाँ तो वह बंद की जा सकती है। अन्य स्थानों पर पंडितों की सिफारिशों के अनुसार उसे मर्यादित किया जा सकता है, लेकिन अगर सरकार सामान्य आदेश द्वारा सती-प्रथा को बंद करने का प्रयास करेगी तो हिन्दुओं की धार्मिक भावना को ठेस पहुँचेगी।

सन् 1812 में ब्रिटिश प्रशासन ने सती-प्रथा के बारे में कुछ आदेश निकाले। इन आदेशों में कहा गया कि किसी विधवा को उसकी इच्छा के विरुद्ध सती नहीं किया जा जाएगा, उसे नशा नहीं कराया जाएगा। 1815 और 1817 में सती-प्रथा के बारे में कुछ और आदेश निकाले गए। इन आदेशों के अनुसार जिला मजिस्ट्रेटों के लिए आवश्यक हो गया था कि वे अपने इलाके में होने वाली सती की घटनाओं के बारे में सरकार को वार्षिक रिपोर्ट भेजें, रिश्तेदार थानों में सती कांड की पूर्व-सूचना दें और गर्भवती तथा कम उम्र की विधवाएँ सती न हों।

उपर्युक्त आदेशों से सती-प्रथा की घटना पर किसी तरह का प्रभाव नहीं पड़ा। शिक्षा के प्रचार के साथ-साथ सती-प्रथा का विरोध भी तीव्र होता गया। आँकड़ों के आधार पर ज्ञात हुआ कि सती-प्रथा हिंन्दू धर्म का अंग नहीं थी, वह एक स्थानीय प्रथा थी। 1815-17 में बंगाल के पांच जिलों में सती की 864 घटनाएँ हुई थीं। शेष ब्रिटिश भारत में यह संख्या 663 थी। इस प्रथा का सबसे अधिक प्रभाव बंगाल में था।

भारतीय जनमानस प्रत्यक्ष व परोक्ष दोनों रूप से सती-प्रथा से नाखुश थे। ईस्ट इंडिया कंपनी सरकार सती-प्रथा से क्षुब्ध थी, लेकिन वह कानून द्वारा इस प्रथा को बंद करने का इसलिए साहस नहीं जुटा पा रही थी कि कहीं इससे आम जनता तथा सेना में असंतोष न फैल जाए। लार्ड हैस्टिंग्ज और लार्ड एम्हर्स्ट ब्रिटिश शासन के

लिए इस तरह का खतरा उठाने के लिए तैयार न थे। सरकार का मत था कि शिक्षा के प्रचार के साथ स्वयं भारतीय ही सती-प्रथा के विरुद्ध आवाज उठाने लगेंगे और तब सती-प्रथा को कानून द्वारा बंद करना आसान हो जाएगा। ब्रिटिश शासन की इस प्रकार की सोच व्यर्थ हुई इसका कोई प्रभाव नहीं पड़ा। शिक्षित भारतीयों में सती-प्रथा के विरुद्ध सचमुच आक्रोश था। अतः ब्रिटिश प्रशासन के साथ-साथ राजा राममोहन राय ने भी सती-प्रथा को रोकने में विशेष योगदान दिये थे।

सरकार ने 1812, 1815 और 1817 में सती-प्रभा के विरोध में जो आदेश निकाले थे, कलकत्ते के रूढ़िवादी हिन्दुओं ने उन आदेशों के विरोध में सरकार की सेवा में एक याचिका प्रस्तुत की और उससे इन आदेशों को रदद् करने की प्रार्थना की। इसी अवसर पर अगस्त, 1816 में राममोहन राय और उनके सहयोगियों ने सरकार की सेवा में एक जवाबी याचिका प्रस्तुत की और उसमें सती-प्रथा के वीभत्स पहलुओं की ओर सरकार का ध्यान आकृष्ट किया।

समाज सुधारक राजा राममोहन राय ने बंगाली भाषा में छोटी-छोटी पुस्तकों का प्रकाशन कर सती-प्रथा को दूर करने का प्रयास किया। इनमें से कुछ पुस्तिकाओं का अंग्रेजी में अनुवाद भी हुआ था। उन्होंने अपनी पत्रिका संवाद कौमुदी में भी सती-प्रथा के विरोध में अनेक लेख प्रकाशित किए। रूढ़िवादी हिन्दुओं ने राममोहन राय का तीव्र विरोध किया था। इन रूढ़िवादी हिन्दुओं के नेता राजा राधाकांत देव थे। कुछ समय के लिए राजा राममोहन राय का जीवन संकट में पड़ गया था, लेकिन इन्होंने सती-प्रथा के विरोध में अपना आंदोलन बन्द नहीं किया, फलस्वरूप धीरे-धीरे उन्हें लोगों का सहयोग मिलने लगा।

सन् 1826 में भारत के गवर्नर जनरल लार्ड विलियम बैंटिक बने। उन्हें कोर्ट ऑफ डायरेक्टर्स ने सती-प्रथा को तत्काल या धीरे-धीरे समाप्त करने का निश्चित रूप से आदेश दिया था। इंग्लैंड में इन दिनों उदारवादी विचारधारा का बोलबाला था और बोर्ड ऑफ डायरेक्टर्स पर भी इस विचारधारा का प्रभाव था। बैंटिक स्वभाव से सुधारवादी थे और उन्होंने सती-प्रथा के संबंध में गुप्त रूप से सूचना प्राप्त कर ली कि लोगों का क्या मत है। बैंटिक ने इस पक्ष में अधिकारियों को पत्र लिखे थे। इनमें से 24 अधिकारियों की राय थी कि सती-प्रथा को तत्काल और समग्र रूप से बंद कर देना चाहिए। 20 अधिकारियों की राय थी कि इस प्रथा को परोक्ष साधनों द्वारा खत्म करना ज्यादा बेहतर होगा। सरकारी अधिकारियों का मत था कि इस प्रथा को समाप्त किया जाय, इसमें सरकार को बीच में नहीं आना चाहिए। पुलिस अधीक्षक और देहात के नब्बे प्रतिशत अफसर सती-प्रथा

को बंद करने के पक्ष में थे। बैंटिक ने सती-प्रथा के संबंध में जिन 15 असैनिक अधिकारियों से सलाह-मशविरा किया था उनमें 8 इस प्रथा को तत्काल समाप्त करने के पक्ष में थे। निजामत अदालत के पाँचों न्यायाधीशों ने सती-प्रथा को तुरन्त समाप्त करने के पक्ष में राय दी थी। राजा राममोहन राय और प्राच्चविद् एच.एच. विल्सन ने लार्ड बैंटिक को सलाह दी कि सती-प्रथा को कानून द्वारा नहीं बल्कि लोगों को इसके दोषों को बताकर समाप्त किया जाए। उनका विचार था कि पुलिस सती-प्रथा के मार्ग में अवरोध पैदा कर सकती है। यदि सरकार इसे कानून द्वारा बंद करना चाहेगी तो आमजनों में विद्रोह फैल सकता है।

भारत के तत्कालीन गवर्नर जनरल बैंटिक कानून द्वारा सती-प्रथा को खत्म करने का मन बना लिया था। उन्होंने 8 नवंबर, 1829 को अपनी परिषद के सामने इस बारे में अपने विचार प्रस्तुत किए। उन्होंने कहा कि सती-प्रथा मुख्य रूप से बंगाल, बिहार और उड़ीसा में ही और उसमें भी विशेष रूप से कलकत्ता डिवीजन में ही प्रचलित है। इस इलाके के लोगों में इतना साहस नहीं है कि वे सरकारी आदेश की अवहेलना करें।

ईस्ट इंडिया कम्पनी के एक प्रतिष्ठित अधिकारी और परिषद् के सबसे प्रमुख सदस्य सर चार्ल्स, मैटकॉफ के मन में सती-विरोधी प्रस्तावित कानून की सार्थकता के बारे में कुछ शंका थी, लेकिन अंततः वे भी बैंटिक के विचार से सहमत हो गए। कौंसिल ने बैंटिक के प्रस्ताव को सर्वसम्मति से पारित कर दिया।

ब्रिटिश सरकार ने 4 दिसम्बर, 1829 ई. को बंगाल प्रेसीडेन्सी में सती को गैर-कानूनी घोषित कर दिया। काननू में कहा गया था कि जो लोग किसी विधवा को उसकी इच्छा के विरुद्ध जलायेंगे उन्हें मृत्युदण्ड दिया जायेगा। कुछ समय बाद मद्रास और बम्बई में भी इसी प्रकार के सती-विरोधी कानून पास कर दिए गए। सती विरोधी कानून पास होने से जनता में किसी प्रकार का असंतोष पैदा नहीं हुआ। 19 दिसम्बर, 1829 ई. को रूढ़िवादी हिन्दुओं ने कानून को रद्द करने के लिए लार्ड बैंटिक की सेवा में एक आवेदन-पत्र पेश किया। आवेदन-पत्र पर कलकत्ते के 800 व्यक्तियों ने हस्ताक्षर किए थे। हस्ताक्षरकर्त्ताओं में अनेक प्रतिष्ठित हिन्दू, जमींदार और धनी-मानी व्यक्ति थे। 14 जनवरी, 1830 को लार्ड बैंटिक ने उनके कुछ नेताओं राधाकांत देव और महाराजा काली कृष्ण बहादुर आदि से मुलाकात की और उन्हें सलाह दी कि यदि वे चाहे तो सम्राट् की कौंसिल में अपील कर सकते हैं। 16 जनवरी, 1830 को राजा राममोहन राय तथा उनके सहयोगियों ने लार्ड विलियम बैंटिक को एक पत्र लिखकर सती विरोधी कानून पास करने के लिए उन्हें बधाई

दी तथा आभार व्यक्त किया। इस पत्र पर 300 व्यक्तियों ने हस्ताक्षर किए थे। गवर्नमेंट हाउस, कलकत्ता में एक सभा का आयोजन किया गया। सभा में 600 से अधिक व्यक्ति उपस्थित थे। उस समय के एक विख्यात पंडित ने सती-प्रथा के विरोध में भाषण दिया। ब्रिटिश प्रशासन ने भारतीय समाज के लिए कुछ कार्य बहुत अच्छा किया जिसमें सती-प्रथा विरोधी कानून भी शामिल है।

ब्रिटिश साम्राज्य की कौंसिल की सेवा में सती-विरोधी कानून को रद्द करने के लिए हिन्दू रूढ़िवादी पक्ष ने एक अपील भेजी। राममोहन राय ने एक जवाबी अपील तैयार की और उसे वे अपने साथ इंग्लैंड लेते गए। उन्होंने अपनी जवाबी अपील हाउस ऑफ कामन्स के सामने प्रस्तुत किया। प्रिवी कौंसिल ने रूढ़िवादी पक्ष की अपील को अस्वीकार कर दिया। इस तरह, राममोहन राय के प्रयत्नों से भारत में सती-प्रथा समाप्त हुई। इसके बाद सती की छिटपुट घटनाएँ अवश्य होती रहीं, जैसे-जैसे शिक्षा का स्तर बढ़ने लगा यह प्रथा समाप्त होने लगी और आज यह प्रथा पूर्णतः समाप्त हो गयी है। इस प्रथा को समाप्त करने में विलियम बैंटिक के साथ राजा राममोहन राय का भी विशिष्ट योगदान था।

सती-प्रथा के खिलाफ आन्दोलन

राजा राममोहन राय ने सती प्रथा को मिटाने के लिए भी प्रयत्न किया। उन्होंने इस अमानवीय प्रथा के विरुद्ध निरन्तर आन्दोलन चलाया। यह आन्दोलन समाचार पत्रों तथा मंच दोनों माध्यमों से चला। इसका विरोध इतना अधिक था कि एक अवसर पर तो उनका जीवन ही खतरे में था। वे अपने शत्रुओं के हमले से कभी नहीं घबराये। उनके पूर्ण और निरन्तर समर्थन का ही प्रभाव था, जिसके कारण लार्ड विलियम बैंटिक 1829 में सती प्रथा को बन्द कराने में समर्थ हो सके। जब कट्टर लोगों ने इंग्लैंड में प्रिवी कॉउन्सिल में प्रार्थना पत्र प्रस्तुत किया, तब उन्होंने भी अपने प्रगतिशील मित्रों और साथी कार्यकर्ताओं की ओर से ब्रिटिश संसद के सम्मुख अपना विरोधी प्रार्थना पत्र प्रस्तुत किया। उन्हें प्रसन्नता हुई जब प्रिवी कॉउन्सिल ने सती प्रथा के समर्थकों के प्रार्थना पत्र को अस्वीकृत कर दिया। सती प्रथा के मिटने से राजा राममोहन राय संसार के मानवतावादी सुधारकों की सर्वप्रथम पंक्ति में आ गये।

राम मोहन अपनी आँखों से कई भारतीय महिलाओं को अपने पति के साथ सती होते हुए देखा था। उन्होंने इस अमानुषिक प्रथा का उन्मूलन करने का संकल्प किया। इस प्रथा के अन्तर्गत पति के मर जाने के बाद उनकी स्त्रियों की बलि चढ़ा दी जाती थी। जो महिलाएँ सती होने से इनकार करती थीं उन्हें समाज में विभिन्न

प्रकार की यातनाएँ सहनी पड़ती थी। इस प्रथा के आधार पर हिन्दू विधवा को दहकती चिता में कूदने पर विवश किया जाता था। अगर उसने ज रा भी आनाकानी की तो उसे पकड़कर जलती चिता में जिन्दा फेंक दिया जाता था।

सती-प्रथा को समाप्त करने के लिए कई मुस्लिम शासकों ने भी भरपूर कोशिश की। सती-प्रथा रोकने के लिए अकबर बल प्रयोग के विरुद्ध था। जहाँगीर ने विधवा को बलपूर्वक चिता में डालने वालों के विरुद्ध मृत्युदण्ड की व्यवस्था की थी। औरंगजेब ने धोषणा की कि किसी नारी को जीवित नहीं जलाया जायेगा, परन्तु हिन्दू समाज में राममोहन राय से पहले किसी ने भी इस अमानुषिक प्रथा को खत्म करने का प्रयत्न नहीं किया। वे शमशान घाट में घूमते रहते और शव यात्रा में भाग लेकर लोगों को समझाते-बुझाते थे कि महिलाओं के साथ ऐसा अमानुषिक व्यवहार न किया जाए। उन्हें नास्तिक व मुसलमान कहकर दुतकारा जाता, उनका माखौल उड़ाया जाता और धमकियाँ दी जातीं, परन्तु वे निरुत्साहित नहीं हुए।

राज राममोहन राय के सतत प्रयास से जनता सती-प्रथा के खिलाफ हो गई। अंग्रेज शासक जनता के विरोध से डरते थे। इसकी समाप्ति के लिए कानून बनाना नितान्त आवश्यक हो गया था। राम मोहन ने अपने पक्ष में जनमत बनाने का कार्य जारी रखा। राममोहन राय ने इस कार्य को इतनी कुशलता से सम्पन्न किया कि ''कलकत्ता जरनल'' तथा कलकत्ता गजट'' ने निम्न शब्दों में उनकी प्रशंसा की–''हमें इस बात पर बहुत संतोष है कि सती-प्रथा को समाप्त करने के सम्बन्ध में अनेक योजनायें प्रस्तुत की गयी हैं और इस योजना को कार्यान्वित करने के लिए अनेक उपायों की ओर भी सरकार का ध्यान दिलाया गया है। इस मानवीय प्रश्न को लेकर एक प्रख्यात भारतीय समाज सुधारक ने अपने देशवासियों का अगुआई किया है। हमारी सरकार ने उन्हें लिखित रूप से ज्ञापन पेश करने का भी आदेश दिया है। गवर्नर जनरल ने भी उन्हें मुलाकात का समय दिया, ताकि वे उनकी बातों को भली-भाँति समझ सकें। उनकी बातें सुनने के पश्चात गवर्नर-जनरल ने भारतीय जनता के माथे के इस कलंक को मिटाने की इच्छा प्रकट की और यह महसूस किया कि यह न केवल भारतीय जनता के माथे पर वरन् इसको सहन करने वाली तथा इसकी अनुमति देने वाली अंग्रेजी सरकार के माथे पर भी एक अभिशाप है।"

'गजट ने ब्रिटिश प्रशासन से अनुरोध किया कि जितना जल्दी हो सती-प्रथा के खिलाफ कानून बना दे जिससे यह कुरीति पूरी तरह खत्म हो जाए। इसी दौरान ईस्ट इण्डिया कम्पनी के अधिकारी भी विचलित हो उठे। राममोहन राय ने एक पुस्तिका प्रकाशित की, जिसमें स्वेच्छा से तथा बलपूर्वक सती होने के आँकड़े दिये

थे। न्यायाधीश ईमानदारी से चाहते थे कि इस घृणित प्रथा का अन्त हो। राममोहन राय के अभिन्न मित्र हरिहरानन्द ने 27 मार्च, 1818 के इण्डियन गजट में लिखा कि–''विधवाओं को जीवित जला देने के जिस रूप को गैर-कानूनी तथा मानव हत्या घोषित किया गया है, वह अब भी प्रचलित है। मुझे बड़ा आश्चर्य है कि अपने को सभ्य मानने वाले लोग नारी हत्या को सहन कर रहे हैं और उनका सिर लज्जा से नहीं झुकता। मुझे यह भी आश्चर्य है कि अपने धर्म की नैतिकता व विनम्रता पर गर्व करने वाले यूरोपीय भी इन हत्यारों से उसी प्रकार व्यवहार करते हैं जैसा सम्मानित के साथ किया जाता है।'' इस समय आत्मीय सभा के सदस्यों की संख्या बहुत तेजी से बढ़ रही थी। सती-प्रथा का विरोध करने वाले नागरिक भी पर्याप्त हो चुके थे। उसके विरोध में जनमत बढ़ता जा रहा था। राममोहन राय ने जिस युक्ति से प्रश्न को रखा, उसके फलस्वरूप उनके देशवासी भी उनके पक्ष में झुकने लगे थे, उनके विरुद्ध उठने वाले बवण्डर और अपमानित व निन्दित करने की समस्त योजनाएँ असफल होने लगी। उन्होंने सती-प्रथा के विरोध में कई लेखों की रचना की थी। 'संवाद-कौमुदी' का इस प्रथा को खत्म करने में भरपूर समर्थन था।

सती-प्रथा के समर्थकों का मत था कि सती होने वाली नारी तीन करोड़ पचास लाख वर्ष तक स्वर्ग में निवास करती हैं। इस प्रथा के विरोधियों ने कठोपनिषद् का उदाहरण देकर बताया कि जो मनुष्य किसी पुरस्कार की आशा रखकर धार्मिक कर्म करता है, उसे परम शान्ति नहीं मिलती है। परम शान्ति का हकदार वही है जो सभी इच्छाओं को त्याग कर धर्म का पालन करता है।

सन् 1818 में राजा राममोहन राय ने सती-प्रथा के समर्थकों तथा विरोधियों के वाद-विवाद को एक पुस्तक के रूप में प्रकाशित करवाया। सती-प्रथा के समर्थकों का मानना था कि मनुस्मृति के अनुरूप विधवा को सरल व त्यागमय जीवन व्यतीत करना चाहिए, परन्तु प्रथा के समर्थक कहते थे कि नारी कभी त्यागमय जीवन नहीं बिता सकतीं। वह अवश्य भ्रष्ट हो जायेंगी। उनके इस प्रचार से शिक्षित जनता व नवयुवक वर्ग पर अच्छा प्रभाव पड़ा। उन्होंने यह देखा कि पत्नी, बहन, पुत्री, माँ के रूप में भी नारी का आदर नहीं किया जाता है। अन्त में एक सूखी लकड़ी की भांति उसे चिता में डालकर जला दिया जाता था।

सन् 1821 में सती-प्रथा से का मामला निजामत अदालत में पहुँच गया। इस अमानुषिक कार्य पर न्यायाधीशों ने चिन्ता व्यक्त की, परन्तु लार्ड हेस्टिंग्ज ने कहा अभी इसके लिए उचित समय नहीं आया है। अंग्रेज अधिकारी सती-प्रथा को छोड़ने

के लिए भारतवासियों को मजबूर नहीं करना चाहते थे। सम्पूर्ण कोलकाता में सती-प्रथा होने की परम्परा अपना विकट रूप धारण करती जा रही थी। न्यायाधीश स्मिथ तत्काल प्रतिबन्ध लगाना चाहते थे, न्यायाधीश रोस, हेस्टिंग्न और बेले ने उसका समर्थन किया, परन्तु गवर्नर जनरल लार्ड एम्हर्स्ट बलपूर्वक कोई काम करना नहीं चाहते थे।

ब्रिटिश प्रशासन में सती-प्रथा के विरोध की शुरुआत लार्ड वेलेजली के काल में हुआ, जबकि गवर्नर जनरल ने 5 फरवरी, 1805 को निजामत अदालत को इस प्रथा के विषय में राय देने के लिए कहा। तत्कालीन हिन्दू पंडितों की राय थी कि इससे दोनों-लोकों में कल्याण होता है और यदि इस प्रथा का उन्मूलन हो गया तो भारतीय हिन्दुओं की धार्मिक भावना को चोट लगेगी। ईसाई मिशनरी लोगों ने सर्वेक्षण कर बताया कि, "सन् 1804 में कलकत्ता के 30 मील के इर्द-गिर्द सती की लगभग तीन सौ घटनायें हुई थीं।"

4 जुलाई, 1828 ई. को लार्ड विलियम बैंटेक गवर्नर जनरल बनकर भारत आए। वे भारतीय जनता की दशा सुधारना चाहते थे। सती-प्रथा को समाप्त करने के लिए वे कुछ वर्ष प्रतीक्षा करने को तैयार न थे। इस कार्य के लिए कुछ उदारवादी भारतीयों की सहायता की आवश्यकता थी। इसके लिए उन्होंने राममोहन राय को चुना। द्वारका नाथ ठाकुर, प्रसन्न ठाकुर, डेविड हारे, विलियम आदम तथा अनेक प्रगतिशील प्रत्रकार उनके समर्थक थे। हिन्दू कालेज के उदारवादी छात्रों ने उनका खुलकर समर्थन किया। राममोहन राय के प्रयास से अंग्रेज सरकार का काम सरल हो गया।

सती-प्रथा से संबंधित मामले में बैंटिक ने स्वयं पहल किया। कानून की स्वीकृति के लिए न्यायाधीशों का बहुमत पक्ष में था। एक विवरण के अनुसार सन् 1815-17 में ही बंगाल के केवल पाँच जिलों में सती होने की लगभग 864 घटनायें प्रकाश में आयी, जबकि शेष भारत में लगभग 663 सती की घटनायें घटीं।

सती-प्रथा को खत्म करने के लिए 'संवाद कौमुदी' व 'बंगदूत' ने ब्रिटिश सरकार का उचित मार्गदर्शन किया। राममोहन राय ने स्पष्ट कर दिया कि सती-प्रथा के पीछे उसके परिवारजनों की यह लोभपूर्ण आकांक्षा है कि विधवा के जलकर मरने से वे उस कुलक्षिणी के पालन-पोषण के खर्च से बच जायेंगे। समाचार चन्द्रिका ने इसका विरोध किया। पण्डितों ने 125 व्यक्तियों के हस्ताक्षर से एक ज्ञापन दिया, जिसमें सती-प्रथा समाप्त करने का विरोध किया गया। लार्ड बैंटिक ने कहा कि हिन्दू धर्म ग्रन्थों में सती-प्रथा का कहीं जिक्र नहीं है। धर्म सभा की तरफ से पहल करने पर उन्होंने प्रिवी

काउन्सिल में अपील करने की सलाह दी। 28 पंडितों और 346 नागरिकों के हस्ताक्षर से एक याचिका पुनः तैयार कर प्रिवी काउन्सिल को भेजी गयी। दूसरी ओर उदारवादी हिन्दुओं ने भी प्रदर्शन व प्रचार जारी रखा। सती-प्रथा समाप्त करने के लिए नवम्बर 1829 में पारित राजकीय आदेश का आशय इस तरह था–

"मेरा उद्देश्य हिन्दू समाज का हित है। मैं उनके नैतिक स्तर में सुधार चाहता हूँ, परन्तु धार्मिक विश्वास व कार्य को हत्या व रक्तपात से अलग करना होगा। मेरा विचार प्रबुद्ध भारतीयों से मेल रखता है। इन्हीं भावनाओं से प्रेरित होकर और सरकार के प्रमुख शासनाध्यक्ष के रूप में अपने दायित्व को समझते हुए मेरी यह आकांक्षा है कि ब्रिटिश शासन से यह कलंक धो दिया जाय और मानवता व न्याय का गला घोटने पर प्रतिबन्ध लगा दिया जाय।"

सन् 1815 से 1828 तक सती होने वाली घटनाओं का एक विवरण

वर्ष	कलकत्ता डिवीजन	ढाका डिवीजन	मुर्शिदाबाद डिवीजन	पटना डिवीजन	बनारस डिवीजन	बरेली डिवीजन	कुल
1815	253	31	11	29	48	15	387
1816	289	54	21	29	65	13	441
1817	442	52	42	49	103	14	707
1818	554	58	30	57	137	14	839
1819	421	55	25	10	92	17	650
1820	370	51	21	42	93	50	597
1821	391	52	12	69	104	15	654
1822	528	45	22	70	102	16	583
1823	340	40	13	49	121	12	575
1824	373	40	14	59	76	10	572
1825	398	101	21	47	55	17	639
1826	324	65	8	65	48	8	518
1827	337	49	9	55	49	18	517
1828	308	37	10	55	33	19	462

उपरोक्त वार्षिक राजकीय आदेश के प्रकाशित होने के बाद बंगाल सरकार तथा क्रानिकल के सम्पादक के नाम श्रीमती फ्रांसिस केथ मार्टिन ने एक पत्र लिखा जिसमें निम्नलिखित शब्दों में सती-प्रथा को खत्म करने के लिए राज राममोहन राय के प्रयासों की सराहना की गयी–

महोदय,

"सती-प्रथा की समाप्ति के सम्बन्ध में आपके उद्‌गार पढ़कर बड़ी प्रसन्नता हुई, परन्तु मैं आपको याद दिलाना चाहती हूँ कि यह कार्य सरल नहीं था और इस कार्य में अगर महान भारतीय दार्शनिक राममोहन राय का सहयोग न मिलता तो यह किसी प्रकार भी सम्भव न होता। उस महान दार्शनिक के सक्रिय सहयोग व प्रबल समर्थन ने ही इस कार्य की सफलता को वास्तविक जामा पहनाया है। राममोहन राय पिछले 18 वर्षों से अपनी विद्वता, निर्भीकता व अथक परिश्रम से इस प्रथा को समाप्त करने के कार्य में जुटे हुए थे। यदि इस महान कार्य के लिए किसी एक व्यक्ति को श्रेय दिया जाता है तो वह राममोहन राय ही हो सकते हैं।"

इसके बाद उन्होंने और भी कई सामाजिक सुधारों का प्रस्ताव रखा। उन्होंने बहु-विवाह, बाल-विवाह व विधवाओं की उपेक्षा की निन्दा की। कट्टरपन्थी इसे सहन न कर सके। उन्होंने राधाकान्त देव के नेतृत्व में इंग्लैण्ड के राजा के पास अपील करने की ठानी। प्रगतिशील आन्दोलन को नष्ट करने के लिए धर्म सभा की स्थापना की गयी। विदेश जाने के लिए हस्ताक्षर व चन्दा जमा किया गया। गवर्नर जनरल बैंटिक ने आदेश दिया कि, "किसी भी हिन्दू विधवा को जीवित जलाने या गाड़ने का कार्य करने वाले अथवा उसमें मद्‌द देने वाले व्यक्ति को मानव हत्या का दोषी करार होगा तथा वह कैद व अन्य अधिनियम के तहत वह दण्ड का भागीदार होगा।"

4 दिसम्बर सन् 1829 को ब्रिटिश ईस्ट इण्डिया कम्पनी के साम्राज्य में सती-प्रथा को गैर कानूनी घोषित किया गया तथा जो स्त्रियों को सती होने के लिए बाध्य करेंगे उसे मृत्युदण्ड दिया जायेगा।

14 जनवरी, 1830 ई. कट्टरपंथी हिन्दुओं द्वारा गवर्नर जनरल को भेजी गयी याचिका प्रकाशित हुई, जो इस प्रकार थी–

"हमें ज्ञात हुआ कि आप कुछ लोगों के बहकावे में आकर सती-प्रथा को समाप्त करना चाहते हैं। ऐसा करना हिन्दू धर्म के रीति-रिवाजों में सरासर हस्तक्षेप है। हिन्दू धर्मावलम्बी इसे एक गम्भीर घटना मानते हैं। जो नारी अपने पति के साथ चिता पर चढ़ जाती है वह साढ़े तीन करोड़ वर्षों तक अपने पति के साथ स्वर्ग में सुखी जीवन व्यतीत करती है। वह अपने पति को भी नरक से बचा लेती है, वह अपने पितृ-मातृ कुल की तीन पीढ़ियों को नरक से उबार लेती है।"

सती-प्रथा निषेध अधिनियम के खिलाफ धर्म सभा ने प्रिवी काउन्सिल से पैरवी करने के उद्देश्य से के. श्री बाथी को वकील नियुक्त किया और धर्म सभा ने वकील

बाथी को पचास हजार रुपये दिए। जिस जलपोत से वे इंग्लैण्ड के लिए चले, वह संयोग से डूब गया, परन्तु बाथी बच गये। दूसरी ओर राममोहन राय ने भी 'सती-प्रथा-निषेध' के पक्ष में एक याचिका भेजी, जिसके लिए उन्होंने कोई शुल्क नहीं लिया व याचिका खुद प्रस्तुत की। जुलाई 1832 में अपील की सुनवाई हुई। दोनों पक्षों को सुनने के पश्चात् न्यायाधीशों ने सर्वसम्मति से सम्राट को यह सलाह दी कि धर्म सभा की अपील खारिज कर दी जाय। 11 जुलाई, 1833 के दिन जब प्रिवी काउन्सिल ने सती-प्रथा निषेध के विरुद्ध धर्म सभा द्वारा की गयी अपील को नामंजूर कर दिया तब राय वहाँ पर मौजूद थे। यह समाचार ब्रिटिश व भारतीय पत्रों में प्रकाशित हुआ तो बंगाल के दोनों शिविरों में परस्पर विरोधी प्रतिक्रियायँ हुईं। 'समाचार चन्द्रिका' ने अवांछित टीका की, परन्तु समाचार दर्पण ने चन्द्रिका की निन्दा की और ब्रिटिश सरकार को इसके लिए बधाई दी।

15वीं शताब्दी में कश्मीर के शासक सिकन्दर ने इस प्रथा को बन्द करवा दिया था। बाद में पुर्तगाली गर्वनर अल्बुकर्क ने इस प्रथा को बन्द करवा दिया। भारत मे अकबर (मुगल सम्राट) व पेशवाओं के अलावा कम्पनी के कुछ गर्वनर जनरलों जैसे लार्ड कार्नवालिस एवं लार्ड हैस्टिंग्स ने इस दिशा में कुछ प्रयत्न किये, परन्तु इस क्रूर प्रथा को कानूनी रूप से बन्द करने का श्रेय लार्ड विलियम बैंटिक को जाता है। राजा राममोहन राय ने बैंटिक के इस कार्य में सहयोग किया। राजा राममोहन राय ने अपने पत्र 'संवाद कौमुदी' के माध्यम से इस प्रथा का व्यापक विरोध किया। राधाकान्त देव तथा महाराजा बालकृष्ण बहादुर ने राजा राममोहन राय की नीतियों का विरोध किया। 1829 ई. के 17वें नियम के अनुसार विधवाओं को जीवित जिन्दा जलाना अपराध घोषित कर दिया। पहले यह नियम बंगाल प्रेसीडेंसी में लागू हुआ, परन्तु बाद में 1830 ई. के लगभग इसे बम्बई और मद्रास में भी लागू कर दिया गया।

मूर्ति-पूजा का विरोध

राजा राममोहन राय बचपन से आस्थावान थे परन्तु मूर्ति पूजा के घोर विरोधी थे। कहा जाता है कि वह कम उम्र में ही साधु बनना चाहते थे लेकिन उनकी माँ ने ऐसा करने से मना किया। पिता जी चाहते थे कि उनका बेटा पढ़ाई-लिखाई करे, इसीलिए उन्होंने अंग्रेजी शिक्षा प्राप्ति के लिए कम उम्र में ही पटना भेज दिया।

राजा राममोहन राय एकेश्वरवाद में विश्वास रखते थे तथा मूर्ति-पूजा का विरोध करते थे। राजा राममोहन राय को हिन्दू धर्म सुधार का जनक कहा जाता है। इनका मानना था कि अगर हिन्दू धर्म तथा संस्कृति का अस्तित्व कायम रखना है तो उसमें

सुधार लाना अति आवश्यक है। इनके अनुसार–"पिता की मृत्यु के पश्चात् मैंने मूर्ति-पूजा के पक्षधरों का और अधिक बल से विरोध किया। उस समय भारत में प्रेस की छपाई चल पड़ी थी। उससे लाभ उठाकर मैंने उनकी भूल दर्शाने के लिए देशी और विदेशी भाषा में कई पुस्तकें लिखीं। इसके कारण मेरा इतना विरोध हुआ कि मुझे सिवाय दो-तीन स्काटलैंण्ड के मित्रों के अन्य सभी ने छोड़ दिया। उनका और उनकी जाति का मैं सदा कृतज्ञ हूँ। मूर्ति-पूजा के सन्दर्भ में राजा राममोहन राय का मानना था कि सब शास्त्रार्थों में मेरा पक्ष यही रहा है कि मैं हिन्दू धर्म का विरोधी नहीं हूँ, किन्तु हिन्दू धर्म के बिगड़े हुए रूप का विरोधी हूँ। मैंने यह दर्शाने की कोशिश की कि ब्राह्मण आजकल जिस मूर्ति-पूजा को करते हैं, वह उनके पूर्वजों की प्रथा के प्रतिकूल है तथा उन प्राचीन ग्रन्थों और शास्त्रों के भी, जिनके आदर करने और मानने का वे दावा करते हैं।"

समाज सुधारक राजा राममोहन राय ने सन् 1816 ई. में ईशोपनिषद का अंग्रेजी अनुवाद का प्रकाशन करवाया तथा उसके प्रथम पृष्ठ पर यह लिखा था कि ईशोपनिषद से ज्ञात होता है कि परब्रह्म एक और अज्ञेय है और केवल उसी की उपासना से नित्य आनन्द की प्राप्ति हो सकती है।

हिन्दू धर्म ग्रन्थ ईशोपनिषद की प्रस्तावना में राजा राममोहन राय ने लिखा था–"परम विद्वान व्यास ने अपने 'वेदान्त' ग्रन्थ में प्रदर्शित कर दिया है कि वेद की सब श्रुति एक स्वर से उसी परम पुरुष के देवत्व को सिद्ध करती है जो बुद्धि की पहुँच से परे और वाणी के व्यापार से उस पार है। ......उन ग्रन्थों से प्रकट है कि जगत का नियन्ता केवल एक है, जो सर्वव्यापक और हमारी समझने की शक्ति से बहुत परे है। जो वाह्य इन्द्रियों से अगोचर है और जिसकी पूजा मनुष्य जाति का परम कर्तव्य तथा नित्य आनन्द का एक मात्र कारण है जो कुछ रूप और नाम है, वह कल्पना है।"

कुछ लोगों का मत था कि हम मूर्तियों को ईश्वर की दर्जा न देकर मानसिक विकास का साधन मानते हैं। राममोहन राय इसके खिलाफ थे, उनका मत था कि, "दो एक को छोड़कर वर्तमान युग के हिन्दुओं में किसी को कुछ भी ज्ञात नहीं कि जिन देवी-देवताओं की वह पूजा करते हैं, वह परब्रह्म के गुणों के प्रतिनिधि के रूप में हैं। थोड़ी सी जाँच से पता लग जाएगा कि वह लोग इनकी स्वतन्त्र संज्ञा मानते हैं और ईश्वर मानकर पूजते हैं।"

प्रत्येक देवी तथा देवता हेतु अन्य पदार्थों की भाँति एक निवास स्थान है और उसी प्रकार जीवन है। उदाहरण के लिए–शैव उपासक शास्त्रों के तत्व को न समझते

हुए न केवल शिव के पृथक अस्तित्व पर ही विश्वास करते हैं, वरन् उनको सर्वशक्तिमान भी समझते हैं। वह उनको सब देवों का देव, कैलाश पर्वत का निवासी, दो स्त्री, कई बाल-बच्चों और सेवकों से युक्त मानते हैं। इसी प्रकार विष्णु के उपासक शास्त्रों की अलंकार युक्त भाषा को ज्यों-का-त्यों समझकर उसको सब देवों का राजा और स्त्री सहित स्वर्ग के ऊपर रहने वाला मानते हैं। काली देवी के उपासक काली को ऐसा मानते हैं।

राजा राममोहन राय मूर्ति-पूजा के घोर विरोधी थे। उनका कहना था कि, "जो मूर्ति-पूजा हमारे देशवासियों में आजकल प्रचलित है और जिसको विद्वान ब्राह्मण सदाचार का साधक बतलाने में बड़ा उत्साह दिखाते हैं न केवल सभी शास्त्रों द्वारा निषिद्ध है, अपितु साधारण वृद्धि से भी बड़ा भयानक होता है, क्योंकि इससे दुराचार बढ़ता है और सामाजिक सुख की हानि होती है, क्योंकि जो हिन्दू मूर्ति की पूजा करता है वह इस काम के लिए एक स्त्री लिंग और पुलिंग मूर्ति को जोड़ा इष्ट देवों के प्रतिनिधि स्वरूप तैयार करता है। इनकी आकृति कभी-कभी तो बड़ी घृणित होती है। उसको बचपन से सिखाया जाता है कि इनका तथा इसी प्रकार के अन्य देवी-देवताओं का इतिहास स्मरण किया करें। यद्यपि जो काम उनसे सम्बद्ध किये जाते हैं, वह उनके निरन्तर व्यभिचार इन्द्रिय-विलास, झूठ, विश्वास-विरोधी और मित्र-विद्रोह के ही सूचक होते हैं। महादेव और पार्वती की मूर्तियों की भीषणता का यह एक यथातथ्य और भयानक चित्र है। मूर्ति-पूजा तथा पुराण कथित गाथाओं से जिनके आधार पर मूर्ति-पूजा प्रचलित है, सदाचार-शिक्षा की आशा करना रेत की नींव पर दीवार बनाना है।"

उपरोक्त तथ्यों से पता चलता है कि राममोहन ने मूर्ति-पूजा का विरोध करके हिन्दू धर्म को एक नया मोड़ देने का अथक प्रयास किया। वे एक धर्म प्रिय व्यक्ति थे। उनके मन में धर्म के प्रति काफी श्रद्धा थी। ब्लाक के विशप एवेग्रेग्वायर ने राजा राममोहन राय के बारे में लिखा, "हर छः महीने के बाद वह एक पुस्तक बंगाली और अंग्रेजी में छपवाते हैं। उनका अस्तित्ववाद विकसित हो रहा है..........विवाद में उन्हें मजा आता है। दर्शन और ज्ञान की परिपक्वता के कारण किसी भी बात पर अपना आम विचार न देकर वह कार्य करण और तर्क द्वारा उसे सिद्ध करते हैं।........उनका आग्रह है कि हिन्दुओं के शास्त्रीय दर्शन की तुलना में उन्हें यूरोपीय ग्रन्थों में कुछ भी नहीं मिला।"

बाल हत्या का उन्मूलन

भारतीय हिन्दू समाज में उन्नीसवीं सदी के दौरान बाल हत्या बहुत अधिक होने लगी थी। अधिकांशतः इस हत्या का शिकार लड़कियाँ ही होती थीं और उनकी

हत्या करने के लिए अनेक विधियों को प्रयोग में लाया जा रहा था। इस प्रथा को भी कहीं शास्त्रीय समर्थन नहीं मिलता है। सामाजिक लोकाचार और एक प्रथा के रूप में इस प्रथा का भी चलन क्रमशः हो गया था। यह प्रथा भी अमानवीय तथा हिन्दू समाज के कलंक के रूप में थी।

राजा राममोहन राय ने बाल हत्या को भारतीय समाज पर एक कलंक मानते हुए घोर विरोध किया। सन् 1795 के अधिनियम 16वें तथा सन् 1804 के अधिनियम 3 के अनुसार इस हत्या को अपराध घोषित किया गया, परन्तु यह प्रथा अपने वीभत्स स्वरूप में 19वीं शती के उत्तरार्द्ध तक प्रचलित रही। एक विवरण के अनुसार लगभग एक लाख पच्चीस हजार बालिकाओं की प्रति वर्ष हत्या की जाती थी।

अन्य सामाजिक बुराइयों की तरह बाल हत्या भी भारतीय हिन्दू समाज के माथे पर कलंक था। राजा राममोहन राय के प्रयासों और धार्मिक आन्दोलनों आदि के कारण यह आवश्यक हो गया कि इस घृणित प्रथा पर रोक लगा दी जाय। अन्त में सन् 1870 में एक अधिनियम पास कर दिया गया, जिसके अनुसार पैदा होने वाले बालक तथा बालिकाओं की सूचना देना अनिवार्य घोषित कर दिया गया। बालिकाओं के प्रति कोई अमानवीय कार्य न किया जाय, इसके लिए नियमित जाँच की व्यवस्था की गयी।

अन्य सुधार

समाज सुधारक राजा राममोहन राय ने बंगाल में सामाजिक सुधारों की जो लहर उत्पन्न की थी, उसके फलस्वरूप आगे के कुछ वर्षों में कन्या वध बंद हुआ, विधवाओं के पुनर्विवाह का रास्ता खुला, दासता की प्रथा का अंत किया गया और स्त्री शिक्षा की दिशा में कदम उठाए गए। राममोहन ने जाति-प्रथा का विरोध किया, स्त्रियों के उत्तराधिकार का समर्थन किया और विवाह समारोहों में सादगी पर बल दिया। ये सभी सुधार एक सभ्य समाज के लिए आवश्यक थे।

समाजसुधार के कार्यों का मूल्यांकन

राममोहन की शिक्षा का प्रारम्भ गाँव के एक स्कूल में हुआ। एक मौलवी से उन्होंने फारसी की शिक्षा भी हासिल की। गाँव के स्कूल में कुछ वर्ष पढ़ने के पश्चात् पिता ने उन्हें पटना भेज दिया। वहीं पर राममोहन ने संस्कृत, अरबी व फारसी का अध्ययन किया। कुरान एवं इस्लामी शास्त्र से वे अवगत हुए। अरबी

चिन्तन में तर्कों ने उन्हें अत्यन्त प्रभावित किया। सूफियों के दर्शन ने भी उनके दिल पर असर डाला।

पटना से लौटने के बाद राममोहन ने हिन्दु समाज में फैली कुरीतियों, अंधविश्वासों, मूर्ति पूजा एवं पाखंडों पर निबन्ध लिखने प्रारंभ किये। रूढ़िवादी पिता यह बर्दाश्त नहीं कर पाए। उन्होंने राममोहन को घर से निकाल दिया।

राममोहन राय घर का परित्याग कर हिमालय की ओर निकल पड़े। इस दौरान उन्होंने तिब्बत की यात्रा की। उन्होंने बौद्ध धर्म में शामिल की गई मूर्ति पूजा की कटु आलोचना की, जिससे बौद्ध लामा उनकी जान के शत्रु बन गये। कुछ दयालु किस्म की महिलाओं के बीच बचाव से उनके प्राणों की रक्षा हो पाई।

कुछ साल भटकने के बाद वे वाराणसी पहुँचे। वहाँ रहकर उन्होंने संस्कृत व हिन्दू दर्शन का गहन अध्ययन किया। सन् 1803 में उनके पिता का देहान्त हो जाने के कुछ समय बाद वे मुर्शिदाबाद चले गये वहाँ पर उन्होंने "तुहफात-उल-मुवाहिदीन" अर्थात् ' एकेश्वरवादियों को एक उपहार' नामक निबन्ध फारसी में लिखा। जिसकी भूमिका अरबी में थी। इस निबन्ध में राममोहन ने धर्मों और धार्मिक अनुभव के प्रश्न पर विवेकपूर्ण विवेचन प्रस्तुत किया। उन्होंने धर्मों के तुलनात्मक अध्ययन पर बल दिया। वहीं एकेश्वरवाद की विशेषताओं की तरफ संसार का ध्यान आकर्षित किया। उन्होंने अलौकिक शक्ति और चमत्कार के सिद्धान्त को नकार दिया।

राममोहन राय ने सन् 1803 में ईस्ट-इंडिया कम्पनी के राजस्व विभाग में नौकरी करना शुरू कर दिया। 1809 में वह उत्तर बंगाल स्थित रंगपुर में राजस्व अधिकारी जॉन डिग्बी के सहायक के रूप में नियुक्त हुए। सन् 1809 से 1814 तक वह रंगपुर में रहे। यहाँ पर उन्होंने अपना फुर्सत का समय अध्ययन एवं चिंतन मनन में बिताया।

इसी दौरान उनका सम्पर्क तांत्रिक विद्वान हरिहरानन्द तीर्थ स्वामी से हुआ। उनकी सहायता से राम मोहन राय ने तांत्रिक साहित्य का गहन अध्ययन किया। यहीं उनका सम्पर्क जैन धर्म के अनुयायियों से हुआ। कल्पसूत्र और अन्य जैन धार्मिक ग्रन्थों का गूढ़ अध्ययन किया। उन्होंने युरोप और इंग्लैंड की राजनैतिक घटनाओं में विशेष रूप से रुचि ली। डिग्बी इंग्लैन्ड से जितने भी अखबार और पत्रिकाएँ मँगवाते, राम मोहन राय उन्हें बड़े चाव से पढ़ते। 22 वर्ष की आयु में उन्होंने अंग्रेजी सिखनी शुरू की थी।

इन पत्र-पत्रिकाओं को पढ़ने से उनके अंग्रेजी ज्ञान में अभिवृद्धि हुई। वे यूरोपीय राजनीतिक विचारधारा से अवगत हुए। सन् 1814 में डिग्बी ने भारत को

छोड़ दिया तो राम मोहन राय ने ईस्ट-इंडिया कम्पनी से त्याग- पत्र दे दिया। सन 1815 में उन्होंने आत्मीय सभा की स्थापना की। इसी समय वेदान्त सूत्र का बांगला अनुवाद भी किया। 1816 में उन्होंने वेदान्त सार का बंगला और वेदान्त का अंग्रेजी में अनुवाद किया तथा ईश और केन उपनिषदों का बंगला और अंग्रेजी अनुवाद किया। 1817 में उन्होंने कठ और माण्डूक्य उपनिषदों का बंगला अनुवाद किया।

वेदान्त और उपनिषद् के बंगला और अंग्रेजी में अनुवाद किये जाने का यह प्रथम अवसर था। 1823 में एक विवरणिका लिखी -हिन्दू स्त्रियों का अधिकार इसमें उन्होने माँग रखी की हिन्दू स्त्रियों को उनके पिता और पति की सम्पत्ति में से हिस्सा मिलना चाहिए। 1827 में उन्होंने संस्कृत मृत्युंजय की व्रजसूची का सम्पदान एवं प्रकाशन किया। राम मोहन राय लैटिन, ग्रीक तथा हिब्रू भाषाओं का भी अध्ययन किया।

वे एक सर्वव्यापी धर्म के समर्थक थे। संसार के चार धर्मों-हिन्दू, इस्लाम, बौद्ध और ईसाई का तुलनात्मक अध्ययन करके उनके मूल तत्वों में एकता स्थापित करने वाले वे विश्व के प्रथम व्यक्ति थे। राम मोहन राय ने स्वयं के खर्चे से 1822 में अद्वैतवादी संस्था के तत्वावधान में एक अंग्रेजी हाई स्कूल शुरू किया। अन्य विद्यालयों में विज्ञान की शिक्षा अंग्रेजी में दी जाती थी, किन्तु इस विद्यालय में विज्ञान बांग्ला भाषा के माध्यम से पढ़ाया जाता था। 1821 में दिसम्बर से उन्होंने बांग्ला साप्ताहिक संवाद कौमुदी का प्रकाशन शुरू किया।

राम मोहन राय ने बांग्ला में व्याकरण, रेखाचित्र, भूगोल और खगोलशास्त्र जैसी अमूल्य पाठय पुस्तकें लिखी। इसमें कोई दो राय नहीं कि भारतीय शिक्षा में विज्ञान का शुभारंभ राम मोहनराय के कारण ही संभव हुआ। बंकिमचन्द्र चटर्जी और गुरुदेव रविन्द्रनाथ टैगोर की रचनाओं के अन्तर्गत बांगल गद्य में जो अनुपम साहित्य शैली विकसित की वह राजाराम मोहनराय द्वारा निर्मित बांग्ला गद्य की बुनियाद के कारण संभव हो पाया।

सन् 1828 में उन्होंने ब्रह्म समाज की स्थापना की। बंग्ला में ध्रुपदगीत लिखने का श्रेय भी उन्हीं को जाता है। अपनी ब्रह्म सभा के लिये उन्होंने 32 ध्रुपद गीतों की रचना की।

सन् 1830 में राम मोहन राय ने मुगल बादशाह अकबर द्वितीय के दूत के रूप में इंग्लैन्ड की यात्रा की। सफलता पर मुगल बादशाह ने उनको राजा की उपाधि से नवाजा। तभी से उनको राजा राममोहन राय से संबोधित किया जाने लगा। इंग्लैंड प्रवास के समय उनकी मुलाकात दार्शनिक जर्मी बेंथम से हुई और बेहद प्रभावित होने

पर उन्हें अपना गुरु स्वीकार कर लिया। इंग्लैंड में 19 सितम्बर 1833 को अचानक वे तेज बुखार से पीड़ित हो गये, चिकित्सकों के उपचार के बावजूद 27 सितम्बर को उनका देहान्त हो गया।

राजा राममोहनराय ने भारतीय समाज में प्रचलित बाल विवाह, बहु विवाह जैसी कुप्रथाओं के विरुद्ध आवाज बुलन्द की। सती प्रथा के विरुद्ध उन्होंने प्रभावी जनमत तैयार कर आन्दोलन चलाया। इसके परिणामस्वरूप लार्ड विलियम बैंटिक ने 1829 में इस क्रुर प्रथा को गैर-कानूनी घोषित कर दिया।

राजा राममोहन राय बांग्ला गद्य के जनक, बांग्ला में ध्रुपद गीतों के रचयिता, प्रवर्तक पत्रकार, ब्रह्म सभा और ब्रह्म समाज के संस्थापक, महान् समाज सुधारक, नवयुग के भविष्यदृष्टा तथा आधुनिक भारतीय साहित्य में एक नवीन युग के निर्माता थे। भारतीय समाजसुधार आन्दोलन में अग्रणी भूमिका रखने वाले राजा राममोहनराय के कर्मयोग की सुगंध युगों तक महसूस की जाती रहेगी।

3

धार्मिक एवं दार्शनिक विचार

राजा राममोहन राय नाम है एक ऐसी शख्सियत का, जिसने भारत की प्राचीन गौरवशाली परंपरा को उसके विशुद्ध रूप में स्वीकार करते हुए आधुनिकता को भी यथोचित स्थान दिया। राजाजी ने जहाँ हिंदुओं की अर्थहीन परंपराओं का विरोध किया, वहीं अपने लेखों, भाषणों द्वारा लोगों को हिंदुत्व के सार का भी परिचय कराया। इसे भाग्य की विडंबना ही कहेंगे कि जिस व्यक्ति ने अपना सर्वस्व भारत के लिए न्योछावर किया, उसने अंतिम साँसें इंग्लैंड में लीं।

कभी-कभी ही जन्म लेती हैं ऐसी दिव्य आत्माएँ, जिनका जीवन अपने लिए नहीं अपितु समूची मानवता के लिए होता है। बड़े भाई जगमोहन की मृत्य के बाद जिस तरह उनकी भाभी 'अलक मंजरी' को सती होने के लिए विवश किया गया, उसे राजाजी तब तक नहीं भूले, जब तक सती प्रथा को कानूनी रूप से अपराध नहीं स्वीकार कर लिया गया। सती प्रथा के पक्षधरों को जवाब देने के लिए राजा राममोहन राय ने समस्त हिंदु धर्मग्रंथों को छान मारा, लेकिन किसी शास्त्र में सती प्रथा का समर्थन नहीं किया गया था। हिंदू समाज में व्याप्त कुप्रथाओं को महसूस करने के बाद राजा राममोहन ने उन्हें दूर करने का संकल्प लिया। प्राचीन और नवीन साहित्य का अध्ययन किया। धार्मिक और सांस्कृतिक रहस्यों को जाना-परखा। उन्हें लोगों तक पहुँचाने के लिए फारसी तथा सर्वप्रथम किसी भारतीय भाषा (बंगला) के समाचारपत्रों का प्रकाशन किया। अभिव्यक्ति की स्वतंत्रता की माँग की। अपने विचारों को प्रकट करते समय राममोहन सदैव इस बात का ध्यान रखते थे कि उनकी भाषा मर्यादित हो, उससे किसी के दिल को ठेस न पहुँचे। अपनी ही तरह के विचारों के व्यक्तियों को संगठित करने के लिए राममोहन ने ब्रह्म समाज की स्थापना की। ब्राह्म समाज का विश्वास था- "ईश्वर केवल एक है। उसकी बराबरी कोई नहीं कर सकता। उसका कोई अंत नहीं। सभी जीवित वस्तुओं में परमात्मा का अस्तित्व है।"

धार्मिक दृष्टिकोण से भी राजा राममोहन राय का एक महत्वपूर्ण योगदान रहा। वे मूर्त्तिपूजा का विरोध करते थे और एक ईश्वर की पूजा में विश्वास रखते थे। मूर्त्तिपूजा, अनेकेश्वरवाद एवं जातीय कट्टरता को उन्होंने विरोध किया था। अंतरजातीय विवाह को प्रोत्साहन दिया था। विधवा-विवाह को सामाजिक मान्यता देने के लिए संघर्ष किया था। ब्रह्मसमाजी आत्मा की अमरता में विश्वास रखते थे। पापकर्मों से बचाने का सन्देश देते थे। मानवता की सेवा को सच्चा धर्म और भक्ति मानते थे। संसार के सभी धर्मों में कोई मौलिक भेद नहीं है। राममोहन राय के विचार में–"सभी लोग किसी भेदभाव के बिना, शाश्वत सत्ता की उपासना के लिए इस समाज-भवन का प्रयोग कर सकते हैं.......इसमें किसी प्रकार की मूर्त्ति की स्थापना नहीं होगी.....न इसमें कोई बलिदान होगा. ....न किसी धर्म की निंदा की जाएगी।" ये वाक्य ब्रह्मसमाज की 'ट्रस्ट डीड' में अंकित हैं। वस्तुतः राममोहन राय का धार्मिक विश्वास सहयोग की भावभूमि पर आधारित था।

ब्रह्मसमाज मुख्य रूप से हिंदू धर्म पर निर्भर था, लेकिन उस समाज पर अंग्रेजों का प्रभाव दाल में नमक जैसा था। राममोहन राय पश्चिमी सभ्यता का आकर्षक रूप उनके सामने था। अतएव यह कोई आश्चर्य की बात नहीं कि राजा राममोहन राय हिन्दू धर्म तथा हिन्दू समाज को सुधार कर अपने अनुयायियों को पश्चिमी सभ्यता और भारतीय सभ्यता से मिली-जुली सभ्यता को अपनाने के लिए कहते थे। धार्मिक दृष्टि से राजा साहब का विशेष बल सार्वभौम उपासना पर था–यह उनकी एक विशेषता थी।

प्रमुख धर्म और उपासना-पद्धतियाँ

दुनिया में विभिन्न धर्म एवं उपासना की पद्धतियाँ हैं। कबीलों के अपने धर्म हैं जिनका कोई सुव्यवस्थित रूप नहीं मिलता। इस तरह के धर्मों और उपासना पद्धतियों की संख्या हजारों में नहीं तो सैकड़ों में अवश्य होगी। हिन्दू धर्म, बौद्ध धर्म, ईसाई धर्म, इस्लाम, जैन धर्म, सिक्ख धर्म, ताओ धर्म, शिंतो धर्म, जोरास्ट्रियन धर्म, कन्फयूशियम धर्म, हिब्रू धर्म, बहाई धर्म, ये संसार के कुछ संगठित धर्म हैं। इनमें चार धर्म सबसे बड़े हैं। हिन्दू धर्म, ईसाई धर्म, इस्लाम और बौद्ध धर्म। हिन्दू धर्म सिर्फ भारत और नेपाल तक सीमित है। इस्लाम अधिकतर एशिया में तथा अफ्रीका के देशों में छाया हुआ है। बौद्ध धर्म मुख्यतः दक्षिण और सुदूर पूर्व के देशों में विद्यमान है। ईसाइयों की संख्या लगभग पूरी दुनिया में फैली हुई है।

भारत की धर्म-दृष्टि

प्राचीन समय से ही भारत में धर्म की बहुत अधिक प्रधानता रही है। वह माता कितनी गौरवशाली व महान होगी जो इन सपूतों को जन्म दिया, वह देश महान है, जिस देश में ये पैदा हुए। वैदिक ऋषियों ने सृष्टि में एक व्यवस्था का दर्शन किया और उसे 'ऋतु' कहा" मनुष्य भी इस विश्व-व्यापी व्यवस्था का एक अंग है। जहाँ 'ऋतु' प्रकृति अथवा सृष्टि की व्यवस्था का मूल तत्व है, वहां धर्म 'समाज' की व्यवस्था का आधार है। मानव अपने भौतिक एवं सांसारिक विचारों पर नियंत्रण रखकर अपने आपको समाज के अनुकूल बनाता है। समाज के बीच उसके सदस्यों का आपसी व्यवहार कुछ विशिष्ट जीवन-मूल्यों पर आधारित होता है। ये मूल्य ज्ञान से संबंधित हो सकते हैं, कर्म से संबंधित हो सकते हैं। सभी कर्मों में धर्म समाहित है। धर्म मनुष्य को सच्चाई, अहिंसा तथा सत्यम् शिवम् सुन्दरम् के पथ पर पहुँचाता है।

धर्म के द्वारा ही सामाजिक संतुलन स्थापित होता है। यह संतुलन तभी सम्भव है जब मनुष्यों के बीच आपस में भाईचारा हो। ऋग्वेद के एक सूक्त के अनुसार सभी मनुष्यों को मिलकर चलना चाहिए, सबको ज्ञानी बनना चाहिए, सबको अपने कर्तव्य का पालन करना चाहिए। संसार में जो कुछ भी है, वह ईश्वर से आच्छादित है। मनुष्य को उसी ईश्वर के दिए हुए पदार्थों का उपभोग करना चाहिए तथा सच्चाई व ईमानदारी से जीवन व्यतीत करना चाहिए। वैदिक साहित्य में तप, दान, निष्कपटता, अहिंसा, सत्य, अस्तेय, अपरिग्रह, अस्वाद, विनम्रता, सत्संग, परोपकार, संयम, दया, आदि गुणों की महत्ता पर बार-बार बल दिया गया है और इनको धर्म माना गया है। वेदों, ब्राह्मणों, आख्यकों उपनिषदों, रामायण, महाभरत, स्मृतियों तथा लौकिक संस्कृत के ग्रंथों में इन मानवीय गुणों की महिमा का गुणगान किया गया है।

धर्म के दो रूप

धर्म को व्यावहारिक रूप में देखने पर उसका दो रूप नजर आता है। एक नैतिक मान्यताओं का रूप है जो मानव-मात्र के लिए आवश्यक है। ये मूल्य सभी धर्मों, संप्रदायों और समाज-संगठनों में एक समान मौजूद होते हैं। रामचरित मानस में राष्ट्रकवि गोस्वामी तुलसीदास ने कहा है "परोपकार से बढ़कर कोई धर्म नहीं और पर-पीड़ा से बढ़कर कोई पाप नहीं।"

महाभारत का वर्णन करते हुए भगवान व्यास ने कहा है कि मानव इस संसार में हजारों माता-पिताओं तथा सैकड़ों स्त्री-पुरुषों के संयोग-वियोग का अनुभव कर चुके हैं, करते हैं और करते रहेंगे। अज्ञानी पुरुष को प्रतिदिन हर्ष के हजारों और भय के सैकड़ों अवसर प्राप्त होते हैं, किंतु विद्वान पुरुष के मन पर इनका किसी तरह का असर नहीं होता। मैं दोनों हाथ ऊपर उठाकर पुकार-पुकार कर कह रहा हूँ, पर मेरी बात कोई नहीं सुनता। धर्म से मोक्ष तो सिद्ध होता ही है, अर्थ और काम भी सिद्ध होते हैं। इसके बाद भी लोग इसे नहीं अपनाते हैं। कामना से, भय से, लोभ से अथवा प्राण बचाने के लिए भी धर्म का त्याग नहीं करना चाहिए। धर्म नित्य है और सुख-दुख अनित्य। जीवात्मा नित्य है और उसके बंधन का हेतु अनित्य।

मौर्य वंश के सबसे प्रसिद्ध सम्राट अशोक बौद्ध धर्म ग्रहण किया था। उनका विचार था कि जनता का नैतिक जीवन तभी उच्च हो सकता है, जब परिवार में सबके आपस के संबंध ठीक हों। उनकी शिक्षा थी कि सबको माता-पिता, अध्यापकों और गुरुजनों का आदर करना चाहिए, तपस्वियों, ब्राह्मणों, श्रवणों, संबंधियों, मित्रों, परिचित व्यक्तियों, सेवकों, आश्रितों, निर्धनों और रोगियों के प्रति उदारता का व्यवहार करना चाहिए। अशोक ने अपने शिलालेखों में दूसरे धर्मों के प्रति सहिष्णुता का उपदेश दिया है और यहाँ तक कहा है कि जो व्यक्ति दूसरे धर्म का सम्मान करता है, वह अपने ही धर्म का सम्मान करता है। अशोक की यह बात बहुत ऊँची लगती है, इसलिए अशोक को अशोक महान कहा जाता है।

धर्म का द्वितीय रूप कर्मकांड है। पूजा-पद्धतियाँ, तंत्र-मंत्र, यज्ञ, संस्कार, जाति प्रथा, छुआछूत, नारियों के साथ दुर्व्यवहार ये सब कर्मकांड के विकृत रूप हैं और इनके कारण हर धर्म समय के साथ भ्रष्ट हो जाता है। जब वैदिक धर्म में कर्मकांड की प्रधानता हो गई तब उसके विरोध में बौद्ध धर्म और जैन धर्म पैदा हुए। इन धर्मों में कुरीतियों बढ़ने पर शंकराचार्य ने वेदांत की प्रतिष्ठा की। जब धर्म का बौद्धिक पक्ष लोगों को समझ में नहीं आया तो भक्ति आंदोलन शुरू हुआ और भक्तों ने जनसाधारण को उसकी भाषा में नैतिक उपदेश दिए तथा बाहआडम्बरों, कर्मकांड, मूर्तिपूजा, बहुदेववाद, जाति-प्रथा आदि के विरोध में अपनी आवाज उठाई। इस आंदोलन की सबसे बड़ी देन सार्वभौम मानवता के आधार पर लोकधर्म और लोक संस्कृति का प्रचार था। विश्व में ऐक्य स्थापित करके सभी धर्मों में सार्वभौमिकता स्थापित करनी थी, जिससे मनुष्य का कल्याण हो सके।

दुनिया के सभी धर्म अच्छे होते हैं। धार्मिक गुणों के कारण ही लोग धर्मों से जुड़ते हैं। समय के साथ प्रायः प्रत्येक धर्म में कुछ कुरीतियां, कुछ विकृतियाँ आ जाती हैं। इन्हें दूर करने के लिए या तो पुराने धर्मों की नई व्याख्याएँ प्रस्तुत की जाती हैं अथवा बिलकुल नए धर्मों का आविर्भाव होता है। धर्म का उद्देश्य मनुष्य की कुछ समस्याओं का समाधान करना है। यदि वह अपने इस लक्ष्य में सफल नहीं हो पाता, तो लोग उसके प्रति उदासीन हो जाते हैं और लोग इससे दूर रहने लगते हैं।

हिन्दू धर्म का पतन

प्रकृति का नियम है परिवर्तनशील रहना और इसी नियम के अनुसार पूरी दुनिया परिवर्तनशील है। आज कुछ है तो कल कुछ और होगा। इसमें परिवर्तन होता रहता है। इस परिवर्तन से हिन्दू धर्म भी अछूता नहीं है। उन्नीसवीं सदी में भारत

में पुनर्जागरण का जो वातावरण बना था, उसका एक प्रधान तत्व धर्म, धर्मशास्त्रों और धार्मिक क्रिया-कलापों की नए सिरे से व्याख्या करना और धार्मिक व्यवहार के दोषों का निराकरण करना था। छठीं सदी के पश्चात् हिन्दू धर्म पतन की ओर बढ़ने लगा था। भारत में मुसलमानों का शासन स्थापित होने के पश्चात् पतन की गति और तेज हो गयी। मुसलमान मूर्ति-पूजा के कट्टर विरोधी थे और उन्होंने मंदिरों को तोड़कर मस्जिदों को बनाया। विशेष रूप से नीची जातियों के हिन्दू लाखों की संख्या में मुसलमान बने-कुछ तलवार के जोर से कुछ आर्थिक प्रलोभनों से और कुछ ऊँची जातियों के अत्याचारों से तंग आकर। मुस्लिम शासन में हिन्दुओं पर अत्याचार किया जाता था और इसलिए जब देश में मुस्लिम शासन के स्थान पर अंग्रेजी शासन की स्थापना हुई, तो भारत में मुस्लिमों के आतंक तथा अत्याचार से हिन्दुओं को राहत मिली। बंगाल में सिराजुदौला, मीर जाफर और मीर कासिम तीनों के हिन्दुओं के साथ अच्छे संबंध नहीं थे और शिताब राय उसके बेटे कल्याण सिंह, तथा राजा नवकृष्ण आदि हिन्दू जमींदारों ने ब्रिटिश की सहायता ली।

भारत में 1765 में ईस्ट इंडिया कंपनी को बंगाल की दीवानी दिलवाने में हिन्दुओं का भी योगदान था। सात सौ साल के मुस्लिम शासन ने हिन्दुओं की राजनीतिक शक्ति और राष्ट्रीय भावना को समाप्त कर दिया था और उन्होंने अंग्रेजी शासन को मुस्लिम शासन की अपेक्षा अपने हितों के अधिक अनुकूल समझा। प्लासी में विजय प्राप्त करने के बाद क्लाइव 200 यूरोपीय और 500 देशी सैनिकों के साथ बंगाल की राजधानी मुर्शिदाबाद गया था। जब उसने राजधानी में प्रवेश किया, तब हजारों लोग उसे देखने के लिए एकत्रित हुए थे। यदि ये लोग चाहते तो ईंट पत्थरों से यूरोपीय सेना को काल के गाल में धकेल सकते थे लेकिन वे लोग ऐसा कुछ नहीं किये।

भारत में हिन्दुओं की धार्मिक परम्परा की जो स्थिति 1200 ई. में थी, वही उन्नीसवीं शताब्दी के शुरू तक बनी रही। हिन्दुओं का अनेक देवी-देवताओं में विश्वास था, मूर्ति-पूजा में प्रायः सभी की श्रद्धा थी, जाति-व्यवस्था का कड़ाई से पालन होता था, खान-पान विवाह और छुआछूत के बंधन कठोर थे, बच्चों के विवाह कर दिए जाते थे, विधवाओं की स्थिति अच्छी नहीं थी। हिन्दुओं के धार्मिक परंपरा मुस्लिम प्रभाव से अछूता था। जनसाधारण के लिए धर्म का अर्थ था, नाना प्रकार के धार्मिक उत्सव और समारोह। ये सब शास्त्र विधि से संपन्न होते थे। जादू-टोना और भूत-प्रेतों में भी लोगों का विश्वास था। बंगाल में तांत्रिक मत का विशेष रूप से प्रचार हुआ था और वाम मार्ग की अनेक विकृतियाँ समाज में व्याप्त थीं। धर्म में वास्तविक

भावना, नैतिक और आध्यात्मिक संवेदना की कमी थी तथा समाज के सभी लोग खुश नहीं थे।

सन् 1831 में भारतीय नवजागरण के प्रणेता राजा राममोहन राय ने ब्रिटिश हाउस ऑफ कामन्स की प्रवर समिति के सामने लोगों की नैतिक स्थिति के बारे में अपने विचार प्रकट करते हुए कहा था कि, "जो किसान और ग्रामीण बड़े शहरों, पुलिस स्टेशनों तथा अदालतों से दूर रहते हैं वे भोले-भाले हैं और उनका चाल-चलन भी अच्छा है। जो लोग बड़े-बड़े शहरों में रहते हैं और अदालतों में या जमींदारों के यहाँ नौकरी करते हैं अथवा विदेशियों के संपर्क में आते रहते हैं, उनके चरित्र में इन लोगों की बुराइयाँ आ जाती हैं। इन लोगों के धार्मिक विश्वास डगमगाने लगते हैं। ये विभिन्न प्रकार की कुरीतियाँ तथा अनैतिक कार्यों में लग जाते हैं जो सामाजिक दृष्टि से उचित नहीं है।"

नैतिक दृष्टिकोण से 19वीं सदी बंगाली समाज के लिए सही नहीं था। कलकत्ते के यूरोपीय और धनी बंगाली समाज का जीवन सुरा के प्यालों और सुंदरियों के घुँघरुओं में डूबा हुआ था। गुडांगर्दी के विवाह, तीतरबाजी, पतंगबाजी कुश्ती, नाच-गाने की महफिलें, जुआ ये लोगों के मनोरंजन के साधन थे। विवाह, श्राद्ध और दुर्गा पूजा के अवसरों पर धन का बहुत अधिक दुरुपयोग होता था। यूरोपीयों और भारतीयों के बीच सामाजिक संपर्क का अभाव था। भारतीय लोगों को कम्पनी के अधिकारी तुच्छ समझते थे तथा भारतीयों के प्रति इनकी मानसिकता ठीक नहीं थी। भारतीय अंग्रेजी शिष्टाचार और रहन-सहन की नकल करके खुद को गौरवान्वित समझते थे। धनी बंगाली अपने बच्चों को अंग्रेजी स्कूलों में पढ़ाने के लिए आतुर रहते थे। बंगाल के लोगों का राजनीतिक क्षितिज बंगाल तक ही सीमित था। देश के अन्य भागों में क्या हो रहा है, इसकी उन्हें कोई चिंता नहीं थी। भारत में अंग्रेजी साम्राज्य के विस्तार से उन्हें खुशी होती थी। संचार-साधनों के अभाव के कारण एक अखिल भारतीय दृष्टि का अभाव था। इनमें लोग सिक्ख थे, मराठा थे, मद्रासी थे लेकिन भारतीय नहीं थे। भारतीयता की भावना बीसवीं सदी के शुरू में विकसित हुई। ये लोग अपने स्वार्थ की सिद्धि में लगे रहते थे। देश की बेहतरी से इनका कोई लेना-देना नहीं था।

युगपुरुष राजा राममोहन राय

राजा राममोहन राय का भारतीय समाज के नव जागरण में विशिष्ट योगदान है। पाश्चात्य शिक्षा और संस्कृति के प्रभाव से भारतीयों के मन में तर्क-वितर्क की

जो प्रवृत्ति पैदा हुई, उसके अपने युग में सबसे सशक्त प्रवक्ता राजा राममोहन राय थे। उनका ध्यान सर्वप्रथम धार्मिक सुधारों की ओर गया। राममोहन राय को हिन्दू धर्म के दो लक्षण विशेष रूप से नागवार लगे। ये मूर्तिपूजा तथा बहुदेववाद दोनों में विश्वास नहीं करते थे। उनके विचार से हिन्दू धर्म के ये दोनों लक्षण वेदों के विरुद्ध थे। राममोहन राय जीवन में विवेक को सबसे अधिक महत्त्व देते थे। उनका विचार था कि अपने मूल्य और शुद्ध रूप में धर्म मनुष्य की इस विवेक-शक्ति की अभिव्यक्ति होता है। उन्होंने उस समय की धार्मिक रूढ़ियों के खिलाफ मुखर होकर आवाज उठाई।"

धार्मिक विचारों का विकास

राजा राममोहन राय एकेश्वरवाद में विश्वास करते थे तथा मूर्ति-पूजा के खिलाफ थे। उन्होंने अपने गाँव की पाठशाला में फारसी भाषा का अध्ययन किया था। कुछ बड़ा होने पर उन्हें पटना पढ़ने के लिए भेजा गया। उन दिनों पटना इस्लामी अध्ययन का प्रमुख केंद्र था। पटना में राममोहन राय ने फारसी, अरबी, तथा इस्लाम का अध्ययन किया। उन्होंने अरबी भाषा में ही युक्लिड और अरस्तू की रचनाओं को पढ़ा। कुरान की लोकतंत्रात्मक शिक्षाओं का उन पर गहरा प्रभाव पड़ा था। इस्लाम के दो उदारवादी संप्रदायों-मुताजिलास तथा सूफी संप्रदाय इस्लाम का रहस्यवाद है जो ग्यारहवीं सदी में शुरू हुआ था। सूफियों ने ईश्वर से व्यक्तिगत संपर्क की पद्धति पर आधारित भक्ति, श्रद्धा, प्रार्थना और आध्यात्मिक जीवन पर बल दिया। सूफी सिद्धांतों पर बौद्ध धर्म तथा हिन्दुओं के वेदांत की भी छाया है। सभी धर्मों में समभाव तथा भाईचारे की भावना के विकास पर सूफियों ने अधिक जोर दिया। भारत में सूफी सिद्धांत के अनेक संप्रदाय विकसित हुए और उन्होंने अनेक कवियों को भी प्रभावित किया। ख्वाजा मुइनद्दीन चिश्ती, निजामुद्दीन औलिया, शेख सलीम चिश्ती, मलिक मोहम्मद जायसी, कुतुबन, मंझन आदि सूफी संत और कवि समान रूप से हिन्दुओं और मुसलमानों की श्रद्धा के पात्र रहे हैं। इनका सम्मान दोनों धर्मों के लोगों ने समान रूप से किया।

धार्मिक चिंतन के स्रोत

आधुनिक भारत के जनक राजा राममोहन राय ने तीन धर्मों को अधिक महत्व दिया जिनमें हिन्दू, मुस्लिम तथा ईसाई प्रमुख धर्म हैं। उन्होंने इन तीनों धर्मों की

अच्छी-अच्छी बातें ग्रहण की। चूँकि उनकी धार्मिक और नैतिक प्रेरणाओं पर इन तीनों धर्मों का गहरा प्रभाव है, अतः इनका संक्षिप्त सर्वेक्षण उपयोगी होगा।

हिन्दू धर्म

विश्व का सबसे प्राचीन धर्म हिन्दू धर्म का चिन्तन का प्रमुख आधार है। राजा राममोहन राय ने हिन्दू धर्म को विश्वास का मूल स्रोत माना। उन्होंने किसी नए धर्म का प्रवर्तन नहीं किया। उन्होंने हिन्दू धर्म में सुधार करने की, उसकी विकृतियों को दूर करने का अथक प्रयास किया है। भारत पर अनेक जातियों का आक्रमण हुआ है। समय के साथ हिन्दू धर्म में अनेक कुरीतियों का समावेश हुआ है। विभिन्न युगों में ऐसे धर्म सुधारक और समाज सुधारक होते रहे हैं जिन्होंने अपनी विशिष्ट शैली में कुरीतियों के खिलाफ आवाज उठाई तथा इन कुरीतियों को समाप्त करने की कोशिश की।

राममोहन राय का मानना था कि हिन्दू धर्म का मूल अथवा शुद्ध रूप वेदों में, उपनिषदों में और ब्रह्म सूत्र में मिलता है। उन्होंने वेदों के कुछ अंशों का, कई उपनिषदों का और ब्रह्म सूत्र का बंगला में अनुवाद किया और इस तरह आधुनिक बंगला गद्य की नींव रखी थी। बाद में उनके ये ग्रंथ अंग्रेजी में भी प्रकाशित हुए जिसके बाद लोगों का ध्यान इनकी ओर आकृष्ट किया।

वेद

विश्व का सबसे पुराना ग्रंथ वेद है जो समस्त मानव जाति के लिए ईश्वर का उपहार है। 'वेद' शब्द संस्कृत की 'विद' धातु से बना है जिसका अर्थ है—ज्ञान। इसलिए 'वेद' शब्द 'ज्ञान' का पर्याय है। वेदों की 'अपौरुषेय' अर्थात् "अलौकिक ईश्वरीय मनुष्यकृत नहीं, ईश्वरकृत" कहा गया है। परंपरा के अनुसार ऋषियों ने वेदों को ईश्वर से सुना, इसलिए इनका एक नाम 'श्रुति' हुआ। बाद में वेदों की ऋचाओं का संग्रह किया गया। अतः इन्हें 'संहिता' भी कहा जाता है। प्राचीनकाल से लेकर वर्तमान समय तक वेद-पुराणों का महत्व विद्यमान है।

ऋग्वेद, सामवेद, यजुर्वेद और अथर्ववेद ये चार प्रमुख वेद हैं। इनमें सबसे प्राचीन वेद ऋग्वेद वेद है। इसमें लगभग 10000 श्लोक हैं जिन्हें सूक्त कहा जाता है। ऋग्वेद के प्रत्येक सूक्त के साथ किसी ऋषि और देवता का नाम मिलता है। ऋग्वैदिक आर्य मूलतः प्रकृति के उपासक थे। जिन प्राकृतिक शक्तियों से उन्हें जीवन-शक्ति और मानसिक प्रेरणा मिली, उन्हीं को उन्होंने देवरूप में स्वीकार किया।

विभिन्न देवी-देवताओं की उपासना करने पर भी आर्यों की मान्यता थी कि वे सब किसी एक परम-सत्ता की अभिव्यक्ति मात्र है। वह पूरी दुनिया को चलाती है। यह बात देवियों और देवताओं के बारे में भी सच है। मनुष्य के अंदर भी दैवीय शक्ति प्राप्त है। प्राकृतिक शक्तियों को भी ऋग्वेद में विशेष स्थान प्राप्त है।

उपनिषद

इसका आशय होता है ब्रह्मविद्या की प्राप्ति के लिए निमित्त गुरु के पास बैठना। इसे अरविन्द घोष स्वामी विवेकानन्द तथा रवीन्द्रनाथ टैगोर भी मानते हैं। उपनिषदों में वेदों का ज्ञान कांड है। इनकी संख्या 200 तक मानी गई है पर मुख्य उपनिषद 11 हैं, जिन पर शंकराचार्य ने टीकाएँ भी लिखी हैं। ये 11 उपनिषद हैं: (1) ईश (2) केन (3) कठ (4) प्रश्न (5) मंडूक (6) तैतरेय (7) ऐतरेय (8) मांडूक्य (9) बृहदारण्यक (10) श्वेताश्वतर (11) छांदोम्य। भारतीय चिंतन के विकास में उपनिषदों का महत्वपूर्ण स्थान है। भारत के सभी परवर्ती सामाजिक, धार्मिक और दार्शनिक विचारधाराओं के बीज उपनिषदों में मिलते हैं। ईशोपनिषद का प्रारम्भिक मंत्र है।

तैतरेय उपनिषद में आचार्य शिष्य को विद्या की समाप्ति पर जीवन के आधारभूत नैतिक मूल्यों का उपदेश देता है, सत्य बोलो, धर्म का आचरण करो, अध्ययन में प्रमाद मत करो, शिक्षक को वांछित धन दो, अपनी संतति की उपेक्षा मत करो, सत्य और न्याय मार्ग से न हटो, अपनी आत्मरक्षा में सावधान रहो, देवताओं और पितरों के प्रति तुम्हारे जो कर्तव्य हैं, उनका पालन करो, माता को देवता समझो, पिता को देवता समझो, आचार्य को देवता समझो, अतिथि को देवता समझो, तुम्हें सदा अच्छे काम करो, जब कभी दान दो श्रद्धा सहित दो, नम्रता सहित दो, मैत्री भाव से दो। यही आदेश है। यही उपदेश है, यही अनुशासन है। इन सभी का पालन करें।

उपनिषद में शराब पीना, चोरी करना, ब्राह्मण की हत्या करना आदि कार्यों को अनैतिक तथा अमानवीय कार्य माना गया है। वृहदारण्यक उपनिषद में संयम, दया और दान को धर्म कहा है और ईश्वर से प्रार्थना करता है कि वे उसे असत्य से सत्य, अंधकार से प्रकाश और मृत्यु से अमरत्व की ओर ले चलें। यदि हम इंद्रियों का संयम बरतें, दूसरों के प्रति दयाभाव रखें और अपने धन का कुछ भाग दान में खर्च करें तो हम अपनी आध्यात्मिक उन्नति के साथ-साथ समाज का कल्याण भी कर सकते हैं एवं मानव को सही दिशा प्रदान कर सकते हैं। धर्म अर्थ, काम और मोक्ष की साधना श्रेय है, श्रेय मार्ग कल्याण का मार्ग है। मोक्ष का मार्ग है। 'श्रेय' सांसारिक सुखों का

द्योतक है। जो व्यक्ति श्रेय का मार्ग चुनता है, उसका भला होता है। जो श्रेय को ही आराध्य मानता है, वह जीवन के वास्तविक लक्ष्य को प्राप्त नहीं कर पाता। छांदोग्य उपनिषद में स्पष्ट कहा गया है कि मनुष्य को उदार विचार रखने चाहिए, किसी स्त्री के साथ अशिष्ट व्यवहार नहीं करना चाहिए, लोगों का भला करना चाहिए एवं विद्वानों का आदर करना चाहिए। तप, दान, सरलता, किसी की हानि न करना और सच बोलना जीवन रूपी यज्ञ की दक्षिणा है।

उपनिषदों का धर्म व्यापक मानव धर्म है। उसमें व्यक्ति और समाज के हितों के बीच समुचित सामंजस्य की कल्पना है, जिससे दोनों का ही अभ्युदय हो सके। प्राचीन भारत में जीवन के चार लक्ष्य धर्म, अर्थ, काम और मोक्ष निर्धारित किए गये हैं। धर्म के अंतर्गत वे सब नियम सम्मिलित हैं, जिनसे व्यक्ति को सांसारिक और आध्यात्मिक सहारा मिलता है। धर्म से प्राणिमात्र की लौकिक और आध्यात्मिक दोनों प्रकार की उन्नति होती है। धर्म में एकता व भाईचारा विश्व को एक सूत्र में बांधता है। वह समय, स्थान और पात्र के अनुसार परिवर्तनशील है। इसमें सभी के कल्याण का मार्ग दिखाई देता है। इन सभी के द्वारा धर्म की रक्षा की जा सकती है।

मानव जाति को धन का उपार्जन धर्मसंगत करना चाहिए। पुरुषार्थ के रूप में अर्थ शक्ति और ऐश्वर्य को प्राप्त करने की अभिलाषा है। वह मानव की 'जिजीविषा' है। 'काम' का अर्थ उन सारी इच्छाओं से है, जिनकी पूर्ति होने पर मनुष्य सांसारिक सुखों के बाद हर व्यक्ति मोक्ष की प्राप्ति चाहता है। मनुष्य के जीवन का अंतिम लक्ष्य मोक्ष प्राप्ति है। सांसारिक सुखों के बाद हर व्यक्ति मोक्ष की प्राप्ति करना चाहता है। मोक्ष का अभिप्राय है जीवन और मृत्यु के चक्र से सदा के मुक्ति पाना!

हिन्दू धर्म शास्त्रों में चार प्रकार के आश्रम का विवरण मिलता है–ब्रह्मचर्य, गृहस्थ, वानप्रस्थ और संयास। ये मानव जीवन की चार अवस्थाएँ हैं–ब्रह्मचर्य, आश्रम विद्यार्थी जीवन है। इस आश्रम में बालक अपनी इच्छाओं और मनोभावों पर नियंत्रण रखकर गुरु के संरक्षण में ज्ञान का अर्जन करता था। गुरु ब्रह्मचारी का आध्यात्मिक पिता होता था। वह शिष्य को अज्ञान के अंधकार से ज्ञान के प्रकाश की ओर ले जाता था। विद्या समाप्ति के बाद ब्रह्मचारी गृहस्थ आश्रम में प्रवेश करता था। उसके बाद सांसारिक सुखों का उपभोग करके अपने जीवन को सुखमय बनाता और संतानोत्पत्ति करके अपने वंश को आगे बढ़ाता था। गृहस्थ का जीवन पवित्र और श्रेष्ठ माना गया है। इस आश्रम में मनुष्य तीनों पुरुषार्थों–धर्म, अर्थ और काम का पालन करके मोक्ष की ओर अग्रसर होता था। वानप्रस्थ आश्रम में व्यक्ति सब कुछ त्यागकर

वनों में रहता था। उसका प्रमुख उद्देश्य इन्दियों को वश में करना था। वानप्रस्थी किसी भी वस्तु का संग्रह नहीं करता था। वह भिक्षा माँगकर अथवा आश्रम में कंदमूल खाकर, कम से कम वस्त्रों का उपयोग कर जीवन का निर्वाह करता था। आध्यात्मिक विकास के लिए इस प्रकार का जीवन सर्वोत्तम माना जाता था।

संन्यास आश्रम में लोग सबसे नाता-रिश्ता तोड़कर ईश्वर की साधना में लीन रहता था। संसार के प्रति उनका मोह नहीं रह जाता। वानप्रस्थ और संयास में कुछ भेद था। वानप्रस्थी अपनी पत्नी के साथ भी रह सकता था। संन्यासी पत्नी के साथ नहीं रह सकता था। संन्यास पूर्ण त्याग की अवस्था है। प्रसिद्ध ग्रन्थ गीता के अनुरूप वास्तविक संयास संसार का त्याग नहीं, बल्कि कर्मफल की इच्छा का त्याग है। कर्मयोगी नित्य संन्यासी है। इसे सन्यासी माना गया है।

भारत में वर्ण व्यवस्था की शुरुआत पुरातन समय में ही हो गई थी। ऋग्वेद के पुरुष-सूक्त के अनुसार ब्रह्मा ने आदि पुरुष के चार भाग किए। **ब्राह्मण** उसका मुख था और **क्षत्रिय** उसकी बाहु। आदि पुरुष की जंघा से **वैश्य** और पैरों से **शूद्र** उत्पन्न हुए थे। गीता में श्रीकृष्ण ने कहा है कि मैंने ही गुण और कर्म के अनुसार चार वर्णों की सृष्टि की है। धर्म-शास्त्र के ग्रंथों में इन चारों वर्णों के कार्यों का विस्तृत विवरण है। यही वर्ण आगे चलकर जाति का रूप ले लिया। अबे डुबोय, ओल्डनबर्ग, नेसफील्ड, सेनार्ट, रिजले, एन.के. बोस आदि विद्वानों ने जाति व्यवस्था की उत्पत्ति और विकास के बारे में विभिन्न विचार व्यक्त किए हैं। यहां यह कहना पर्याप्त होगा कि आरम्भ में इस व्यवस्था का कुछ भी औचित्य रहा हो, कालांतर में इसने भारत को खोखला बनाया और राष्ट्रीय एकता की भावना को कमजोर किया। शूद्रों की दयनीय स्थिति और अस्पृश्यता के कलंक ने हिन्दू समाज को खोखला कर दिया। शूद्रों को समाज में उपेक्षा का शिकार होना पड़ा जिससे उनकी स्थिति बद से बदतर होती गयी।

ब्रह्मसूत्र

भारतीय आध्यात्मिक परम्परा में तीन ग्रंथों का विशेष महत्त्व है–उपनिषद, भगवद्गीता तथा ब्रह्मसूत्र। इन तीनों ग्रंथों पर शंकराचार्य द्वारा की गयी टीकाएं अत्यधिक महत्त्वपूर्ण हैं। ये तीनों ग्रंथ प्रस्थानत्रयी के नाम से प्रसिद्ध हैं। उपनिषदों को श्रुतिप्रस्थान, भगवद गीता को स्मृति-प्रस्थान और ब्रह्मसूत्र को न्याय-प्रस्थान कहते हैं। ब्रह्मसूत्र में वेदांत की शिक्षाओं को तर्कपूर्ण क्रम से प्रस्तुत किय गया है। ब्रह्मसूत्र को शरीर का सूत्र, वेदान्त सूत्र और भिक्षु सूत्र के नामों से भी पुकारा जाता है।

ब्रह्मसूत्र के लेखक बादरायण व्यास हैं। ब्रह्मसूत्र के चार अध्याय हैं–समन्वय, अविरोध, साधना और फल। प्रत्येक अध्याय के चार-चार भाग हैं, जिन्हें पाद कहते हैं। प्रत्येक पाद के अनेक भाग हैं जिन्हें अधिकरण कहा गया है। प्रत्येक अधिकरण में एक या एक से अधिक सूत्र हैं। शंकर के अनुसार ब्रह्मसूत्र में कुल 192 अधिकरण और 555 सूत्र का समन्वय है।

ब्रह्मसूत्र के प्रथम अध्याय में 'समन्वय' का विवरण मिलता है। इसका आरम्भ 'अथातो ब्रह्म जिज्ञासा' सूत्र से होता है अर्थात् अब हम ब्रह्म के बारे में अपनी जिज्ञासा आरम्भ करते हैं। ब्रह्म के बारे में कहा गया है कि जिससे समूची सृष्टि उत्पन्न होती है, वह ब्रह्म नित्य है, वह सभी शास्त्रों का स्रोत है। शास्त्र ब्रह्म विषयक जानकारी देते हैं। ब्रह्म आनन्दमय है। इसमें किसी प्रकार का विकार नहीं पाया जाता। वह मनुष्य की अंतरात्मा में निवास करता है। आकाश, प्राण, प्रकाश, ये सब ब्रह्म से अभिन्न है। ब्रह्म सुख दुःख से परे है। वह स्वर्ग तथा पृथ्वी का आश्रय है। सूर्य चंद्रमा और तारे में किसी न किसी रूप में परमात्मा का प्रकाश दीप्त रहता है। ब्रह्मसूत्र के दूसरे अध्याय 'अविरोध' में वेदांत की ब्रह्म विषयक धारणा अन्य दर्शन-संप्रदायों-विशेषकर सांख्य, योग और वैशेषिक से तुलना की गई है और उन्हें वेदांत की ब्रह्म विषयक धारणाओं से अलग समझा गया है। परमात्मा सभी शक्तियों से पूर्ण है। सभी लोग इस परम पिता परमेश्वर की ही संतान हैं। सभी के अन्दर यह परमात्मा किसी न किसी रूप में विद्यमान है।

ब्रह्मसूत्र के दूसरे अध्याय के दूसरे पाद के पहले दस सूत्रों (2/2/1-10) में सांख्य दर्शन के परस्पर विरुद्ध सिद्धान्तों का उल्लेख है। ब्रह्मसूत्र के मत से सांख्य दर्शन के प्रधान अथवा पुरुष को जगत का कारण नहीं कहा जा सकता क्योंकि वह जड़ है। कब, कहाँ, किस वस्तु की आवश्यकता है, इसका विचार जड़ प्रकृति नहीं कर सकती। अतः वह ऐसी कोई विशिष्ट रचना प्रस्तुत नहीं कर सकती, जिससे किसी की आवश्यकता पूर्ण हो सके। चेतन कर्त्ता की सहायता के बिना जड़ वस्तु स्वय कुछ करने में समर्थ नहीं है, इसलिए चेतन का होना अति आवश्यक है।

बादरायण व्यास ने सांख्य की भाति वैशेषिक दर्शन की भी आलोचना की और सृष्टि के निर्माण के बारे में उसके द्वारा प्रवर्तित परमाणुवाद के सिद्धान्त को त्रुटिपूर्ण माना है। यही स्थिति बौद्धमत की और उसके चार संप्रदायों-वैभाषिक, सौत्रान्तिक, योगाचार तथा माध्यमिक की है। बौद्धों के मत में 'आत्मा' नित्य वस्तु नहीं, क्षणिक है, लेकिन ब्रह्मसूत्र के अनुसार प्रत्येक मानव को पूर्व के अनुभवों का बार-बार स्मरण होता है। यह अनुभव करने वाला आत्मा क्षणिक नहीं हो सकता,

इसी अनुभव के आधार पर व्यक्ति कार्य करता है। बौद्धों का क्षणिकवाद, विज्ञानवाद, सर्वशून्यवाद सृष्टि निर्माण की पहेली का संतोषजनक समाधान नहीं कर सकते। निरीश्वरवादी जैनी अथवा पशुपति मत के मानने वाले भी सृष्टि के रहस्य को नहीं बता पाते हैं।

वेदों में पूर्व ब्रह्म परमात्मा को सत् नाम कहा गया है। उस पूर्ण ब्रह्म को ही जड़-चेतनात्मक जगत् का परम कारण माना गया है। ब्रह्म ही मात्र एक ऐसा है, जिसकी उत्पत्ति जगत में नहीं हुई है। प्रारम्भिक सृष्टि के समय ब्रह्म से आकाश, वायु, तेज, जल और पृथ्वी आदि के क्रम से जगत की उत्पत्ति होती है। प्रलय काल में सृष्टि के नाश का क्रम इससे ठीक विपरीत होता है। पृथ्वी जल में, जल अग्नि में, अग्नि वायु में, वायु आकाश में और आकाश परमात्मा में विलीन हो जाता है।

मुंडकोपनिषद में वर्णित है जिस प्रकार प्रज्वलित अग्नि से चिनगारियों की उत्पत्ति होती है उसी प्रकार नाना नाम रूपों से संयुक्त पदार्थ परमेश्वर से उत्पन्न होते हैं और उसी में विलीन हो जाते हैं। परमात्मा अजन्मा, अविनाशी, दिव्य, निराकार, सब प्रकार से परम शुद्ध और समस्त जगत में विद्यमान है। इसी पर ब्रह्म परमेश्वर से यह प्राण, मन, इंद्रिया, आकाश, वायु, ज्योति, जल और सबको धारण करने वाली पृथ्वी उत्पन्न होती है। प्रकृति या इंद्रिया स्वतंत्र कर्त्ता नहीं है। जीवात्मा स्वतंत्र कर्त्ता है। परमपिता परमेश्वर से उसे कार्य करने की शक्ति प्राप्त हुई है। जीव का कर्त्तापन ईश्वराधीन है। परमात्मा से प्राप्त शक्ति पर ही जीवात्मा कोई भी कार्य करता है। ईश्वर जीव के पूर्वकृत कर्म-संस्कारों को ध्यान में रखकर उसे नवीन कर्म करने की शक्ति और सामग्री प्रदान करता है। श्वेताश्वतर उपनिषद में कहा है कि बहुत से जीवों पर शासन करने वाला एक परमेश्वर अपनी प्रकृति को अनेक प्रकार से विस्तृत करता है। ज्ञानी जन परमेश्वर को अपने हृदय में सदा अवलोकन करते हैं, उन्हीं को सुख मिलता है। दूसरों को नहीं। परमेश्वर नित्य है, चेतन है। वह जीवों के कर्मफल भोगों का विधान करता है। ज्ञानयोग और कर्मयोग द्वारा प्राप्त किए जाने योग्य परमदेव परमेश्वर को जानकर जीवात्मा सभी बंधनों से छुटकारा पा लेता है। हिन्दुओं के धार्मिक ग्रंथ गीता में भी इसका विवरण मिलता है।

भगवान श्रीकृष्ण ने कहा है, "मेरी त्रिगुणमयी माया गर्भाधान का स्थान है। मैं उस योनि में चेतनरूप बीज को स्थापित करता हूँ। उस जड़-चेतन के संयोग से सब भूतों की उत्पत्ति होती है। नाना प्रकार की सब योनियों में जितने शरीर उत्पन्न होते हैं, उन सबकी माता मेरी प्रकृति है, क्योंकि वही गर्भ को धारण करती है। मैं स्वयं बीज को स्थापित करने वाला पिता हूँ।

दुनिया की सभी जीवों की उत्पत्ति परमात्मा से हुई है। समस्त इंद्रिया भी उसी परमेश्वर से उत्पन्न होती हैं। ब्रह्मसूत्र का यह सिद्धान्त उपनिषदों से भी प्रमाणित होता है। मुंडकोपनिषद में प्राण, मन, इन्दियों, आकाश, वायु, ज्योति, जल और पृथ्वी को परब्रह्म परमेश्वर से ही उत्पन्न माना गया है। ब्रह्मसूत्र का तीसरा अध्याय साधना पर है। जीवात्मा जन्म और मृत्यु के चक्कर में पड़ता है। जीवात्मा ईश्वर का अंश है, इसलिए वह भी ईश्वर के सहज गुणों वाला है। ईश्वर का निरंतर ध्यान करने पर जीव के छिपे हुए गुण प्रकट होते हैं। सभी जीवों में किसी-न-किसी रूप में ईश्वर विद्यमान है। ब्रह्म एक ही है। परब्रह्म परमात्मा ही निर्गुण-निराकार है। वही सगुण-साकार भी है। उसमें दोनों के लक्षण विद्यमान है। प्रकाश और उसका आश्रय सूर्य, तेज तत्व के कारण अभिन्न है। फिर भी उनका अलग-अलग वर्णन संभव है। इसी प्रकार परमेश्वर तथा उसकी शक्ति एक है फिर भी उनका अलग-अलग वर्णन किया जा सकता है। जीवों के कर्मफल की व्यवस्था करने वाला एकमात्र परमेश्वर ही है। परमेश्वर का ध्यान करके ही मुक्ति मिल सकती है।

प्राचीन समय से ही वेदों, उपनिषदों में लोगों की असीम श्रद्धा रही है। ब्रह्मसूत्र में ब्रह्म विद्या की गणना कर्म के रूप में की गई है। प्राचीन भारत के ब्रह्मज्ञानी जनक, अश्वपति उछालक, याज्ञवल्वय गृहस्थ और कर्म करने वाले थे। उपनिषदों में कहा गया है कि मनुष्य शास्त्रविहित श्रेष्ठ कर्मों का अनुष्ठान करते हुए ही इस संसार में सौ वर्षों तक जीवित रहने की इच्छा करें। परमात्मा के तत्व को जानने के लिए सभी वर्णों और आश्रमों के अनुसार उचित कर्मों की आवश्यकता है। भगवान श्रीकृष्ण ने गीता में स्पष्ट कहा है कि यज्ञ, दान और तप जैसे कर्मों का कभी त्याग नहीं करना चाहिए। इन्हीं कर्मों से मनुष्य को शुद्धता मिलती है। इसका समावेश करना अति आवश्यक है। यदि किसी कारणवश मनुष्य वर्ण और आश्रम धर्म का पालन करने में असमर्थ हो तो उसे भगवान की भक्ति करनी चाहिए। भगवान का भजन-स्मरण करने वाले को पाप नहीं दबा सकते। ईश्वर की साधना करने वाले के ऊपर भगवान की कृपा।दृष्टि अवश्य पड़ेगी।

ब्रह्मसूत्र में भी चार आश्रम का वर्णन है–ब्रह्मचर्य, गृहस्थ, वानप्रस्थ और संयास। जब कोई साधक नीचे के आश्रम से ऊंचे आश्रम की ओर पहुँच जाए तब उसे ऊपर के आश्रम का त्याग कर नीचे के आश्रम की ओर नहीं लौटना चाहिए। उदाहरणार्थ, एक वानप्रस्थी को गृहस्थ तथा संयासी को वानप्रस्थी नहीं बनना चाहिए। यदि कोई साधक ऐसा करता है तो वो खुद का नुकसान करता है। ब्रह्मचर्य-आश्रम में यदि ब्रह्मचारी का व्रत भंग हो जाए तो उसका प्रायश्चित हो सकता है। गृहस्थ

में भी नियम भंग होने पर प्रायश्चित का विधान है, पर जो व्यक्ति एक बार वानप्रस्थ या सन्यास स्वीकार करने पर पुनः गृहस्थ में लौटते हैं और स्त्री प्रसंग में प्रवृत होते हैं, उनके लिए पश्चाताप का कोई विधान नहीं है।

ब्रह्मसूत्र में गृहस्थ-आश्रम में चारों आश्रमों का अंतर्भाव माना गया है। अन्य तीनों आश्रम गृहस्थ के ऊपर आधारित होते हैं। ब्रह्मविद्या का अधिकार सभी आश्रमों में है। इसकी साधना के लिए सबसे अधिक आवश्यक तत्व है साधक के मन में बाल्यभाव, उसमें दंभ, अभिमान तथा रागद्वेष का अभाव होता है। अगर आपने साधना की है तो अवश्य एक न एक दिन काम आयेगी, साधना कभी भी व्यर्थ नहीं होती है।

चतुर्थ अध्याय फलाध्याय है, इसमें ब्रह्मोपासना की विधियों तथा उनके फल पर विचार किया गया है। ब्रह्म की उपासना में चार-बार अभ्यास की जरूरत है। उपनिषदों में भी इस सिद्धांत को मान्यता मिली है। बृहदारण्यक उपनिषद के अनुसार परमात्मा ही दर्शन, सुनने, मनन और ध्यान करने योग्य है। मुंडकोपनिषद की दृष्टि में विशुद्ध अंतकरण वाला साधक उस अवयवरहित परमेश्वर को निरंतर ध्यान करता हुआ ज्ञान को निर्मलता से देखता है। परमात्मा के निरंतर अभ्यास का मंत्र गीता में भी बताया गया है।

महाभारत में भगवान श्रीकृष्ण ने अर्जुन को उपदेश दिया है कि सब काल में मेरा स्मरण कर बार-बार चिंतन करता हुआ साधक परम पुरुष को प्राप्त होता है। भगवान को सदा स्मरण करने वाले साधन के लिए वे हमेशा सुलभ रहते हैं। साधक के लिए यह जरूरी है कि सच्चे निष्ठा भाव से ईश्वर की पूजा करनी चाहिए उसके मन में किसी प्रकार का लालच नहीं होना चाहिए। ब्रह्मसूत्र ने बैठकर एकाग्र भाव से उपासना करने की सम्मति दी है। उपासना चलते-फिरते या अन्य शरीर संबंधी कार्य करते समय नहीं हो सकती क्योंकि उस समय चित्त सर्वथा शांत नहीं होता। श्रीकृष्ण ने गीता में कहा है कि आसन पर बैठकर अंतः करण की शुद्धि के लिए योग का अभ्यास करना चाहिए।

ईश्वर की उपासना हेतु मानव का शांत चित्त होना जरूरी है, जहाँ सरलता से मन एकाग्र हो सके, ऐसा कोई भी पवित्र स्थान उपासना के लिए उपयोगी हो सकता है। परम ब्रह्म परमात्मा के प्राप्त होने पर मनुष्य के सभी दुर्गुण समाप्त हो जाते हैं। छांदोग्य उपनिषद में कहा गया है कि परम पिता परमेश्वर की उपासना से सभी दुख व पापों से मुक्ति मिलती है। ब्रह्मसूत्र में ज्ञानी पुरुषों के लिए भी लोकसंग्रह के विचार से कर्मों का विधान है। साधारण जनता पथभ्रष्ट न हो, इसलिए ज्ञानी पुरुष को भी

निरंतर कर्म में संलग्न रहने का उपदेश दिया गया है। अच्छे कर्म करने से उसके परिणाम भी अच्छे होते हैं। गीता में भगवान तक के लिए कहा गया है कि यद्यपि उनके लिए तीनों लोकों में कुछ करने योग्य नहीं है लेकिन फिर भी वे लोक-कल्याण के लिए कर्म में लगे रहते हैं। आजीवन शास्त्रविहित कर्मों को करते हुए ही लोक में सौ वर्ष तक जीने की इच्छा करनी चाहिए। जो व्यक्ति कर्म और ज्ञान दोनों से परिचित है, वही मृत्यु पर विजय पाकर अमरत्व की ओर बढ़ता है। पूरी श्रद्धा व ईमानदारी से किये गये कार्य का परिणाम सर्वथा अच्छा होता है।

ईसाई धर्म

राजा राममोहन राय मूर्तिपूजा का विरोध करते थे तथा एकेश्वरवाद में विश्वास रखते थे। अतः वे एकात्मक ईसाई मत की ओर प्रमुख रूप से आकर्षित हुए। इसका प्रमुख कारण यह था कि उसमें पुनर्जन्म और रहस्यमय चमत्कार नहीं है। वे सभी धर्मों में विद्यमान काल्पनिक कथाओं के विरुद्ध थे। ईश्वर की एकता उनका आधारभूत सिद्धान्त था। वे धर्म को केवल सत्यता के आधार पर ही जनता तक पहुँचाना चाहते थे। वे गिरजाघरों में भी जाते, इससे उनका कोई स्वार्थ नहीं था। वे यह साबित करना चाहते थे कि ईश्वर एक है, जो जाति, धर्म और रंग में भेद नहीं करता। वे लोगों की सत्यता व तर्क की कसौटी पर रखकर किसी धारणा को मानने के लिए कहते थे।

अंग्रेजी साम्राज्य की स्थापना के पश्चात् भारत में ईसाई मिशनरियाँ भी सक्रिय होने लगी थीं। अपने धर्म के प्रचार-प्रसार के लिए वे सारे देश में स्कूल, अस्पताल आदि तेजी से खोल रहे थे, लेकिन उनका सारा ध्यान लोगों को ईसाई बनाने पर ही लगा रहता है। ईसाइयों द्वारा हिन्दुओं का धर्म परिवर्तन करने की बात को भी राममोहन राय पसन्द नहीं करते थे। इस सन्दर्भ में एक बार उन्होंने कहा था कि, "धर्म परिवर्तन के विरुद्ध मैंने जो कुछ कहा है, उससे यह अर्थ नहीं निकलना चाहिए कि मैं देश के भीतर कार्य करने वाली ईसाई मिशनरियों के प्रति किसी प्रकार की दुर्भावना रखता हूँ, और यह कामना करता हूँ कि उनके सदस्य सुखी रहें। यूरोप के ठण्डे प्रदेश के आदी होने पर भी वे भारत के उष्ण जलवायु में अपनी इच्छा से जो कष्ट सहन कर रहे हैं, वह सराहनीय है।"

सन् 1821 में कलकत्ता यूनिटेरियम एसोसिएशन का गठन किया गया। इसका नेतृत्व राजा राममोहन राय कर रहे थे। सभा को इनका आर्थिक सहयोग प्राप्त था। देश की जनता की बहुमुखी प्रगति इस सभा का उद्देश्य था। इस सभा के उद्देश्यों

का निर्धारण राममोहन राय ने स्वयं किया था। जन साधारण की उन्नति के लिए जो सुझाव उन्होंने दिये वे प्रशंसनीय रूप से आधुनिक थे।

कलकत्ता यूनिटेरियम एसोसिएशन का मुख्य उद्देश्य इस प्रकार था–शिक्षा के लाभों को बढ़ावा देना अज्ञान, अन्धविश्वास, कट्टरता और धर्मान्धता दूर करना, ज्ञान का स्तर उठाना, नैतिकता के सिद्धान्तों के शुद्धिकरण, व्यापक सहिष्णुता और उदारता को बढ़ावा देना। इसके अलावा जनसाधारण की परिस्थितियों में सुधार, उपयोगी कलाओं और श्रमशील आदतों को बढ़ावा देकर जनसाधारण की सामाजिक और पारिवारिक परिस्थिति में सुधार लाना इत्यादि इसका प्रमुख उद्देश्य था। उपरोक्त के द्वारा समाज उच्च स्तर पर पहुंच सकता था।

तत्कालीन भारत में बंगाल के श्रीरामपुर ईसाई धर्म-प्रचारकों का गढ़ बन चुका था। इन धर्मोंपदेशकों के प्रारम्भिक यत्नों में बड़े ज्ञानी और दयाशील लोग आये। इनमें से कुछ का विशेष रूप से 'रेवरेण्ड विलयन कैरी' का बंगाल बड़ा कृता है, लेकिन चूँकि ये धर्म-उपदेशक या धर्म-प्रचारक, धर्म-परिवर्तन का काम कर रहे थे, इसलिए वे पूरी तरह साम्प्रदायिक थे। हिन्दू धर्म विरोधी प्रचार में अक्सर उनका पूर्वाग्रह जाहिर होता था। यह पूर्वाग्रह अज्ञान की सीमा तक था। राम मोहन ने दो परचे निकाले-एक बंगला में 'ब्राह्मण सेवाधि' और दूसरा अंग्रेजी में 'ब्रह्मनिकल मैग्जीन। इन परचों के माध्यम से उन्होंने श्रीरामपुर के ईसाई धर्म प्रचारकों का विरोध करके हिन्दू अद्वैतवाद और वेदान्त का प्रचार किया।

राजा राममोहन राय के ईसाइयों के त्रियेक परमेश्वरवाद की घोर आलोचना की जिसके कारण एक ओर राममोहन और उनके मित्र रेवरेण्ड एडम और दूसरी ओर रेवरेण्ड डॉक्टर राइलैण्ड लेफ्टिनेन्ट हाइट आदि के बीच बड़ा वाद-विवाद हुआ। एक ईसाई धर्म प्रचारक द्वारा त्रियेक परमेश्वरवाद के पक्ष में दिये गये, गणित पर आधारित तर्कों को राममोहन ने एशियाटिक जर्नल में छपे एक लेख द्वारा रद्द कर दिया। उन्होंने लिखा, "त्रियेक परमेश्वर के पक्ष में कुछ दिनों पहले मैंने गणित द्वारा सिद्ध किये गये तर्कों पर आधारित एक धार्मिक लेख पढ़ा। यह इस प्रकार है–

पहली तीन रेखाओं से एक त्रिभुज बनता है, उसी प्रकार तीन इकाइयों से एक ईश्वर की स्थापना होती है। आश्चर्य है कि सर आइजक न्यूटन जैसे महान गणितज्ञ का दिमाग त्रियेक परमेश्वर के पक्ष में तर्क न ढूढ पाया, जिसे त्रियेक परमेश्वरवादी प्रकाश में लाये। न्यूटन के लिए यह सहज था। त्रिभुज और ईश्वर के बीच की यह समरूपता भगवान और एक रेखा के अस्तित्व को नहीं मानती। किसी भी अवस्था

या सापेक्ष वस्तुस्थिति में कल्पित विस्तार का अस्तित्व केवल विचार में सम्भव है। यह एक बात है।

दूसरी, पिता-पुत्र-पवित्र आत्मा के एकत्व के प्रयास को यह असफल बना देती है, क्योंकि त्रिभुज की तीनों भुजाओं का महत्व एक समान नहीं है।

तीसरी, यह तीनों इकाइयों-पिता, पुत्र और पवित्र आत्मा के अलग-अलग ईश्वर नहीं स्वीकार करती है, क्योंकि अलग-अलग त्रिभुज की प्रत्येक भुजा त्रिभुज का निर्माण नहीं कर सकती है।

चौथी, यह हिन्दुओं के उस वर्ग को, जिसे चतुबुर्दात्मक की संज्ञा दी जाती है। इसी तर्क द्वारा अपनी बात साबित करने का अवसर दे देगी। चतुबुर्दात्मक अर्थात ईश्वर के अस्तित्व के चार भागों में विश्वास करने वाला। ईश्वर की एक चतुर्भुज से तुलना करते हुए वे उसी चारों भागों को ईश्वर के चार अस्तित्वों में साबित कर देंगे।

पाँचवीं, बहुदेववाद अर्थात् ईश्वर के अनेक रूपों के विश्वास करने वाले हिन्दुओं को यह तर्क अत्यधिक उचित लग सकता है।

सन् 1820 में राजा राममोहन राय की **द प्रीसेप्ट ऑफ जीजस, द गाइड टू पीस एण्ड हैपीनेस** पुस्तिका प्रकाशित हुई। इस पुस्तिका की प्रस्तावना में राममोहन राय ने न्यू टेस्टामेण्ट के सैद्धान्तिक भागों, रूढ़ि, रहस्य, चमत्कार के विरोध में अपना विचार प्रकट किया। रेवरेण्ड घोकार स्मित ने राम मोहन को काफिर और सत्य का संहारक कहते हुए उनकी भर्त्सना की। राम मोहन ने प्रीसेप्ट ऑफ जीजस के बचाव में एक अपील टू क्रिश्चियन पब्लिक द्वारा रेवरेण्ड घोकार शिमत के आरोपों का उत्तर दिया। डॉ. जोथुआ मार्शमैन ने इसके विरुद्ध द फ्रैण्ड ऑफ इण्डिया में लिखा। राम मोहन ने सेकेण्ड अपील टू द क्रिश्चियन पब्लिक द्वारा इसका जवाब दिया। यह उत्तर सन् 1821 में प्रकाशित हुआ। डॉक्टर मार्शमैन ने फिर इस विषय पर द फ्रैण्ड ऑफ इण्डिया में लिखा। राम मोहन की फाइनल अपील टू दी क्रिश्चिन पब्लिक, जनवरी, 1823 में छपी।

द प्रीसेप्ट ऑफ जीजस की प्रस्तावना में राजा राममोहन राय ने लिखा था, "मैं यह कहने के लिए बाध्य हूँ कि न्यू टेस्टामण्ट में पाये जाने वाले नैतिक सिद्धान्तों का अगर उसमें लिखी दूसरी बातों से अलग कर लिया जाय तो यह विभिन्न आस्था और बुद्धि स्तर के लोगों के दिलो-दिमाग के विकास में बहुत सहायक होगा, क्योंकि इसके ऐतिहासिक और कुछ दूसरे भाग स्वतन्त्र और ईसाई विरोधी विचार रखने वालों के सन्देह और वाद-विवाद का कारण बन सकते हैं। प्रमुख रूप से चमत्कारिक तथ्य उन पर अत्याधिक प्रभाव नहीं डालेगी। इसके प्रभाव का रेंज है कि एशिया निवासियों

को जो धार्मिक कथायें विरासत में मिली हैं, वे उनसे कहीं ज्यादा चमत्कारपूर्ण हैं, जबकि नैतिक सिद्धान्त, जिनका उद्देश्य पूरी मानव जाति में एकता और शान्ति बनाये रखना है। परलौकिकता के विचार से सुरक्षित हैं तथा ज्ञानी-अज्ञानी दोनों की समझ में समान रूप से आते हैं। धर्म और नैतिकता की यह सरल नियमावली आदमी के आदर्शों को ईश्वर के ऊँचे और उदार विश्वासों के स्तर तक उठाने के लिए इतनी सुन्दरता से बनायी गयी है और आदमी के व्यक्तिगत तथा सामाजिक कर्तव्यों के पालन में उसके व्यवहार का इतना उचित नियंत्रण करती है कि मैं इसके इस रूप में लागू होने पर अच्छे से अच्छे परिणाम की आशा कर सकता हूँ।"

हिन्दू अद्वैतवाद तथा वेदान्त के खिलाफ बंगाल के श्रीरामपुर के पादरी प्रेस ने लिखना जारी रखा। इसके उपरान्त राममोहन राय नवम्बर, 1828 की ब्रह्मनिकल मैग्जीन के अंक चार में लिखने पर विवश हो गये।

समाज सुधारक राजा राममोहन राय ने अंक की प्रस्तावना में लिखा कि, "मैं इस पत्रिका के तीनों अंकों में धार्मिक वाद-विवाद में अपमानजनक भाषा का प्रयोग न करके विनम्र निवेदन किया था, फिर भी आश्चर्य और दुःख के साथ मैं यह देखता हूँ कि एक मिशनरी प्रेस द्वारा जारी किये गये और मिशनरी सज्जनों द्वारा वितरित किये गये पत्रिकाओं में वेदों के सिद्धान्तों पर नास्तिकता के सीधे आरोप लगाये गये हैं और उनके अनुगामियों की हैसियत से हमारी गलत निन्दा की गयी है। इसने मुझे दो साल बाद ब्रहनिकल मैग्जीन का चौथा अंक निकालने पर मजबूर कर दिया।

हिन्दू धर्म की विश्वव्यापी उदारता, सहिष्णुता और विनम्रता को निभाते हुए ईसाई धर्म का विरोध क्या मैं तो विश्व के किसी भी धर्म का विरोध नहीं कर सकता। इस धर्म के अनुयायियों के प्रति मेरा आदर मुझे इस धर्म की कमियों को बेनकाब न करने देता अगर ईसाई लेखकों द्वारा हिन्दू धर्म पर लगातार कीचड़ उछालने की प्रवृत्ति ने हमें मजबूर न किया होता। मुझे अब भी दोनों धर्मों की तुलनात्मक विशेषताओं की बारीकी से जाँच करने में बहुत खुशी होगी, बशर्ते ईसाई लेखक इस विवाद को विनम्र और आदरपूर्ण भाषा में जारी रखें, जैसा कि साहित्यिक लोगों और सत्य के अन्वेषियों को शोभा देता है।"

राजा राममोहन राय का त्रियेक परमेश्वरवाद के प्रति दृष्टिकोण का तर्कपूर्ण उत्तर देने में असमर्थ होने पर डॉ. मार्शमैन ने हिन्दू धर्म की बेजा आलोचना की। उन्होंने कहा कि हिन्दूवाद का मूल 'फादर ऑफ लाइज' है। राममोहन राय ने उत्तर में कहा, "हमको याद रखना चाहिए कि हम गम्भीर धार्मिक वाद-विवाद में उलझे हैं। एक दूसरे को भला-बुरा कहने के लिए नहीं।" राममोहन राय और ईसाई धर्म

प्रचारकों के वाद-विवाद को लेकर इण्डिया गजट के सम्पादक ने राममोहन राय की ओर संकेत करते हुए लिखा, "इसमें उनके दिमाग की तीक्ष्णता, उनकी बुद्धि की तर्कशीलता और उनका अद्वितीय स्वभाव प्रकट होता है, जिससे वह शालीनता के साथ तर्क-वितर्क कर सकते हैं।"

राजा राममोहन राय विपरीत समय में भी अनुचित व अभद्र भाषा का प्रयोग भूल से भी नहीं करते थे। एक बार ईसाई-धर्म-प्रचारकों के साथ एक वाद-विवाद में कहा गया–मूल बाइबिल का अध्ययन किये बगैर ईसाई धर्म पर बहस करने का उन्हें क्या हक है। राममोहन राय ने इस तर्क को स्वीकार कर लिया। वाद-विवाद से वे दो वर्ष तक काफी दूर रहे। राय ने नये और पुराने दोनों बाइबिलों का अध्ययन किया। उन्हें हेब्रू, यूनानी और लेटिन भाषायें सीखनी पड़ी। राममोहन राय द्वारा आरम्भ किये गये नव जागरण की देन श्री राखालदास हालदार ने इण्डियन डायरी में लिखा, "आज मेरी बातचीत एक यहूदी से हुई, उसने बताया कि राममोहन राय ने उसके मामा से हिब्रू भाषा सीखनी शुरू की, ताकि वह मूल बाइबिल का अध्ययन कर सके।" 15 नवम्बर, 1823 के 'ब्रह्मनिकल मैग्जीन' के अंक चार में राम मोहन ने अपना लेख शिव प्रसाद शर्मा नाम से लिखा। इस लेख का शीर्षक था– "एक हिन्दू के लिए ईसाई धर्म को नकारने के कारण"। इस लेख में उन्होंने त्रियेक परमेश्वर और जनकल्याण के लिए ईसा मसीह के प्रायश्चित (अट्नमेण्ट ऑफ क्राइस्ट) पर बहस की। ये दोनों ही बातें ईसाई धर्म का अटूट अंग हैं। अपनी सहज तर्क विलक्षणता, विवेक और स्पष्टवादिता के साथ राजा राममोहन राय ने इन दोनों सिद्धान्तों में विद्यमान कमियों को पूरी दुनिया के सामने उजागर कर दिया।

हिन्दू समाज सुधारक राजा राममोहन राय ने 'द प्रिसेप्टस ऑफ जीजस, द गाइड टू पीस एण्ड हैपीनेस, की भूमिका में लिखा है–"इन कारणों से मैं इन विषयों के किसी विवाद में उलझने से इन्कार करता हूँ और ईसा मसीह के शब्दों को अंग्रेजी से बंगला और संस्कृत में अनुवाद करके अपने साथियों के सम्मुख रखना चाहता हूँ। ईसाई धर्म के प्रचारकों के साथ राम मोहन के विवाद की सफलता आशातीत सिद्ध हुई। एक बैप्टिस्ट ईसाई धर्म प्रचारक 'रेवरेण्ड विलियम एडम' ने त्रियेक परमेश्वर के विरुद्ध एकेश्वरवाद के पक्ष में राम मोहन के मतों को मान लिया तथा ईसाई धर्म के त्रियेक परमेश्वरवाद का खण्डन किया। कलकत्ता के यूरोपीय समाज में हलचल मच गयी। ईसाई जनता में रोष इतना बढ़ गया कि कलकत्ता के तत्कालीन विशप ने रेवरेण्ड एडम पर धर्मद्रोह का आरोप लगाकर भारत से वापस भेजने का निर्णय कर

लिया, लेकिन इंग्लैण्ड के अटर्नी जनरल से यह जानकर कि धर्म की रूढ़ियां छोड़ देने पर अब सजा नहीं मिलती, वह बहुत दुखी हुआ।

ईसाई धर्म की रूढ़ियों को नकारकर ईसा मसीह की शिक्षाओं का प्रचार करते हुए श्रीरामपुर के ईसाई-धर्म प्रचारकों द्वारा प्रकाशित एक पत्रिका, 'द फ्रेण्ड ऑफ इण्डिया' ने अपने बीसवें अंक में, ईसाई धर्म प्रचारक का एक लेख प्रकाशित किया, जिसमें राजा राममोहन राय को ईसाई धर्म का पक्का प्रतिद्वन्दी बताया गया था।

एक ईसाई धर्म प्रचारक के हस्ताक्षर से 'द प्रीसेप्टस ऑफ जीजस' और सम्पादक के सम्बन्ध में विचार पढ़कर मुझे उनकी मानसिकता पर दया आती है। इससे पहले कि मैं उनकी उठायी हुई शंकाओं का समाधान करूँ, मैं जनता से निवेदन करूँगा कि वे स्वयं ईसाइयत के खिलाफ जा रहे हैं। व्यक्ति को बीच में लाकर उसे काफिर की संज्ञा दी है। यह दृष्टिकोण अभद्र और ईसाइयत के खिलाफ है। ईसाइयत के खिलाफ इसलिए कि काफिर शब्द के प्रयोग में सम्पादक ने सत्य, भद्रता और उदारता के नियमों का उल्लंघन किया है। सत्य, भद्रता और उदारता तीनों ही ईसाई धर्म के मुख्य तत्व हैं। मेरा मानना है कि कोई संपादक या समीक्षक न्यू टेस्टामेण्ट के नैतिक सिद्धान्तों को 'ए गाइड टू पीस एण्ड हैपीनेस' कहकर छापने पर संग्रहकर्ता को काफिर नहीं कह सकते। उसकी लेखन शैली, द प्रीसेप्ट ऑफ जीजस नैतिकता और धर्म की एक संहिता है। उसका विश्वास है कि इस ब्रह्माण्ड का सर्जक और पालक ईश्वर है या उसका यह समझना कि उन उपदेशों से पूरी मानव जाति के कर्तव्यों का निर्धारण होता है, उसका अपना विश्वास है।"

राजा राममोहन राय से ईसाई मिशनरी व पादरी इसलिए क्रुद्ध थे क्योंकि उन्होंने ईसामसीह की नैतिक शिक्षाओं को न्यू टेस्टामेण्ट में पायी जाने वाली रूढ़ियों और अन्ध विश्वासों से अलग करने का प्रयास किया और यह कहा कि ईसा मसीह की शिक्षायें पूरी मानव जाति के लिए एक सन्देश है। प्रचलित ईसाई धर्म की रूढ़ियों और अन्ध विश्वास ईसामसीह की शिक्षा को ग्रहण करने में एक बड़ी रुकावट है। अपने इस प्रयास के लिए ही राम मोहन को ईसाई धर्म प्रचारकों द्वारा सत्य विरोधी कहा गया।

राममोहन राय ने इस अपील का अन्त अविस्मरणीय शब्दों के साथ किया, "भगवान धर्म को आदमी और आदमी के बीच भेदभाव तथा वैमनस्य को नष्ट करने वाला और मानवजाति की एकता और शान्ति को बढ़ावा देने वाला बनाये।" प्रायश्चित और त्रियेक परमेश्वरवाद आदि का जो तर्क पूर्ण विश्लेषण राम मोहन ने किया, उससे उने ईसाई धर्म के ज्ञान का पूरा पता चलता है। अपने ज्ञान की शक्ति

से उन्होंने ईसाई-धर्म प्रचारकों के वेदान्त और हिन्दू धर्म के खिलाफ संकुचित और पूर्वाग्रही प्रहारों का सामना किया।

4 जून सन् 1829 ई. को राजा राममोहन राय द्वारा डॉ. टी. राज के नाम लिखे गये पत्र के आधार पर "आदरणीय, पिछले 16 जून का आपका लिखा पत्र मिला। साथ में पार्सल द्वारा भेजी हुई आपकी किताबें भी मिलीं। मैं आपका कृतज्ञ हूँ। कमेटी द्वारा मेरे संग्रह 'द प्रिसेप्ट ऑफ जीजस' के पुनः प्रकाशन और इसके पक्ष में दो अपीलों के सम्मान पर मुझे गर्व है। मेरा निवेदन है कि इस समर्थन के लिए मेरा हार्दिक आभार आप सदस्यों तक पहुँचा देंगे........अपनी खुशी को व्यक्त करने की भाषा मेरे पास नहीं है। यह जानकर कि रोमी सत्ता के दौरान धीरे-धीरे जो मूर्ति-पूजा की बेहूदी स्थापनायें व्यवस्था में आ गयीं, उनसे मूलतः विशुद्ध सहज और यथार्थवादी ईसाई-धर्म को मुक्त करने के लिए इंग्लैण्ड, अमेरिका दोनों जगह सत्य के अन्वेषी मित्र लगे हुए हैं। वे अपने आन्दोलन में विजयी हों, यही हमारी हार्दिक इच्छा है। उनका नाम अगर अधिक नहीं तो लूथर जितना रोशन हो, जिन्होंने धार्मिक नव-निर्माण का काम आरम्भ किया था, धार्मिक जगत पर जिनका ऋण है, जिन्होंने मानवीय धर्मों और दैवी प्रभुत्व का अन्तर स्थापित किया है और आडम्बरों से उदारता को अलग किया है।"

उनके द्वारा एक ईश्वर में विश्वास करने वाले देशवासियों के लिए एक सुझाव नामक लेख प्रकाशित कराने के पश्चात ईसाई मिशनरियों से उनका विवाद खत्म हो गया।

इस्लाम धर्म

पैगम्बर मुहम्मद साहब इस्लाम धर्म के प्रवर्तक थे। मुसलमानों का विश्वास है कि परमात्मा ने पर मानव-जाति के उद्धार के लिए पृथ्वी पर जिन पैगम्बरों को भेजा है, उनमें मुहम्मद साहब सबसे अंतिम और सबसे महान पैगम्बर थे। उनका जन्म 570 में मक्का में हुआ था, सउदी अरब का यह शहर मुसलमानों के लिए पवित्र स्थान बन गया है। मक्का में मुसलमान हज करने के लिए जाते हैं। यह मुसलमानों का पवित्र तीर्थ स्थल है। 40 वर्ष की आयु में मुहम्मद साहब को दैवीय अनुभूतियाँ होने लगी थीं, जिनके फलस्वरूप इस्लाम की बुनियाद पड़ी। कहते हैं, देवदूत जिब्राइल ने मुहम्मद साहब को प्रेरणा दी कि सृष्टि का नियता एक ईश्वर है और तुम उसके संदेश वाहक अथवा पैगम्बर हो। तुम्हें लोगों को ईश्वर की आराधना सिखानी है। प्रारंभ में कबीलों ने मुहम्मद साहब की शिक्षा का विरोध करने लगे, इस शिक्षा को ये स्वीकार नहीं कर रहे थे जिसके कारण मुहम्मद साहब उनके अनुयायियों के प्राण

संकट में पड़ गए। 622 ई. में मुहम्मद साहब को अपनी प्राण रक्षा के लिए मक्का से मदीना पलायन करना पड़ा। मुहम्मद साहब का यह पलायन हिजरा कहलाता है और मुसलमानों का पंचांग इसी समय से शुरू होता है।

इस्लाम धर्म के प्रवर्तक मुहम्मद साहब ने अपने अनुयाइयों के साथ मदीना में बसने के बाद अपने धर्म का प्रचार आरम्भ किया। उन्होंने अपने धर्म को इस्लाम कहा। इस्लाम का अर्थ होता है, ईश्वर के प्रति समर्पण। 62 वर्ष की आयु में मुहम्मद साहब की मृत्यु हो गई और उनकी मृत्यु के बाद 100 वर्ष इस धर्म का एशिया तथा यूरोप महाद्वीपों में प्रचार-प्रसार हुआ।

कुरान की शिक्षाएँ

मुस्लिम समुदाय का पवित्र ग्रंथ कुरान है। मुसलमानों की आस्था के अनुसार कुरान एक आसमानी या स्वर्गीय पुस्तक है। यह हजरत जिब्राइल द्वारा इस्लाम के पैगम्बर हजरत मुहम्मद पर लिखी गयी है। मुहम्मद साहब के मानस में कुरान की शिक्षाओं के इस प्रकटीकरण को 'इलाहाम' या दिव्य अनुभूति कहा जाता है। मुसलमानों की दृष्टि में कुरान का प्रत्येक शब्द अल्ला का कलाम है।

कुरान में 77934 शब्द 6236 आयतें (पद्य) और 114 सुर्रे अथवा अध्याय हैं। कुरान की आयतों में ईश्वर की अद्वितीयता मानव के नैतिक कर्तव्यों, प्रार्थना, उपवास, तीर्थयात्रा, विवाह, तलाक, उत्तराधिकार आदि विषयों का वर्णन है। आस्थावान मुसलमानों के लिए कुरान जीवन का समग्र दर्शन है।

कुरान में पाँच प्रमुख कार्य बतलाए गये हैं, जो सभी मुस्लिमों के लिए अनिवार्य है वे कार्य भी निम्नवत हैं–

1. कलमा पढ़ना अर्थात् यह कहना कि अल्लाह के अलावा और कोई देवता नहीं है तथा मुहम्मद उसके पैगम्बर हैं।
2. दिन में पाँच बार की नमाज अर्थात ईश्वर की प्रार्थना।
3. जकात अर्थात रुपये-पैसे से गरीबों की मदद करना।
4. रमजान के महीने में रोजा अर्थात उपवास रखना।
5. जीवन में एक बार मक्का की यात्रा।

आधुनिक भारत के जनक राजा राममोहन राय इस्लाम धर्म से भी प्रभावित हुए थे, उसका कट्टर एकेश्वरवाद है। यह कट्टरता इस्लाम को अन्य धर्मों से पृथक करती है। इस्लामी एकेश्वरवाद का सूत्र कलाम में निहित है–अल्लाह के अतिरिक्त और कोई देवता नहीं है और मुहम्मद उसी अल्लाह के पैगम्बर हैं। पैगम्बर मुहम्मद

के अनुसार ईश्वरीय एकता का निहितार्थ है, सामाजिक समानता और मानवीय भातृत्व। पैगम्बर ने विवाह, उत्तराधिकार, न्यायालय के समक्ष गवाही आदि के संबंध में स्त्रियों को विशेषाधिकार प्रदान किए हैं, जो उस समय किसी भी जाति की स्त्रियों को नहीं मिला हुआ था।

जीवन का समग्र दर्शन

इस भौतिकवादी संसार में मानव केवल धर्म से ही जुड़ा नहीं रह सकता। उसे अपने परिवार, देश तथा संसार के प्रति अपनी जिम्मेदारी निभानी होती है। इस जिम्मेदारी को निभाने के लिये आर्थिक, नैतिक, वैयक्तिक और सामुदायिक सभी दृष्टियों से उसे रागर्थ होना होगा।

विश्व के प्रमुख विचारकों और उन्नायकों ने जीवन को सदा उसकी समग्रता में ग्रहण किया है। वेदों, उपनिषदों, रामायण, महाभारत, कुरान, मार्क्स और गाँधी का जीवन समग्र जीवन का दर्शन है। उदाहरणार्थ हम प्लेटो की रिपब्लिक को ले सकते हैं। रिपब्लिक का चरम लक्ष्य न्याय के लिए न्याय-युक्त व्यक्तियों का निर्माण जरूरी है। इसके लिए प्लेटो ने एक विशिष्ट शिक्षा प्रणाली और एक विशिष्ट समाज-व्यवस्था का प्रतिपादन किया है। प्लेटो के चिंतन में व्यक्ति, परिवार, समाज, राज्य, शिक्षा, एक दूसरे से संलग्न हैं। चिंतन के क्षेत्र में गाँधी जी की स्थिति बहुत कुछ ऐसी ही थी। वे एक ऐसे व्यक्ति, समाज, देश व विश्व का निर्माण चाहते थे जो सत्य और अहिंसा की बुनियाद पर आधारित हो। गाँधी जी के चिंतन में धर्म, शिक्षा, राजनीति, अर्थतंत्र आदि मानव जीवन के सभी पहलू शामिल हैं।

आधुनिक भारत के जनक राजा राममोहन राय भी यही समग्र जीवन दर्शन चाहंते थे। यह समग्र जीवन दर्शन राजनीति, समाज-सुधार चेतना, नारी-मुक्ति, शिक्षा, न्याय-सुधार जैसे विविध क्षेत्रों में किए गए कार्यों से प्रकट होता है। उनकी निगरानी में 1821 में कलकत्ता यूनिटेरियन एसोसिएशन की स्थापना हुई थी। इस एसोसिएशन के घोषणा-पत्र में राममोहन राय का समन्वित दृष्टिकोण व्यक्त होता है। आध्यात्मिक विचारों से ओत प्रोत होने के बाद भी राजा राममोहन राय जीवन के विविध पक्षों के बीच संतुलन बनाए रखे।

विविधता और विरोधाभास

भारत विविधताओं का देश है। यहाँ धर्म, भाषा, खान पान, रीति-रिवाजों, वेश-भूषा, जलवायु, में विविधता पाई जाती है। देश के विभिन्न भागों में रहने वालों लोगों के जीवन स्तरों में अनेक भेद है, शहरों और गाँवों में भेद है, उत्तर और दक्षिण

में भेद है, पहाड़ों, मैदानों, समुद्रतटों और गहरे जंगलों में रहनेवाले लोगों की सामाजिक और आर्थिक स्थितियों में अन्तर है। इतनी विविधताओं और विरोधाभास वाले देश में समन्वय और एकता की कड़ियाँ खोजना और उन कड़ियों को एक भली प्रकार से ग्रंथित माला का रूप देना ही सच्चे राष्ट्रनायक का कार्य है। जो इस कार्य में सफल हुआ उसने भारतीय जनमानस में अपनी बेहतर व प्रतिष्ठित छवि बनाई। भारत में संस्कृति का प्रधान स्वर वर्जना का नहीं अंगीकरण का है। आधुनिक भारतीय इतिहास में यह प्रवृत्ति गाँधी जी के व्यक्तित्व और नेतृत्व में सबसे प्रखर रूप में देखने को मिलती है। गाँधी जी से लगभग सौ वर्ष पहले जन्मे राजा राममोहन का व्यक्तित्व और कृतित्व भी काबिले तारीफ है।

सफल लोकनायक

सफल लोकनायक वह है जो पूरी ईमानदारी से समाज एवं देश को सन्मार्ग पर लाने का कार्य करे। भारतीय अतीत में अनेक आकर्षण है, लेकिन काल के प्रवाह में भारतीय समाज-संगठन में अनेक विकृतियाँ भी पैदा हुई है। प्रायः ये विकृतियां मलबे के रूप में जिसके बोझ में संस्कृति और साहित्य के रत्नों को गुदड़ी के लाल की भाँति अपने क्रोड में छिपा रखा है। जहाँ हम अपने अतीत पर गर्व कर सकते हैं, वहाँ उसकी विभिन्न कमजोरियों को उजागर करना भी अतिआवश्यक है। इसमें कोई शक नहीं कि भारत प्रगति के मार्ग पर तेजी से बढ़ रहा है, लेकिन अनेक समस्याएँ भी हैं। सिर्फ भारत की कमजोरियों का बखान करते रहने से राष्ट्रीय पुनर्गठन का पथ-प्रशस्त नहीं होगा। सफलताओं पर संतोष और विफलताओं से जूझने की आकांक्षा ही राष्ट्र को संकट से उबार सकती है।

भूत, वर्तमान, और भविष्य के प्रति भी मानव सचेत रहता है। भविष्य के सुनहरे सपने देखने से न व्यक्ति का जीवन सँवर सकता है और न समाज। भविष्य में आने वाले सभी समस्याओं और आपदाओं का पहले से अनुमान और उनके समाधान के लिए तैयारी राष्ट्रीय जिजीविषा की अनिवार्य शर्त है, इसलिए भारत का लोकनायक अतीत, वर्तमान और भविष्य के मध्य एक कड़ी होता है। अतः लोकनायक में सभी गुण होना जरूरी है।

भूत, वर्तमान और भविष्य

आधुनिक भारत के जनक राजा राममोहन राय के व्यक्तित्व में भारतीय जीवन की समन्वयशीलता के दर्शन होते हैं। ये प्राचीन भारत के संस्कृत साहित्य, इतिहास

दर्शन और धर्मशास्त्रों से अवगत थे। उन्हें भारतीय समाज की सफलताओं और असफलताओं तथा शक्तियों का ज्ञान था। वे एक दूरदर्शी व्यक्ति थे, जो भविष्य के प्रति हमेशा सचेत रहते थे।

सजग, संवदेनशील और संस्कारवान

भारतीय नवजागरण के प्रणेता राजा राममोहन राय एक अच्छे संस्कारी व्यक्ति थे, उनकी अपनी एक विश्व दृष्टि थी। वे पश्चिमी देशों की नवीन प्रवृत्तियों से पूर्णतः अवगत थे। उन्होंने अपने विविध कार्यक्रमों, धार्मिक, शैक्षिक, साहित्यिक, सामाजिक, न्यायिक कार्यक्रमों में इन प्रवृत्तियों को समाविष्ट करने की कोशिश की। वे जितनी सहजता से किसी संस्कृति अथवा अरबी-फारसी के विद्वान से वार्तालाप करते थे। उतनी सहजता से वे पाश्चात्य दर्शन और राजनीति के दिग्गजों से भी वार्तालाप की क्षमता रखते थे।

महोदधि के उज्ज्वल रत्न

वर्तमान भारतीय स्वरूप में अनेक प्रसिद्ध व उनके व्यक्तियों व उनके विचारों का विशेष योगदान है। भारत की स्थिति उस महोदधि की भाँति है, जिसकी अगाध गहराई को मापना मुश्किल है, जिसमें अनेक नद-नदियाँ आकर मिलती हैं, जिसमें अमूल्य रत्नराशियों के साथ झाड़-झंखाड़ तथा सीप भी होती है। राजा राममहोन राय इस महोदधि के उज्ज्वल रत्न हैं।

एक विश्व

विश्व संतुलन पर ही मनुष्य का भविष्य निर्भर करता है। वैज्ञानिक खोजों, अंतर्राष्ट्रीय वाणिज्य, यातायात के साधनों, संयुक्त राष्ट्र संघ के क्रिया-कलापों ने मानव जाग्रति को एक सीमित दायरें में ला दिया है। आज वह कुछ एक कुटुम्ब के रूप में है। भूमण्डलीकरण के इस दौर में किसी भी घटना का प्रभाव पूरी दुनिया पर पड़ता है। आपसी प्रतिस्पर्धाओं के बावजूद हम 'एक विश्व' की संकल्पना के निकट पहुँचते जा रहे हैं। राममोहन राय संसार के उन गिने विचारकों में हैं जिन्होंने पूरी दुनिया को एक सूत्र में बाँधने के लिए कार्य किये थे।

दुर्दिन के बादल

राजा राममोहन राय जब इस दुनिया में जन्म लिए तो भारत पर ब्रिटिश साम्राज्य का अधिकार था जिसके कारण सम्पूर्ण भारत में उजाला नहीं दिखाई दे रहा

था। राजा राममोहन राय भारत के आकाश में एक देदीप्यमान नक्षत्र की भाँति-चमके और उनके चमकने से बादल छँट गए तथा आशा की किरणें जगमगा उठीं। राजा राममोहन ने भारत को आधुनिकीकरण का, वैज्ञानिकीकरण का और विवेकीकरण का मार्ग दिखाया। नया भारत अतीत से प्रेरणा अवश्य ग्रहण करता है, पर उसका अंधभक्त नहीं है। नए भारत ने अपने चारों द्वार खुले रखते हैं जिससे हवा और रोशनी सब तरफ से आ सके। राममोहन की यह बड़ी देन है कि संकीर्ण प्रांतीयता के युग में उन्होंने अपने देशवासियों को सही मार्ग दिखाया। राममोहन राय आधुनिक युग की चुनौतियों को समझते थे और उन्होंने भारतीयों को इन चुनौतियों का पूरी क्षमता से मुकावला करने के लिए उत्प्रेरित थे।

तुलनात्मक धर्म दृष्टि

राजा राममोहन राय का मानना था कि धर्म पूरी दुनिया के लोगों को एक सूत्र में बाँधता है। उन्होंने तुहफत-उल-मुवाहिद्दीन नामक अपनी पुस्तक में अपने धार्मिक विचारों का विवरण दिया है। उनका मत था कि अधिकतर लोग स्वभाव से एक परम सत्ता में विश्वास रखते हैं उस परम सत्ता को किसी भी नाम से पुकारा जा सकता है। उपासना पद्धतियों के भेद धर्म बहिरंग तत्व है।

राजा राममोहन राय हिन्दू धर्म में व्याप्त कुरीतियों को खत्म करना चाहते थे। वे धर्म के उन्हीं तत्वों को स्वीकार करने के पक्ष में है जो बुद्धिसंगत हों। राममोहन राय ईश्वरीय चमत्कारों के विरुद्ध थे और सृष्टि के समस्त कार्य व्यापार को कार्य-कारण का परिणाम मानते थे।

राजा राममोहन राय जब हिन्दू धर्म में व्याप्त कुरीतियों को दूर करने के लिए प्रयास करना शुरू किये तो उनके परिवार ने उनका विरोध किया। पिता ने उन्हें घर से निकाल दिया। माता से उनकी मुकदमेबाजी तक हुई। हिंदू समाज के ठेकेदारों ने उन्हें धर्मद्रोही माना, लेकिन इन सारे विरोधों के बावजूद राममोहन राय अपने विचारों और रास्ते पर दृढ़ रहे। बाद में उनके महत्त्व का समुचित मूल्यांकन आंरभ हुआ। यहाँ हम उनके बारे में कुछ विशिष्ट विद्वानों की सम्मतियाँ प्रस्तुत कर रहे हैं–

सजीव सेतु

आधुनिक भारत के जनक राममोहन राय के अग्रेंज जीवनी लेखक सोफी डाब्सन कालेट ने उन्हें 'एक सजीव सेतु' से संबोधित किया है। भारत इस सेतु

से असीमित भूतकाल से निकलकर अनिश्चित भविष्य की ओर प्रयाण कर रहा है। राममोहन राय ने प्राचीन जाति और आधुनिक मानवता, अंधविश्वास और विज्ञान, निरंकुशता और लोकतंत्र, स्थिर लोकाचार और रूढ़िबद्ध प्रगति, बहुदेववाद तथा एकेश्वरवाद के बीच संतुलन स्थापित किया है। उन्होंने अपने विलक्षण व्यक्तित्व में चिरंतन परम्परा तथा अनिवार्य ज्ञानोदय की प्रतिद्वदीं भावनाओं के मध्य समन्वय किये एवं खुद अनेकों प्रकार के दुख झेले। वे उस नई भावना के प्रतीक हैं जो जातियों, धर्मों और सभ्यताओं के मिश्रण से उत्पन्न होती हैं। वे जिज्ञासा के अवतार हैं। उनके मन में ज्ञान के प्रति तड़प है। वे मानवीय संवेदना और नीतिमता के समर्थक हैं। राममोहन वस्तुतः सच्चे हिंदू थे। उनकी आधारभूत प्रेरणा-शक्ति आध्यात्मिक थी। वे पाश्चात्य और पौर्वात्य संस्कृति के सर्वश्रेष्ठ तत्वों को मिलाकर एक नई संस्कृति व सभ्यता का विकास करना चाहते थे। इनके जीवन का विश्लेषण व अध्ययन 19वीं सदी के उभरते हुए भारत का अध्ययन है। राजा राममोहन राय ने आधुनिक भारत की स्थापना में अमूल्य योगदान दिया।

कल्पना और यथार्थ

दुनिया के प्रतिष्ठित एवं सुप्रसिद्ध इतिहासकार डॉ. मजूमदार का मत है कि राममोहन राय की सफलताओं के बारे में उनके प्रशंसकों ने अनेक मनगढ़ंत बातों का प्रचार कर रखा है जो ऐतिहासिक साक्ष्य की कसौटी पर खरी नहीं उतरती। मजूमदार ने विभिन्न विषयों पर विचार किया, जिनमें हिन्दू कॉलिज की स्थापना, बहुदेववाद तथा मूर्तिपूजा का विरोध, सती-प्रथा का उन्मूलन, बंगाली गद्य की नींव, बंगाली पत्रकारिता का आरम्भ, राजनीतिक चेतना का श्रीगणेश, समाचार पत्रों की स्वतंत्रता का समर्थन तथा राष्ट्रीयता का शुभारम्भ आदि विषय प्रमुख है।

डॉक्टर मजूमदार का मानना है कि उपर्युक्त वर्णित सभी विषयों में राय की महानता को काफी बढ़ चढ़ कर दर्शाया गया है। हिन्दू कॉलिज की स्थापना में राममोहन राय की नहीं प्रत्युत कलकत्ता उच्चतम न्यायालय के मुख्य न्यायाधीश हाइड ईस्ट का योगदान था। मजूमदार के विचार से राम मोहनराय की मृत्यु (1833) के 30-35 वर्ष बाद जब उनका नाम बहुत हो गया, तब उनके प्रशंसकों तथा भक्तों ने हिन्दू कॉलिज की स्थापना के साथ उनका नाम जोड़ दिया। मजूमदार का निष्कर्ष है कि "हिन्दू कॉलिज के संस्थापक के आख्यान का चक्र इस प्रकार पूरा हुआ। सबसे पहले इसका श्रेय हाइड ईस्ट को दिया गया। नंबर दो पर इसका श्रेय हाइड और डेविड हेयर को दिया गया। नम्बर तीन पर डेविड हेयर और राममोहन राय आते हैं और

अंत में हिंदू कॉलिज के प्रवर्तक और संस्थापक होने का श्रेय, अकेले राममोहन राय को ही दिया जाने लगा।"

डॉक्टर मजूमदार का कहना था कि फोर्ट विलियम कॉलेज के तीन पंडितों राम राय बसु, मृत्युजंय, मखोपाध्याय ने राजा राममोहन राय से पहले बंगाली गद्य की श्रेष्ठ राजा प्रतापादित्य चरित प्रकाशित किया था। मृत्युंजय विद्यालंकार ने 1802 में बतरिसा !! सिंहासन 1808 में हितोपदेश तथा राजा बाली पुस्तकों का प्रकाशन किया था। राजीव लोचन मुखोपाध्याय ने 1804 में महाराज कृष्ण चन्द्र चरितम् प्रकाशित किया और इसी विद्वान ने बंगाली गद्य की बुनियाद डाली थी। विलियम कैरी ने सन् 1801 में बाइबिल का बंगाली अनुवाद तथा बंगाली व्याकरण की एक पुस्तक निकाली। उसके अलावा केरी ने 1812 में इतिहास माला का भी प्रकाशन किया था। डॉ. एस. के डे 10 और बजेन्द्र नाथ बैनर्जी ने बंगाली गद्य के प्रवर्तन का श्रेय विलियम केरी तथा मृत्युंजय विद्यालंकार को दिया है।

शिवनाथ शास्त्री एवं अन्य कई विद्वानों ने राजा राममोहन राय को बंगाली पत्रकारिता का प्रतिपादक कहा है। उनका मानना है कि बंगाली का पहला पत्र समाचार दर्पण था जिसे श्रीरामपुर के मिशनरियों ने आरम्भ किया था। उसका संपादन अंग्रेज करते थे और उसकी भाषा यूरोपीय बंगाली होती थी। वस्तुतः राजा राममोहन राय बंगालियों द्वारा संपादित बंगाली पत्रों के अग्रदूत थे। उन्होंने ही सम्वाद कौमुदी साप्ताहिक प्रकाशित किया था। बंगाली भाषा का प्रथम मासिक पत्र दिग्दर्शन तथा पहला साप्ताहिक पत्र समाचार दर्पण था। इन दोनों पत्रों का प्रकाशन क्रमशः अप्रैल और मई 1818 में शुरू हुआ था। दिग्दर्शन कुछ ही समय चला था, लेकिन समाचार दर्पण कई वर्षों तक चलता रहा। यद्यपि 1841 तक मार्शमान इस पत्र के नाममात्र के संपादक थे, तथापि इस पत्र पर भारतीय पंडितों का नियंत्रण था। मई 1818 में बंगाल गजट नामक एक अन्य साप्ताहिक प्रकाशित होना आरम्भ हुआ। इस पत्र के संपादक गंगाकिशोर भट्टाचार्य तथा हरचन्द्र रे थे। यह पत्र प्रायः एक वर्ष चला था। साप्ताहिक सम्वाद कौमुदी 4 दिसम्बर, 1821 को शुरू हुआ था। राजा राममोहन राय इस पत्र में नियमित रूप से लेख लिखते रहते थे। यह पत्र एक साल ही चल पाया था। इसके बाद उसका प्रबंध बदल गया और राममोहन राय का उससे कोई संबंध नहीं रहा। इस प्रकार मजूमदार के अनुसार राममोहन राय के बंगाली पत्रकारिता में आने से पहले बंगाली में तीन पत्रों का प्रकाशन हो चुका था। इनमें से एक पत्र बीस वर्ष तक चला था। राममोहन राय का पत्र इन पत्रों के बाद आरम्भ हुआ था और केवल एक वर्ष चल

पाया था। मजूमदार, राममोहन राय को बंगाली पत्रकारिता का अग्रदूत नहीं मानते हैं।

राजा राममोहन राय बंगाल में लोगों में राजनैतिक चेतना जाग्रत किये। इस संदर्भ में हम कह सकते हैं कि राममोहन राय की स्वतंत्रता-विषयक धारणा अमूर्त थी। वह विश्वजननीय थीं जहां तक भारत का संबंध है उनका ब्रिटिश सरकार की न्याय भावना में दृढ़विश्वास था। वह भारत में ब्रिटिश साम्राज्य को उचित मानते थे। अंग्रेजों ने भारतीयों को पाश्चात्य सभ्यता से जो संपर्क स्थापित किया, राममोहन राय ने उसकी प्रंशसा की है। 15 दिसम्बर 1829 को कलकत्ता टाउन हाल की एक बैठक मे राममोहन राय ने अपना यह विश्वास प्रकट किया था कि यूरोप के लोगों से जितना अधिक हमारा संपर्क होगा, उतनी ही अधिक हमारी साहित्यिक, सामाजिक और राजनीतिक उन्नति होगी। नील की खेती करने वाले अंग्रेजों ने भी राय साहब की काफी तारीफ की थी। उनकी यह विचारधारा राष्ट्रीयता की उन्नति में सहायक नहीं माना जा सकता। राजा राममोहन राय प्रेस की स्वतंत्रता के पक्षधर थे, उन्होंने 1823 को प्रेस-आर्डिनेंस का तथा 1827 की सरकार से विरोध किया। लेकिन उन्होंने ऐसे किसी राजनीतिक संगठन की नींव नहीं डाली, जो सरकार की गलत नीतियों के विरुद्ध लगातार मुखर होकर आवाज उठाए एवं संघर्ष करे।

नवयुवकों में देशभक्ति की भावना जगाने में राममोहन राय की अपेक्षा डेरोजिओ तथा उनके शिष्य काशी प्रसाद घोष ने अधिक योगदान दिया था।

इतिहासकार मजूमदार रमेशचन्द्र का मानना है कि यद्यपि राममोहन राय को पुनर्जागरण का अग्रदूत नहीं कहा जा सकता है, फिर भी उसमें उनकी प्रमुख भूमिका थी। राममोहन राय हिन्दू कॉलिज के संस्थापक न रहे हों, पर वे अंग्रेजी शिक्षा के समर्थक थे और उन्होंने अंग्रेजी शिक्षा के प्रचार के लिए कई स्कूलों की स्थापना की थी। यद्यपि राममोहन राय ने बंगाली गद्य की नींव नहीं डाली, लेकिन उन्होंने बंगाली गद्य साहित्य के विकास में महत्वपूर्ण योग दिया। यद्यपि उनके धार्मिक और सामाजिक विचारों ने जनसाधारण पर व्यापक प्रभाव नहीं डाला, लेकिन बंगाल का और बंगाल से बाहर का शिक्षित वर्ग उनसे प्रभावित हुआ था, उनके अंतर्राष्ट्रीय भ्रातृत्व-संबंधी राजनीतिक विचार अपने युग में आगे बढ़े हुए थे। आगे चलकर इस विचारधारा से रवीन्द्रनाथ ठाकुर तक प्रभावित हुए थे। राममोहन राय ने नए युग का निर्माण नहीं किया, लेकिन वे उस युग के सशक्त प्रतिनिधि थे और उनके व्यक्तित्व में बंगाली पुनर्जागरण की अनेक प्रमुख विशेषताएँ मूर्तिवत हुई थी।

महान संश्लेषण

सौम्येन्द्र नाथ टैगोर का मानना है कि राजा राममोहन राय ने जिस आधुनिक भारत की नींव डाली थी उसमें हिन्दू, मुस्लिम, ईसाई तीन सभ्यताएं सम्मिलित थीं। राममोहन राय पहले व्यक्ति थे, जिन्होंने इन तीनों सभ्यताओं के बीच एकता के सूत्र खोजे और आधुनिक युग की नींव रखी जिसका लक्षण है मिली-जुली राष्ट्रीयता और मिली-जुली सभ्यता। राममोहन राय का भी मानना था कि अंतर्राष्ट्रीय सभ्यता और संस्कृति की समस्याएं भी मेल-मिलाप से ही हल हो सकती है। मानव प्रगति, राष्ट्रों की पृथकूता में नहीं, उनकी पारस्परिक निर्भरता में है। राममोहन राय के इस समन्वयवादी दर्शन में ही उन्नीसवीं सदी के भारतीय पुनर्जागरण के बीज निहित हैं। राममोहन राय के विराट व्यक्तित्व ने भारतीय जीवन के राजनीतिक, सामाजिक, आर्थिक, धार्मिक और सांस्कृतिक पहलू को जागृत कर दिया।

राजा राममोहन राय को शुरुआती दिनों में बहुत कम लोगों का सहयोग मिला था परंतु कुछ दिन बाद यह सहयोग बढ़ गया । हर बड़े आंदोलन के साथ यही होता है। गौतम बुद्ध का बौद्धधर्म अथवा चैतन्य महाप्रभु का वैष्णव धर्म शुरू में अल्पसंख्यक धार्मिक आंदोलन था। लेकिन बाद में वे बड़े आंदोलन बन गए। फ्रांस के विश्वकोशविद् अथवा मार्क्स के साम्यवाद के साथ ही यही हुआ था। विश्वकोशविदों की विचारधारा ने फ्रांस की राजक्रांति का तथा मार्क्स के एंगिल्स के विचारों ने रूप की बौल्शेविक क्रांति का पथ प्रशस्त किया था। राममोहन राय का प्रभाव दूरगामी रहा है। राममोहन राय की मृत्यु के कुछ समय बाद ही बंगाल में तत्वबोधिनी सभा की स्थापना हुई थी और उसका एक घोषित लक्ष्य राजा राममोहन राय के विचारों का प्रचार करना था। इसके सदस्यों में देवेन्द्र नाथ टैगोर, पं. ईश्वरचन्द्र विद्यासागर, पं. मदन मोहन तर्कोलंकार, ताराचंद चक्रवर्ती, रामगोपाल घोष, भूदेव मुकर्जी, राजा राजेन्द्र लाल मित्र, दिगम्बर मित्र, शम्भूनाथ पंडित, प्यारीचंद मिश्र, किशोरीचन्द्र मिश्र, ईश्वरचन्द्र गुप्त, हेमचन्द्र बंधोपाध्याय, मधुसूदन दत्त, बर्द्धवान के महाराजा महताब चंद्र, नादिया के राजा श्री चंद जैसे गणमान्य व्यक्ति थे।

तत्वबोधिनी सभा कम से कम 20 साल तक सक्रिय रही। यही समय बंगाल के पुनर्जागरण का सबसे महत्त्वपूर्ण काल है। इस काल में ऐतिहासिक महत्व के सभी व्यक्ति राजा राममोहन राय से प्रभावित थे। इस बात से इन्कार नहीं किया जा सकता कि तत्बोधिनी सभा के सदस्यों ने आधुनिक समाज की बुनियाद डाली थी।

इस सभा का प्रभाव बंगाल के अलावा देश के कई अन्य क्षेत्रों में भी प्रभावी रहा है। सभा द्वारा प्रकाशित तत्वबोधिनी पत्रिका 5 केन्द्रों से 5 भाषाओं में प्रकाशित

होती थी। कलकत्ता से बंगाली में, मद्रास से अंग्रेजी और तमिल में तथा बरेली से हिन्दी और उर्दू में।

स्वामी विवेकानन्द के अनुसार भारत की अधोगति का एक प्रधान कारण यह था कि भारत अपने आप में ही सिमटा रहा और उसने शेष संसार की उपेक्षा की। आज भारत में जीवन का जो कुछ थोड़ा स्पंदन दिखाई दे रहा है, वह राजा राममोहन राय की ही देन है। इन्होंने हमारे पृथक्वादी सिद्धान्त को तोड़ा। उस दिन के बाद के इतिहास ने नई करवट ली है और वह तेजी से आगे बढ़ रहा है।

स्वामी विवेकानन्द और महादेव गोविन्द रानाडे जैसे नेताओं ने राजा राममोहन राय को एक महान समाज-सुधारक, एक महान धार्मिक आंदोलन का संस्थापक और एक महान राजनीतिकज्ञ कहा है। इन्होंने आधुनिक भारत में समाज सुधार का कार्य किया तथा ब्रह्म समाज की स्थापना की। समाज सुधार के क्षेत्रों में जो योगदान इन्होंने दिया इससे भारतीय समाज की दशा और दिशा दोनों सन्मार्ग पर अग्रसर हो गया।

4

शिक्षा के क्षेत्र में योगदान

अपनी आजीविका चलाने के लिए राजा राममोहन राय ने 1805 ई. में ईस्ट इण्डिया कम्पनी में नौकरी कर ली। 1815 में राजा राममोहन राय ने अँग्रेजी कम्पनी की नौकरी छोड़ दी तथा धार्मिक उत्थान एवं सत्य की खोज करने के उद्देश्य से कलकत्ता में रहने लगे। 1815 में राजा राममोहन राय ने आत्मीय सभा नामक एक संस्था की स्थापना की। राजा राममोहन राय ने 20 अगस्त 1828 को कलकता में ब्रह्म समाज की स्थापना की।

राजा राममोहन राय 15 नवम्बर, 1830 को समुद्री मार्ग से इंगलैण्ड के लिए रवाना हुए और लगभग 1.5 वर्ष की कठिन यात्रा के बाद अप्रैल, 1832 में वहाँ पहुँचे। 20 सितम्बर, 1833 को ब्रिस्टल में उनका देहांत हो गया।

बीसलदेव द्वारा संस्कृत में लिखे गये हरिकेली नाटक का आधा भाग अढाई दिन का झोपड़ा की दीवारों पर मौजूद है, बाकी आधा भाग ब्रिस्टल में स्थित राजा राममोहन राय के स्मारक पर उत्कीर्ण है।

राजा राममोहन राय ने एकेश्वरवाद का प्रतिपादन किया तथा बहुदेववाद का खंडन किया। वे मूर्ती पूजा के घोर विरोधी थे। वे मूर्ति पूजा को हिन्दू समाज के समस्त दोषों का मूल कारण मानते थे।

राजा राममोहन राय रूढ़ियों और परंपराओं के विरोधी थे। उनका कहना था कि यदि हमने परंपराओं, धार्मिक विश्वासों आदि का अंधानुकरण किया तो हमारा विवेक हमसे दूर भाग जायेगा और हम कभी सही रूप से कार्य सम्पन्न नहीं कर सकेंगे। वे धार्मिक सहिष्णुता के प्रबल समर्थक थे। वे सभी धर्मों का सम्मान करते थे।

राजा राममोहन राय ने जाति प्रथा तथा ऊँच-नीच के भेद-भाव का तीव्र विरोध किया। वे जातिप्रथा को हिन्दू जाति का कलंक मानते थे।

राजा राममोहन राय ने सती प्रथा के विरुद्ध प्रबल आवाज उठाई। उन्होंने अपने लेखों तथा भाषणों के द्वारा सती प्रथा के विरुद्ध प्रबल जनमत तैयार किया। उनके

प्रयासों के कारण 4 दिसम्बर, 1829 को लार्ड विलियम बैंटिग ने सती प्रथा को गैर कानूनी घोषित कर दिया।

राजा राममोहन राय नारी उत्थान के प्रबल समर्थक थे। उन्होंने बाल विवाह, बहुविवाह, सती प्रथा का विरोध किया और स्त्री शिक्षा तथा विधवा विवाह का समर्थन किया। उन्होंने स्त्रियों को सम्पत्ति के उचित भाग दिये जाने पर बल दिया। उन्होंने स्त्री शिक्षा को समाज की सबसे बड़ी आवश्यकता पर बल दिया।

राजा राममोहन राय व्यक्ति की स्वतंत्रता, समानता एवं न्याय में अटूट विश्वास रखते थे। राजा राममोहन राय राष्ट्रीय स्वतंत्रता के समर्थक थे। उनका कहना था कि स्वतंत्रता मानवमात्र के लिए एक बहुमूल्य वस्तु है, किन्तु राष्ट्र के लिए भी आवश्यक है।

राजा राममोहन राय प्रेस तथा भाषण की स्वतंत्रता के प्रबल समर्थक थे। वे विचारों की अभिव्यक्ति और प्रेस की स्वतंत्रता पर कोई बंधन स्वीकार करने के लिए तैयार नहीं थे।

राजा राममोहन राय ने भारत में प्रशासनिक सुधारों की आवश्यकता पर बल दिया। 1833 में उन्होंने ब्रिटिश संसद की प्रवर समिति के समक्ष प्रशासनिक व्यवस्था में कुछ सुधारों की सिफारिश की। ये सिफारिशें थीं - शिक्षित भारतीयों को उच्च प्रशासनिक पदों पर नियुक्त करना, देशी लोक सेवा की स्थापना, रैयत की दशा में सुधार, स्थायी भूमि प्रबन्ध आदि।

राजा राममोहन राय भारत से इंग्लैण्ड की धन की निकासी रोकना चाहते थे। उनका उद्देश्य यह था कि देश का धन बाहर न जाये तथा यूरोपियन अपनी पूँजी भारत के ओद्योगीकरण में लगाकर और औद्योगिक विकास को प्रोत्साहन दें।

राजा राममोहन राय पाश्चात्य शिक्षा प्रणाली के प्रबल समर्थक थे। उन्होंने भारतवासियों की रूढ़ियों, अंध विश्वासों और कुरीतियों को दूर करने के लिए अंग्रेजी शिक्षा के अध्ययन पर बल दिया। 1816-1817 में उन्होंने कलकत्ता में एक अंग्रेजी स्कूल की स्थापना की। 1822-23 में उनकी प्रेरणा से कलकत्ता में हिन्दू कॉलेज की स्थापना हुई। उन्होनें वेदांत कॉलेज की भी स्थापना की।

19 वीं सदी के पाश्चात्य शिक्षा तथा नवजागरण दोनों के मध्य काफी घनिष्ठता व्याप्त था। बंगाल में अंग्रेजी शिक्षा के प्रचार-प्रसार में हिन्दू कॉलेज का बहुत बड़ा योगदान था। उन्होंने वेदांत कॉलेज की स्थापना की जिसमें भारतीय विद्या के अलावा सामाजिक तथा भौतिक विज्ञानों की भी पढ़ाई होती थी। वे कलकत्ता में एक इंगलिश स्कूल को अपने खर्च से चलाते रहे। राजा राममोहन राय अंग्रेजी शिक्षा के प्रचार पर बल दिया था। 1833 ई. में उन्होंने लॉर्ड एमहर्स्ट को स्मरणपत्र देकर अंग्रेजी शिक्षा के प्रचार पर बल दिया था। 1830 ई. में एलेक्जेंडर डफ को एक विद्यालय के लिए भवन दिलवाने में राममोहन राय ने सहायता दी थी।

प्रमुख रूप से हिंदुओं के प्राचीन धर्म ग्रन्थों तथा उपनिषदों पर राय की अवधारणा निर्भर थी। अपने विचार का प्रसार करने के लिए उन्होंने समाचारपत्र और बंगाल पुस्तिकाएँ प्रकाशित की थी। बंगाल में गद्य साहित्य का विकास करने

के उद्देश्य से उन्होंने वेदांत और उपनिषदों का अनुवाद बंगला भाषा में करवाया था। 1821 ई. में 'संवाद-कौमुदी' नामक एक साप्ताहिक पत्रिका का प्रकाशन किया था। संयोग से यह पत्रिका एक वर्ष बाद बन्द हो गयी। समाचार-दर्पण, दिग्दर्शन और बंगाल गजेट नामक पत्रिकाओं के प्रकाशन में राजा राममोहन राय का कोई योगदान नहीं था। परन्तु संस्कृत, अरबी, फारसी और अंग्रेजी भाषा की कई पुस्तकों का बंगाल में अनुवाद कर साहित्य को समृद्ध बनाने में राजा राममोहन राय की देन प्रशंसनीय थी। उन्होंने स्वयं एक बंगला व्याकरण का संकलन किया था। शिक्षा एवं साहित्य के माध्यम से वे स्वतंत्रता का समर्थन करने लगे थे। "स्वतंत्रता की लगान उनकी अन्तरात्मा की सबसे जोरदार लगन थी और यह प्रबल भावना उनके धार्मिक , सामाजिक, राजनीतिक– सभी कार्यों से फूट-फूट कर निकल पड़ती थी।"

राजा राममोहन राय के विचार में शिक्षा

प्राचीन भारत में शिक्षा-दर्शन के अर्थ को विद्या से सम्बन्धित किया जाता था। शिक्षा दर्शन के सफल प्रयोग के संबंध में कई विचारकों ने सदा प्रयत्न किया। सभी ने किसी न किसी मत या विचार का प्रतिपादन किया है। शिक्षा की नवीन स्वरूप की स्थापना भौतिकवाद के प्रति लोगों की बड़ी रुचि के कारण हुआ।

शिक्षा और दर्शन दोनों से शिक्षा दर्शन बना है। इन शब्दों में अन्यान्याश्रित संबंध है। अंग्रेजी के फिलॉसफी का हिन्दी अनुवाद दर्शन होता है फिलॉसफी शब्द ग्रीक भाषा के 'फिलॉस' और 'सोफिया' के योग से बना है, जिसका अर्थ-क्रमशः प्रेम अथवा अनुराग है। इस तरह हम कह सकते हैं कि जो अत्यधिक ज्ञान-पिपासु होता है वह बिना समाधान के संतुष्ट नहीं होता उसे फिलॉसफर अर्थात दार्शनिक कहा जाता है। थ्युसीडाइड्स ने भी एथेन्सवासियों के लिए इसका प्रयोग उनके ज्ञान प्रेम की प्रशंसा करने के लिए स्वयं को फिलॉसफर कहा। तत्कालीन सोफिस्ट वे लोग कहलाते थे जो घूम-घूम कर लोगों को ज्ञानोपदेश दिया करते थे। सुकरात का मानना था कि ज्ञान की खोज करने वाला ही दार्शनिक है। प्लेटो ने अपनी रिपब्लिक में फिलॉसफर शब्द का अर्थ बतलाते हुए कहा है कि, "दार्शनिक वह है जो प्रत्येक प्रकार के ज्ञान में रुचि लेता है तथा बिभिन्न प्रकार के ज्ञान को जानने के लिए उत्सुक रहता हो तथा फिर भी सन्तुष्ट न होता हो। ज्ञान के अनछुए पहलुओं को जानने के प्रति

विशेष इच्छुक होता है। उसकी इच्छा रहती है कि वह जीवन पर गम्भीरतापूर्वक विचार करे या जीवन का काई भी पहलू उसकी विचार सीमा से छूट न जाय। अतः सत्य की खोज ही दार्शिनिक का परम ध्येय होता है।"

दर्शन उस भावात्मक प्रत्यय व संवेगों से अलग होता है, जो दार्शनिकों की खोज का आधार होता है। दर्शन शब्द में मानसिक प्रक्रिया के तीनों पक्षों ज्ञान, कर्म और भाव निहित है।

प्राचीन समय से ही शिक्षा के अर्थ में विद्या का प्रयोग किया जाता रहा है। यह शब्द संस्कृत भाषा के 'विद्' धातु से बना है। विद् धातु के अनेक अर्थ हैं ज्ञान के अर्थ में वेत्ति, वेद आदि शब्द इसी से बनते हैं। सत्ता के अर्थ में विद्यते अर्थ चलता है और विद्यमान आदि शब्द बनते हैं। लाभ के अर्थ में विन्दतिनते रूप सम्पन्न होता है। विचारण या सोचने-विचारने के अर्थ में विडक्ते रूप चलता है और चेतना अनुभूति, कथन, व्याख्यान, निवास के अर्थ में वेदयते रूप सम्पन्न होता है। अतः ज्ञान, वास्तविकता, उपलब्धि विचारण और श्रेष्ठ भावनायें विद्या शब्द से ही उद्भूत हैं। ऐसा मालूम होता है कि पुरातन समय में विद्या शब्द इन पाँच अर्थों में प्रयुक्त होता था और पाँचों का मानव जीवन में विशेष महत्व है।

अंग्रेजी भाषा के एजुकेशन का हिन्दी अनुवाद शिक्षा होता है। यह लैटिन भाषा के एजुकेटम शब्द से बना है। यह दो शब्दो E+DUCO से मिलकर बना है। E का अर्थ 'अंदर से' तथा 'Duco का अर्थ बाहर प्रस्तुत करने से लगाया जाता है। अतः Education का शाब्दिक अर्थ है। अन्तर्निहित शक्तियों का बाह्य प्रदर्शन करना' इस प्रकार पहली व्युत्पत्ति के अनुसार इसका अर्थ अन्दर से बाहर लाना होता है। किन्तु नयी विचारधारा के अनुसार इसकी व्युत्पत्ति एजूकेयर से मानी जा रही है जिसका अर्थ है पालन-पोषण करना या विकसित करना या पथ-प्रदर्शन करना। शिक्षा दर्शन का जब उत्पत्ति के स्वरूप पर विचार किया जाता है तो वहाँ दर्शन के विभिन्न विभागों में शिक्षा दर्शन को भी एक विभाग के रूप में देखा जाता है और जब शिक्षा पर विचार किया जाता है तो वहाँ पर शिक्षा दर्शन को शिक्षा की एक शाखा के रूप में देखा जाता है। अतः शिक्षा दर्शन वह विषय है, जिसमें शिक्षा और दर्शन दोनों का योगदान है। कुछ विचारकों के अनुसार दर्शन में मौलिक सिद्धान्तों की खोज होती है और उन सिद्धान्तों का शिक्षा में उपयोग किया जाता है। दार्शनिक सिद्धांतों का शिक्षा में व्यावहारिक प्रयोग से शिक्षा दर्शन की रूपरेखा साफ होती है।

शिक्षा को अत्यधिक महत्व देने वाले चिन्तकों के अनुसार दर्शन तो शिक्षा के सामान्य सिद्धान्त ही हैं। प्रयोजनवादी दार्शनिक इसी विचारधारा का समर्थन करते

हैं। डीवी के अनुसार दर्शन का वास्तविक कार्य शिक्षा की समस्याओं का समाधान ढूँढ़ना है और इस अर्थ में सम्पूर्ण दर्शन ही शिक्षा दर्शन है। इनके अनुसार शिक्षा दर्शन को वाह्य सिद्धान्तों का व्यवहृत रूप नहीं समझना चाहिए, बल्कि दर्शन स्वयं ही शिक्षा का सिद्धान्तीकरण है। इस सन्दर्भ में प्रत्येक दार्शनिकों का मत एक-दूसरे से मिला है। कुछ दार्शनिकों का कहना है कि दर्शन में शिक्षा के अतिरिक्त अन्य कई प्रश्नों का भी अध्ययन किया जाता है।

प्रसिद्ध दार्शनिक वरट्रेड रसेल का मानना है कि परिणाम या समाधान नहीं बल्कि संप्रत्ययों के विकास के लिए दर्शन शास्त्र का अध्ययन अनिवार्य है। हमारी बौद्धिक कल्पना को समृद्ध करते हैं और मनन का विरोध करने वाले अन्धविश्वासपूर्ण आश्वासनों को समाप्त कर देते हैं, किन्तु महत्वपूर्ण बात तो यह है कि ये दार्शनिक प्रश्न विश्व की महत्ता के विषय में मनन करने की प्रेरणा देने के कारण मन को भी महान बना देते हैं, जिसमें कि मन सृष्टि के साथ तादात्म्य स्थापित करके सबसे ऊँचे शिखर पर पहुँच जाता है। विस्तृत आशय में दर्शन एवं शिक्षा का लक्ष्य जीवन को विकसित कर सफल बनाना है। दर्शन जीवन के लिए आदर्शों एवं मूल्यों का सृजन करता है वहीं शिक्षा साधन के रूप में इन मूल्यों एवं आदर्शों की प्राप्ति का प्रयन्त करती है। अतः शिक्षा जीवन उद्देश्य, जीवन दर्शन की प्राप्ति का एक सबल एवं सशक्त साधन है और जीवन उद्देश्य जीवन दर्शन का प्रतिफल है। जर्मनी के महान दार्शनिक फिक्टे ने दर्शन और शिक्षा के पारस्परिक रूप से संबद्धमान तथा एक के बिना पारस्परिक सहयोग के दोनों की व्याख्या अपूर्ण माना।

प्रसिद्ध दार्शनिक जेंटाइल के अनुसार, लोगों का यह विश्वास भ्रमपूर्ण है कि वे सूक्ष्म दार्शनिक समस्याओं को बिना समझे ही उत्तम रीति से शिक्षण कार्य प्रतिपादित कर सकते हैं। अतः शिक्षा दर्शन पर ही आधारित होता है। इस संबंध में स्पेंसर का मत है कि सच्ची शिक्षा तो उच्च दार्शनिक ही प्रदान कर सकते हैं। अस्तित्व नहीं है अर्थात् उन वस्तुओं का अस्तित्व मन में निहित है। इस प्रकार यह संसार मानसिक सृष्टि है। इसकी वास्तविकता मन पर ही निर्भर करता है।

सुकरात और प्लेटो के अतिरिक्त कान्ट, फिश्ते, हीगेल, शेलिंग, शॉपेनहावर, डेकार्ट, स्पिनोजा, वर्गसॉ और बर्कले आदि दार्शनिक पाश्चात्य आदर्शवाद के प्रमुख विचारक हैं। बर्गसॉ पदार्थ, शक्ति और मन को छोड़कर जीवन पर ही बल देता है। फिश्ते 'अहम्' को ही सब कुछ समझता है और उसी से व्यक्ति प्रेरित होता है, उसके अनुसार 'अहम्' ही सर्वश्रेष्ठ वास्तविकता है। हीगेल का मानना है कि वास्तविकता

तर्क और विवेक है तथा संसार एक सविवेक प्रक्रिया है। सुकरात और प्लेटो के अतिरिक्त शिक्षा से सम्बन्ध रखने वाले प्रमुख आदर्शवादी विचारक कामेनियस, पेस्टालॉजी, फ्रॉबेल और एच.एच. हार्ने आदि हैं।

आदर्शवादी विचारकों का मत है कि दुनिया के सभी कार्य व रचनाएं विचारों पर आधारित हैं। सम्पूर्ण संसार विचारों से ही नियंत्रित व अनियोजित होता है। "विचार शाश्वत, अपरिवर्तनीय एवं सार्वभौमिक होते हैं।" इन्हीं से इन्द्रिय अनुभव योग्य वस्तुओं की जाँच होती है। इसलिए किसी भी पक्ष में यह विचारों से प्रभावित होता है। जगत का आधार मन है न कि पुदगल। मन ही वास्तविक है और भौतिक जगत इसकी अभिव्यक्ति है। इसका तीसरा आधार तर्क एवं बुद्धि है। चूंकि तर्क एवं चिन्तन का विशेष गुण है और चिन्तन, विचार द्वारा ही सम्भव है, अतः तर्क और बुद्धि को भी आदर्शवाद का एक आधार माना जाता है। मनुष्य एक चिन्तनशील जीव है। मस्तिष्क मन, आत्मा, बुद्धि, तर्क, नैतिकता, धार्मिक तथा आध्यात्मिक मूल्य होते हैं जो इस दर्शन के मूल स्तम्भ हैं। आदर्शवाद की डोर से बंधा है देवता से कुछ नीचे है और गौरव एवं प्रतिष्ठा से विभूषित है तथा उसका परमात्मा की अन्य सभी कृतियों पर अधिकार है। इस प्रकार आदर्शवादी विचारधारा मनुष्य की गरिमा और उसकी प्रकृति की विशिष्टता पर बल देती है और मानव को ही अपने अध्ययन का विषय समझती है। सुकरात ने भी मनुष्य को ही चिन्तन का विषय बनाया।

जर्मनी के आदर्शवादी हीगेल ने संस्थागत आदर्शवादी की नींव डाली और तत्पश्चात् 'नाजी' और 'फासिस्ट' विचारकों ने इसको अत्यधिक प्रमुखता प्रदान की। आदर्शवादी राज्य को अमूर्त-विचारों की एक सत्ता समझते हैं। राज्य अपने नागरिकों से भी महत्वपूर्ण एवं श्रेष्ठ है और इसका एक विशिष्ट लक्ष्य है। आज के आदर्शवादी विचारक इस संदर्भ में राष्ट्र राज्य तथा समाज को विशेष महत्व देते हैं तथा इसे जरूरी समझते हैं।

आदर्शवाद की व्याख्या एक सीमा में ही की जाती है। वाह्य रूप से तो प्राकृतिक पूर्ण प्रतीत होती है, किन्तु वास्तव में वह अपूर्ण है। इसकी पूर्णता किसी ऐसी वस्तु पर आधारित है जो स्थूल सृष्टि से परे हैं।

प्राचीन समय से ही प्रकृति की प्रत्येक गतिविधि स्वतंत्र रही है। अपने अस्तित्व के लिए वह किसी अन्य पर आश्रित प्रतीत नहीं होती। इसे क्रियाशील करने वाली कोई वाह्य शक्ति नहीं है। यह स्वचालित है। जिस आन्तरिक शक्ति से यह चालित है, वह शक्ति अनादि, सर्वव्यापी और यथार्थ है। यही शाश्वत शक्ति ब्रह्म

या मन है। आर्य सन्तानों का ऐसा विचार है कि एकोडहम् बहुस्यामि की इच्छा से ही यह भौतिक जगत ब्रह्म से उत्पन्न हुआ। मन की यथार्यता आदर्शवादियों की चिंतन शक्ति का प्रमुख क्षेत्र है। इसी पर जगत शक्ति तथा विचार निर्भर करता है। इसलिए आदर्शवादी मनुष्य के मन और उसके विचार को शरीर से अधिक महत्वपूर्ण मानते हैं। अनुभव में प्रमुख साधन होने के कारण भौतिक संसार की सभी वस्तुओं में मन और विचार सबसे ऊपर है।

मानव का आध्यात्मिक जीवन भौतिक जीवन से अधिक श्रेष्ठ और मूल्यवान है। मानव के सर्वोत्तम गुण जन्मजात होते हैं, जो प्रारम्भ में सुप्तावस्था में दबे पड़े रहते हैं। मनुष्य इनकी प्राप्ति और इनके विकास के लिए सदा से व्यग्र रहता आया है और रहेगा। इस व्यग्रता में ही उसका आत्म-विकास होता है। उसकी रचनात्मक क्रियाओं के मूल में भी यही व्यग्रता है। सच तो यह है कि मानव ने अपने लिए इस संसार का निर्माण खुद किया है। दूसरे शब्दों में हम कह सकते हैं कि आध्यात्मिक या भौतिक जगत इसी में शामिल है। यह अलौकिक जगत् का ही वातावरण है, जिसका निर्माण मनुष्य की मानसिक क्रियाओं द्वारा हुआ है और जिसके द्वारा मनुष्य की मानसिक स्थिति बनी हुई है। आध्यात्मिक जगत का सम्बन्ध केवल मनुष्यों से है। पशुओं के लिए भौतिक जगत् है। पशु इसे जिस रूप में पाता है, उसी रूप में ग्रहण कर लेता है। वह अपने को ही इसके उपयुक्त बना लेता है। इसके विपरीत मानव भौतिक जगत् के प्रत्येक रूप को उसी रूप में ग्रहण करने को तैयार नहीं होता। व्यक्ति की मानसिकता भौतिकतावादी प्रवृत्तियों से प्रभावित होता है, परिणामतः वह वातावरण के साथ अनुकूलन स्थापित करने का प्रयत्न करता है। अस्तु भौतिक और आध्यात्मिक जगत्–दोनों ही मनुष्य के कार्य क्षेत्र में आते हैं।

उपर्युक्त विवेचन से स्पष्ट है कि मनुष्य की प्रगति तथा उन्नति उसके क्रियाशील होने में ही है। इस प्रगति में दो क्रियायें प्रमुख हैं। पहली क्रिया है–पूर्वजों से अर्जित ज्ञान एवं गुणों को ग्रहण करने और उनसे लाभान्वित होने की। दूसरी क्रिया है-स्वयं के व्यक्तिगत गुणों की अभिव्यक्ति तथा पूर्वजों से अर्जित गुणों और ज्ञान के भण्डार में वृद्धि करना। मानव सभ्यता व संस्कृति का विकास इसी के कारण हुआ है।

आदर्शवादी सत्य, शिवं, एवं सुन्दरम् की भावना को महत्त्वपूर्ण मानते हैं तथा वे सत्य को लोक कल्याणकारी सहायक के रूप में उद्घाटित करते हैं। मानव जीवन का लक्ष्य इन्हीं मूल्यों को प्राप्त करना है। ये तीनों मूल्य आध्यात्मिक एव

सामाजिक दोनों हैं तथा ये एक-दूसरे से सम्बन्धित हैं। अतः आदर्श एक प्रकार का मानवीय मूल्य है, जो व्यक्ति की धारणाओं के द्वारा सृजित व संयोजित होता है।

मानव की अपनी तीनों तरह की क्रियाओं-ज्ञानात्मक, भावनात्मक एवं प्रयत्नात्मक द्वारा अपने भीतर 'असीम' की अनुभूति करने का प्रयत्न करता है। इन तीनों क्रियाओं से ही सत्य की अनुभूति होती है। आदर्शवादी दार्शनिक भौतिक जगत् एवं आध्यात्मिक जगत दोनों की व्यवस्था करते हैं। किन्तु इन दोनों में आध्यात्मिक जगत ही अधिक महत्त्वपूर्ण है। भौतिक जगत तो आध्यात्मिक जगत की छाया मात्र है। आदर्शवादी दार्शनिक आत्मानुभूति को ही जीवन का लक्ष्य समझते है।"

आदर्शवाद मूल्यों, विचारों, सद्गुणों एवं आदर्शों में विश्वास रखता है तथा इसी आधार पर उचित और अनुचित की व्याख्या करता है। यह लौकिक जगत् की अपेक्षा परलौकिक जगत् पर अधिक बल देता है और मानव को लौकिक-समृद्धि के साथ परलौकिक आनन्द प्राप्त करने पर अधिक जोर देता है।

सभी मानव जीवन की नश्वरता को जानने के पश्चात भी अपने-अपने लक्ष्य की प्राप्ति के लिये प्रयासरत रहता है, क्योंकि वह कहीं कहीं कर्तव्य पालन की भावना से प्रेरित रहता है। मानव जाति के लिए राज्य केवल भौतिक सत्ता का प्रतीक नहीं, वरन् नैतिकता का मान्य एवं मूर्तरूप है। तर्कशास्त्र, नीतिशास्त्र, सौन्दर्य-शास्त्र, तत्वज्ञान, खगोल, संगीत वाद्य तथा गणित आदि मानव-मूल्य की दृष्टि से अत्यधिक उपयोगी हैं। बालक के व्यक्तित्व विकास पर आदर्शवादी अधिक बल देता है और उनमें दया, प्रेम सहानुभूति, सहयोग आदि सामाजिक गुणों का विकास करना चाहता है।

वर्तमान भौतिक जगत विचारों का ही परिणाम है। इसीलिए आदर्शवाद को विचारवाद भी कहा जाता है। आदर्शवाद के अनुसार विचार मन की क्रियाशीलता के कारण उत्पन्न होता है। अतः आदर्शवाद को इस अर्थ में मनसंवाद भी कहा जाता है। आदर्शवादियों के अनुसार भौतिक जगत् मानसिक जगत की अभिव्यक्ति है। चूँकि मानसिक जगत की क्रियायें तर्क और बुद्धि पर आधारित होती हैं। आदर्शवाद का आधार बुद्धि है जो सही और गलत का निर्णय करती है। भौतिक जगत और आध्यात्मिक जगत दोनों आदर्शवाद की ही परिकल्पना है, परन्तु आदर्शवादी भौतिक जगत की अपेक्षा आध्यात्मिक जगत को अधिक महत्वपूर्ण मानते हैं। आदर्शवादी आत्मानुभूति को जीवन का लक्ष्य समझते हैं। इसलिए आदर्शवादी शिक्षा में धार्मिक शिक्षा को सम्मिलित नहीं किया जाता है।

आदर्शवादी मूल्यों से प्रभावित होने के कारण राजा राममोहन राय अपने जीवन में धर्म और धार्मिक शिक्षाओं को विशेष महत्त्व दिया है। राजा राममोहन राय पहले भारतीय थे, जिन्होंने धार्मिक एवं सामाजिक सुधार हेतु 19वीं शदी में ब्रह्म समाज की स्थापना की, जिसे धार्मिक एवं सामाजिक क्षेत्र में भारतीय पुनर्जागरण का प्रतीक माना जाता है। इस अर्थ में राजा राममोहन राय को हिन्दू धर्म सुधार का जनक कहा जाता है। ब्रह्म समाज ने भारतीय जीवन के भी क्षेत्रों में नवीनता प्रदान किया। 19वीं शताब्दी में हिन्दू धर्म अपने मूल्यों तथा स्थाई अस्मिता को खोता जा रहा था। पूरा समाज मूर्ति-पूजा और कर्मकाण्ड में लिप्त हो चुका था। धर्म में तर्क और चिन्तन के लिए कोई स्थान नहीं था। ब्रह्म समाज के माध्यम से राममोहन राय ने हिन्दू धर्म की तार्किक व्याख्या की। तर्क एवं चिन्तन को धर्म की प्रमुख कसौटी बनाया और इनके माध्यम से ही उन्होंने हिन्दू धर्म में व्याप्त बुराइयों एवं रूढ़ियों पर प्रहार किया। ब्रह्म समाज के विचार वेदों और उपनिषदों पर आधारित थे और वे ईश्वर को एक मानते थे। वे मूर्तिपूजा और कर्मकाण्ड को निरर्थक मानते थे तथा सामाजिक कुरीतियों का धर्म से कोई लेना-देना नहीं था।

राजा राममोहन राय ने धर्म की तार्किक विवेचना की। साधारण ब्रह्म समाज ने तो वेदों को भी अन्तिम ईश्वरीय वाक्य मानने से इन्कार कर दिया। धर्म की बौद्धिक व्याख्या करते हुए उन्होंने ईसाई धर्म के कर्मकाण्ड और ईसा मसीह के ईश्वरीय अवतार होने पर भी आक्रमण किया और अनेक अवसरों पर राजा राममोहन राय और केशव चन्द्र सेन के ईसाई धर्म प्रचारकों से वाद विवाद हुआ। राजा राममोहन राय की प्रेरणा के परिणामस्वरूप भारतीय धर्म सुधारक पश्चिमी सभ्यता से प्रेरणा लेना भूल गये और भारतीय संस्कृति और कर्म को प्रमुख स्थान दिया।

प्रयोजनवादी सिद्धान्त

सर्वप्रथम प्रयोजनवाद शब्द का प्रयोग 1878 में चार्ल्स पीयर्स ने अपने लेख 'How to make our ideas clear' में किया था। इसके बाद यह दर्शनशास्त्र में प्रयोग होने लगा। प्रयोजनवादी पद्धति के अस्तित्व पर प्रकाश डालते हुए जेम्स ने लिखा कि "इस पद्धति में कोई नयी बात नहीं है। सुकरात का भी प्रयोजनवाद में गहरा विश्वास था, अरस्तु ने भी इसका विधिवत प्रयोग किया है। लॉक, बर्कले और ह्यूम ने इसी पद्धति द्वारा सत्यान्वेषक में महत्वपूर्ण योग दिया है। किन्तु इन सब विचारकों ने प्रयोजनावाद का आंशिक रूप में ही प्रयोग किया है। सच तो यह है

कि ये पथ-प्रदर्शक मात्र है। अमरीका के विलियम जेम्स और जान डीवी तथा इंग्लैण्ड के शिलर को प्रयोजनवाद के जनकों में स्थान दिया जाता है। इस विचारधारा का प्रादुर्भाव हीगेल के निरपेक्ष आदर्शवाद के विरोध में उस समय हुआ, जब टी.एच. ग्रीन, एडवर्ड, एफ.एच. ब्रैण्डले तथा बी. बोसॉके आदि की गहन मीमांसा के फलस्वरूप यह (निरपेक्ष आदर्शवाद) समस्त यूरोप-अमरीकी विचारधारा पर छा गया था।

चार्ल्स पीयर्स ने हाऊ टू मेक आवर आइडियाज क्लीयर', में लिखा कि ये हमारे जीवन की क्रियाओं को नियोजित करते हैं तथा इसका नियमन करते हैं। विलियम जेम्स ने चार्ल्स पीयर्स के विचार एवं विश्वास-सम्बन्धी उक्त सिद्धान्त को आधार मानकर दर्शन-क्षेत्र में एक महत्त्वपूर्ण दृष्टिकोण प्रस्तुत किया। जेम्स का मानना था कि हमारे विश्वासों की सत्यता उसकी सफलता पर निर्भर होती है। अतः विचारों की विश्वसनीयता ऐसे आदतों के निर्माण पर निर्भर करती है जो मानवीयता का विकास कर सके। उसके अनुसार जीवन की सभी समस्याओं का समाधान केवल बौद्धिक और तार्किक प्रयासों द्वारा नहीं हो सकता है। ये प्रयास तो वास्तव में जीवन के कुछ ही क्षेत्र तक सीमित हैं। धर्म एवं नैतिकता-जीवन के ये दो ऐसे पहलू हैं, जिनमें तर्क की कोई गुंजाइश नहीं है। हाँ, विश्वास हमारे जीवन की धार्मिक और नैतिक समस्याओं के समाधान में सहायक हो सकते हैं, जिनका उद्गम अन्तःकरण है और जो हमारे प्रयासों को प्रेरित करते हैं। जेम्स के अनुसार ज्ञान पूर्व निश्चित नहीं, प्रत्युत एक ठोस गत्यात्मक प्रक्रिया है, जिसका रूप जीवन-क्रियाओं के साथ-साथ सर्वदा बदलता रहता है। इसको जानना एक जोखिम कार्य है। सफलता के प्रति अस्थायित्व के दृष्टिकोण के कारण भी विश्वास की संदिग्धता बनी रहती है।

शाश्वत व चिरंतन सत्य को प्राप्त करने के क्रम पर विचारों की विशेष भूमिका होती है। जब व्यक्ति सफलता के शीर्ष पर पहुँचने लगता है तो उसे सत्य की अनुभूति होने लगती है। प्रारम्भिक अवस्था के विचारों एवं उसके समूह को परिकल्पना का नाम दिया जाता है। यह परिकल्पना परख की कसौटी पर ठीक उतर जाती है तो विचार अथवा विचार समूह को हम सत्य मान लेते हैं। अतः प्रयोजनवादी दृष्टि में विचार एवं उनकी परख एक ही क्रिया के दो पहलू हैं। इस तरह हम देखते हैं कि विचार तभी सत्य हो सकते हैं, जब ऐसा लगे कि उनसे हमें संतुष्टि मिल रही है। इसके विपरीत, जब किसी विचार द्वारा व्यक्ति को सन्तुष्टि प्राप्त नहीं होती तो वह सत्य नहीं माना जाता है। इससे यह प्रतीत होता है कि प्रयोजनवादी का दृष्टिकोण बौद्धिकता-विरोधी या अन्य शब्दों में अनुभववादी है। फलतः यह सूक्ष्मवाद, शब्दवाद

और पूर्ववाद का विरोध करता है तथा स्थूलता, क्रिया और सत्य अन्वीक्षण पर बल देता है।

विलियम, जेम्सत तथा ड्यूवी इस बात का समर्थन नहीं करते कि प्रकृति का निर्माण पहले से ही हुआ है। उनके अनुसार यह निरन्तर निर्माणोन्मुख है। यह परस्पर सम्बद्ध घटनाओं का एक अनुक्रम है। प्रकृति में ही यथार्थ की स्थिति है। अतः यथार्थ पहले से ही पूर्ण और निश्चित नहीं है। इसका निर्माण प्रकृति के साथ होता है। मस्तिष्क की उत्पत्ति के सम्बन्ध में जान ड्यूवी का मत है कि विकास आदि स्थिति में जगत् जीव हीन था अर्थात् उसके सभी उपकरण निर्जीव थे। जीव की उत्पत्ति इन निर्जीव उपकरणों के परस्पर सम्मिश्रण से किसी स्थिति-विशेष गें हुई। विकास-क्रम की इस स्थिति विशेष में, जीव के सुव्यवस्थित होने के फलस्वरूप उसमें भावना का संचार हुआ। भावनात्मक प्राणी की कुछ आवश्यकतायें होती हैं इसके लिए वो कुछ प्रयास भी करता है। प्रत्येक प्राणी चाहे वह मानव हो या अन्य कोई सभी किसी न किसी रूप में जैविक होते हैं तथा पर्यावरण के साथ संतुलन स्थापित करने का प्रयास करते हैं। ऐसी स्थिति में दोनों एक दूसरे से प्रभावित होते हैं तथा उनमें अंतर्क्रिया होती है। प्राणी अपने प्रयासों में सक्रिय होता है और जब प्राणी सक्रिय होगा तो वो बहुत से अनुभव भी प्राप्त करेगा और उसके ये अनुभव मनो-शारीरिक होते हैं, न कि नितान्त बौद्धिक। कहने का अभिप्राय यह है कि मस्तिष्क तथा उसके कार्य (जैसे जानना, अनुभव करना और विचार करना आदि) का अस्तित्व सक्रिय होने में ही है।

ड्यूवी की धारणा है कि मस्तिष्क तथा उसके उक्त कार्यों का विकास प्राकृतिक ढंग से हुआ। मनुष्य अपने विकास की क्रमिक परिस्थितियों में सर्वदा संघर्ष करता आया है तथा अपने अस्तित्व को बनाये रखने के लिए वह अपने मस्तिष्क का प्रयोग करता रहा है और इस प्रकार इस सक्रियता के लिए वह अपने मस्तिष्क का प्रयोग करता रहा है। अतः यदि ड्यूवी ने मस्तिष्क को जीवन-समस्याओं के समाधान् का एक महत्त्वपूर्ण साधन कहा है तो इसमें वास्तविकता है वह इसलिए कि इच्छाएं, भाव विचार की उपस्थिति के बाद भी व्यक्ति के ज्ञान की ओर अग्रसर करती है, जिससे प्रेरित होकर व्यक्ति कुछ नया सीखने की कोशिश करता है। विचारों का उदभव मस्तिष्क और शरीर की सक्रियता के फलस्वरूप होता है। मनुष्य वातावरण को अनुकूल बनाने में क्रियाशील रहता है और भविष्य में भी क्रियाशील रहेगा और इस क्रियाशीलता में उसका मस्तिष्क भी चलायमान रहता है और इससे उसके अन्दर नये विचार उत्पन्न होते रहते हैं। अतः मानव विचार अनिश्चित, अस्थाई और दोनों में

वैचारिक साध्यता के कारण दार्शनिक विचारों का भी आना प्रारंभ हुआ। परिवर्तनशील, वृद्धिशील और विकासोन्मुख होता है।

जिस समय जेम्स तथा ड्यूवी अमरीका में मस्तिष्क, विचार, जगत तथा उसकी वास्तविकता के सम्बन्ध में अपने ये नये विचार प्रसतुत कर रहे थे, आक्सफोर्ड के प्रो. शिलर भी इंग्लैण्ड में हीगेल के निरपेक्ष आदर्शवादी का विरोध करना प्रारम्भ किया। धीरे-धीरे वह जेम्स के प्रयोजनवादी विचारों से इतना प्रभावित हो गये कि वह अन्ततः उसका (जेम्स का) मित्र हो गया।

शिलर द्वारा तर्कशास्त्र और मनोविज्ञान के सम्बन्ध को बहुत महत्व दिया गया है। उनके अनुसार तार्किक विचारण मनोवैज्ञानिक पृष्ठभूमि से अछूता नहीं है। इसका स्रोत ही मनोवैज्ञानिक है। यदि तार्किक विचारधारणाओं को मनोवैज्ञानिक पृष्ठभूमि से सर्वथा पृथक् कर दिया जाय तो निश्चित ही इनका कोई अर्थ नहीं रह जायेगा, क्योंकि ये विचारधारणायें अभिरुचि, आवश्यकता, संवेग और सन्तुष्टि जैसी विज्ञान न मानकर मानवीय विज्ञान मानता है। तर्कशास्त्र को परिभाषित करते हुए विचारक लिखते हैं कि तर्कशास्त्र प्रत्यक्ष ज्ञान का व्यवस्थित ढंग से मान स्थिर रखने वाला शास्त्र है। शिलर का दृष्टिकोण मानवतावादी है, क्योंकि वह किसी सत्य को शाश्वत नहीं मानता है। उसकी दृष्टि में सत्य बराबर मानव-सापेक्ष है। क्योंकि मनोवैज्ञानिक अभिरुचियों से प्रेरित तथा मानवीय क्रियाओं द्वारा प्रभावित और नियंत्रित होते हुए ही सत्य का स्वरूप सामने आता है। मनोवैज्ञानिक अभिरुचियाँ मानव की मनो-शारीरिक और वातावरण पर सर्वदा आधारित होती है। मानव की अभिरुचियों प्रयास एवं उसकी मनोवैज्ञानिक स्थितियों में परिवर्तन अनिवार्य है। अतः इनसे उत्पन्न ज्ञान तथा पुनः इस ज्ञान से प्राप्त सत्य का स्वरूप भी अनिश्चित और परिवर्तनशील है। इसलिए शिलर ने सत्य को परिवर्तनशील माना है।

प्रयोजनावाद का मूल सिद्धान्त

प्रयोजनवाद के अनुसार मनुष्य, जगत और यथार्थ को पूर्वनिर्मित और निश्चित नहीं मानता। अतः वह इन्हें ज्यों का त्यों स्वीकार नहीं करता। प्रत्युत इसमें हर सम्भव हस्तक्षेप करता है। मानव सदियों से इस दिशा में प्रयत्नशील रहा है।

प्रकृतिवादियों के अनुसार जगत् एक यन्त्र के समान है और इसके कार्यकलाप तथा इसकी गतिविधि सभी में एकरूपता तथा पर्याप्त साम्य है। इतना ही नहीं, मनुष्य भी (जो इसका एक अंग है) एक ऐसा यन्त्र है जो अपने निर्माण संचालन, सुधार और अपनी उत्पत्ति आदि के लिए स्वयं ही सक्षम है। वह स्वयं कार्य करता है और

आवश्यकतानुसार अपने को तद्नुरूप बना लेता है। व्यक्ति के जीवन में कार्य और कारण का सम्बन्ध देखने में मिलता है तथा यह एक शृंखला के रूप में होती है। यन्त्रवत् कार्य करने के कारण स्वभावतः उसमें इच्छा-स्वतन्त्र्य का अभाव है। किन्तु प्रयोजनवादी मानते हैं कि न तो यथार्थ पूर्वनिर्मित है और न वो जगत एक यंत्र के समान है। जगत के कार्यकलाप तथा उसकी गति में एकरूपता नहीं, प्रत्युत विशृंखला, सामंजस्य और बहुरूपता व्याप्त है। मनुष्य अपनी आवश्यकताओं के अनुसार इसके बनने-बनाने में भाग लेता है। अतः प्रयोजनवाद के अनुसार मनुष्य में इच्छा स्वातन्त्र्य वर्तमान है और यथार्थ का निर्माण अनादि काल से हुआ।

प्रयोजनवादियों का मानना है कि विश्व की सभी गतिविधियां चाहे वे जैविक हों या आध्यात्मिक उन्हें वे परिवर्तनशील मानते हैं और सत्य की स्थिरता में अप्रमाणिक बताते हैं। प्रयोग द्वारा ही सत्य का निर्माण होता है। सत्य किसी वस्तु या पटना का स्थायी गुण नहीं होता है। यह अस्थाई होता है और परिस्थितियों के आधार पर बन जाता है। जो सत्य उपयोगी होता है प्रयोजनवादी उसे ही सत्य मानते हैं। प्रयोजनवादियों के अनुसार सत्य वही है जो विश्वसनीय होने के साथ-साथ कल्याणकारी हो।

परिस्थितियों में परिवर्तन से विचारों से विचारों की उत्पत्ति और समस्याओं में उसकी प्रतिक्रिया को प्रयोजनवादी दार्शनिक सही ठहराते हैं। परिस्थिति की अस्पष्टता और भ्रामत्मकता को समाप्त करने की क्षमता ही परिकल्पनाओं की कसौटी है अर्थात् सभी विचारों सिद्धान्तों और नैतिक दृष्टियों की अन्तिम परीक्षा शिवम में है। प्रयोजनवादियों के अनुसार शिक्षा का काम निश्चित सत्य को देना नहीं है। वरन् ऐसा वातावरण बनाना है, जिससे बालक स्वयं सत्यान्वेषण की ओर बढ़ सके। मूल्यों व सत्य का स्थिरता उनके स्वरूप पर नहीं बल्कि परिवर्तित दशाओं पर निर्भर करता है।

प्रयोजनवादी दार्शनिकों या विचारकों का यह कथन विचारणीय है कि जीवन है, जीवन की तैयारी नहीं। इसलिए शिक्षाकाल में सुख की प्राप्ति की जानी चाहिए। वे मानते हैं कि भविष्य के सुख के लिये हमें वर्तमान सुख को नहीं त्यागना चाहिये और बौद्धिक जीवन को अधिक महत्वपूर्ण मानना चाहिये। इस विचारधारा के दार्शनिक मनुष्य की इच्छाओं, आवश्यकताओं एवं उसके कार्यों पर बल देते हैं। शिलर के शब्दों में, "मानवीय क्रियायें ही यथार्थता की दिशा में सफल और वास्तविक प्रयोग है। अतः विश्व निर्माण में सहयोग देना हमारा (मनुष्य का) कर्तव्य और अधिकार है। अतः यथार्थता अभी निर्माणोन्मुख है। अतः प्रयोजनवाद जीवन मूल्यों की

पूर्वस्थिति स्वीकार नहीं करता अतः वह सत्ता परिवर्तन की माँग करता है। आदर्शवादियों की भाँति यह सोचना कि मनुष्यों के लिए पहले से ही उसके जीवन के कुछ मूल्य निश्चित हैं, इस विचारधारा के अनुसार उचित नहीं है, क्योंकि यह निराशा व कुंठा को जन्म देता है।

प्रयोजनवादी सत्य को विचार पर आधारित मानते हैं और विचारों का यह केवल एक अनुक्रम है। विचार स्वयं पूर्वनिश्चित नहीं, वरन् परिस्थितियों के अनुसार मनुष्य में उत्पन्न होते हैं और क्रमशः बनते जाते हैं। प्रयोजनवादी दर्शन इस बात का समर्थन करता है कि निष्क्रियता की स्थिति में कभी भी चिंतन शान्ति व तर्कशक्ति का विचार संभव नहीं है। जीवन क्रियाओं से इसका विशिष्ट सम्बन्ध है। इसीलिए तो प्रयोजनवादी विचारणा को एक स्वाभाविक जीवन प्रक्रिया मानते हैं। जीवन क्रियाओं के साथ ही साथ विचार उत्पन्न होते हैं और इस प्रकार ये कभी जीवन क्रियाओं के प्रेरक और कभी उनके प्रतिफल के रूप में सामने आते हैं। प्रयोजनवादी दार्शनिक ज्ञान को खोजपरक एवं निर्माण मुखी मानते हैं जैसे जीवन की क्रियाओं में परिवर्तन होता है वैसे ही ज्ञान का स्वरूप भी सदा परिवर्तित होता रहता है।

प्रयोजनवाद इस जगत के ज्ञान को अनुभव पर आधारित मानता है। इस विचारधारा के लोगों का मानना है कि इसका सवर्द्धन बुद्धि के सहारे नहीं अपितु अनुभव के माध्यम से होता है। वह सूक्ष्मवाद, शब्दवाद और पूर्ववाद का तिरस्कार कर स्थूलता, क्रियाशीलता और सत्यान्वीक्षण को अपनाता है।

संसार सृजनात्मक है और इसका गुण गतिशील है। मनुष्य जब इस जगत् का निर्माण करते हुए स्वयं भी इससे नवीनता की भावना से प्रेरित होता है। प्रयोजनवादी प्रयोग पर अत्यधिक बल देते हैं, इसीलिए एक दृष्टि से इसे प्रयोगवाद भी कहते हैं। प्रकृतिवादी एवं प्रयोजनवाद में मूल अंतर यह है कि प्राकृतिक विचारक प्राकृतिक को मूल रूप से देखना चाहते हैं। परंतु प्रयोजनावादी इसमें घात क्षेप करके अपने अनुरूप बनाना चाहते हैं। इसी कारण ये विचारक जैविक और सामाजिक पहलुओं पर अधिक बल देते हैं।

शैक्षिक सिद्धान्त

प्रयोजनवाद की तरह ही शिक्षा में भी जीवन का कोई पूर्व निश्चित मूल्य नहीं हो सकता। शिक्षा को प्रयोजनवादी एक जीवन प्रक्रिया मानते हैं। अतः इसमें यदि कोई, मूल्य हो सकता है तो वह क्रियात्मक मूल्य ही है। यह क्रियात्मक मूल्य शिक्षा प्रक्रिया में स्वतः आविर्भूत हो जाता है। इसलिए जेम्स तथा रास ने कहा है कि

प्रयोजनवादियों की दृष्टि से शिक्षा का सामान्य उद्देश्य मूल्यों को उद्भावित करना है और शिक्षक का प्रमुख कार्य बालक को ऐसी स्थिति में रखना है कि वह अपना मूल्य स्वयं निर्मित कर सके।

प्रयोजनवादियों का मानना है कि बौद्धिक, सौन्दर्यात्मक, नैतिक, धार्मिक, शारीरिक आदि जीवन के मूल्यों की परिधि में नहीं आते। वे उन्हें केवल जीवन की गतिविधि मानते हैं। हाँ, प्रयोजनवादी शिक्षा का उद्देश्य व्यक्ति के संतुलित विकास को मानते हैं। यह संतुलन तभी सम्भव है, जब जीवन के प्रत्येक अंग पर समान और उचित बल दिया जाय। व्यक्ति के बौद्धिक सौन्दर्यात्मक, नैतिक, धर्मिक और शारीरिक विकास के लिए नहीं, वरन् व्यक्ति की सामाजिक आवश्यकताओं की पूर्ति के लिए भी आवश्यक है। अरस्तू ने लगभग 250,000 वर्ष पूर्व यह कहा था कि मनुष्य एक सामाजिक प्राणी है। अतः वह समाज में ही अपने जीवन की आवश्यकताओं को पूरा करने का प्रयत्न करता है। इसी प्रयत्न में वह बौद्धिक, सौन्दर्यात्मक, नैतिक आदि हर प्रकार की जीवन क्रियायें करता है तथा जाने-अनजाने में वह अपने कार्यों से प्रभावित भी होता है।

प्रयोजनवादी सैद्धांतिक शिक्षा को महत्व नहीं देते। उनका मानना है सैद्धान्तिक शिक्षा जब तक व्यावहारिक होगी तब तक यह सफल नहीं हो सकती न कि सैद्धांतिक रूप में लोगों की यह धारणा कि मनुष्य अपने जीवन-दर्शन अथवा विश्व सम्बन्धी अपनी धारणा विशेष के अनुरूप ही अपना जीवन व्यतीत करता है और दर्शनशास्त्र केवल मनन, चिन्तन और अन्तर्दर्शन का प्रतिफलन है, उचित नहीं। प्रयोजनवादियों का कहना है कि दर्शन मनुष्य की व्यावहारिक क्रियाशीलता का ही परिणाम है। इसलिए शिक्षा दर्शन मनुष्य की व्यावहारिक क्रियाशीलता की उपलब्धि है। इसलिए शिक्षा दर्शन शिक्षा से उद्भूत सिद्धान्तों का व्याख्यात्मक रूप से विवेचना की गयी है न कि सैद्धान्तिक रूप की। जान डीवी ने भी कहा है कि "दर्शन अपने सामान्य रूप में शिक्षा सिद्धान्त ही है। अतः एडम्स का यह कथन कि "शिक्षा दर्शनशास्त्र का एक गत्यात्मक पहलू अथवा साधन है।

अगर प्रयोजनवाद को व्यावहारिक उपयोगितावाद कहें तो गलत नहीं होगा क्योंकि प्रयोजनवादी शिक्षा की आधारशिला व्यावहारिकता, उपयोगिता और क्रियाशीलता पर निर्भर है। इसकी दृष्टि में शिक्षा के सैद्धान्तिक पहलू की अपेक्षा इसका व्यावहारिक पहलू ही महत्वपूर्ण है। इस प्रकार हम देखते हैं कि इस वाद के अनुसार शिक्षा जीवन-पर्यन्त की एक प्रक्रिया है या अन्य शब्दों में कहें तो यह जीवन निर्माण का एक साधन नहीं, वरन् स्वतः जीवन प्रक्रिया है। प्रयोजनवाद की दृष्टि में यह जीवन

पर्यन्त गतिमान तथा विकासमान रहने वाली प्रक्रिया है। शिक्षा उस समय तक चलती रहती है, जब तक जीवन के विकास क्रम का अन्त नहीं होता।

प्रयोजनवादी बच्चे की ऐसी शिक्षा पर बल देते हैं जो उसकी किसी परिस्थिति के अनुभव परिवर्तित करते हुए प्रत्येक स्थिति में क्रियाशील बनाने में मदद करे और उसके अन्दर मूल्यों का निर्माण करे। अतः जैसा कि डीवी ने कहा है, "शिक्षा अनुभवों के अनवरत पुनर्गठन, प्रत्यावर्तन, परिवर्तन, नवीनीकरण आदि की एक अविच्छिन क्रिया है।" अनुभव सर्वदा व्यक्तिगत और व्यक्ति की जीवन परिस्थिति के अनुरूप होता है।

वास्तविक अर्थों में देखा जाय तो अन्तर्विकास प्रक्रिया के रूप में गतिमान बनाये रखने वाली क्रिया प्रयोगवादियों के अनुसार शिक्षा है। मनुष्य की जीवन स्थिति समाज में ही सम्भव है। समाज विहीन अवस्था में न तो मनुष्य, मनुष्य बन सकता है और न उसकी जीवन स्थिति में कोई परिवर्तन ही सम्भव है। सामाजिक पर्यावरण का प्रभाव व्यक्ति के विकास अथवा उसके दिन-प्रतिदिन के अनुभवों पर महत्वपूर्ण होता है। इस विचारधारा के दार्शनिक एवं विचारक यह मानते हैं कि शिक्षा सामाज के लिए अनिवार्य है। प्रयोजनवादी जीवन की उन्हीं क्रियाओं पर बल देते हैं जो जीवन के लिये उपयोगी है। ऐसी क्रियाओं के फलस्वरूप जो अनुभव प्राप्त होंगे, वे ही सोद्देश्य अनुभव होंगे। अतः शिक्षा एक उद्देश्यपूर्ण प्रक्रिया है।

प्रयोजनवादी शिक्षा के पूर्व प्रचलित उद्द्देश्यों का समर्थन नहीं करते थे। आस्था किसी परम सत्य अथवा पूर्वनिश्चित जीवन-मूल्यों की विद्यमानता में नहीं है। आदर्शवादियों के समान यह विचारधारा शिक्षा में आध्यात्मिक एवं शाश्वत मूल्यों को स्वीकार नहीं करती।

प्रयोजनवादी दर्शन शिक्षार्थी की स्वक्रियाशीलता का सार्थक है और परिस्थितियों को संभालने और सुलझाने की स्थिति में घात-प्रतिघात के नियमानुसार स्वतः अपने कार्य के लक्ष्य तक पहुँच जाय। प्रयोजनवादी बच्चे की ऐसी शिक्षा पर बल देते हैं जो उसे किसी भी परिस्थिति के अनुकूल परिवर्तित करते हुए प्रत्येक स्थिति में क्रियाशील बनाने में मदद करे और उसके अन्दर मूल्यों का निर्माण करे।

राजा राममोहन राय और प्रयोजनवाद

राजा राममोहन राय को भारत में आधुनिक शिक्षा का जनक कहा जाता है। भारतीय साहित्य दर्शन एवं पाश्चात्य विषयों का उन्होंने गहन परिशीलन किया था। वे शिक्षा को सामाजिक समस्याओं से लड़ने का एक सशक्त साधन मानते थे। उनके

अनुसार शिक्षा व्यवस्था ऐसी होनी चाहिए जो बालकों में सामाजिक कुशलता का विकास करें, जिससे कि वे सामाजिक बुराइयों को स्वीकार करने के बजाय उनका दृढ़ता के साथ मुकाबला कर सकें। राजा राममोहन राय पाठशालाओं में ऐसे वातावरण के सृजन पर बल देते थे, जिसमें गुरु और शिष्य के बीच प्रभावी अन्तःक्रिया हो। अनुशासन व आदर की भावना छात्रों में जागृत करने का सकारात्मक प्रयास किया जाय।

शिक्षा के लिए आदर्श और विद्यालयी व्यवस्था के वे प्रबल पक्षधर थे। मैकाले तो 1834 ई. में भारत पहुँचे थे। राजा राममोहन राय प्रभावशाली व्यक्तियों को लेकर देश में पाश्चात्य ज्ञान और विज्ञान की शिक्षा देने की माँग पहले ही कर चुके थे। उनके इस माँग के पीछे जो सिद्धान्त प्रबल प्रेरक था वह था, उपयोगिता का उन्हें लगा कि तत्कालीन शिक्षा अनुपयोगी साबित होती जा रही थी। उन्होंने माना कि परम्परागत शिक्षा व्याकरण के ज्ञान और आध्यात्मिकता से युवा पीढ़ी को कमजोर कर रही है, जिनका सामाजिक जीवन से कोई सरोकार नहीं है। अतः राममोहन राय समाजार्थिक दशा में सुधार तथा मानवीय गुणों की प्रति स्थापना के लिए वे नवीन और व्यवस्थित प्राठ्यक्रम लागू करने के समर्थक थे। उनका यह मानना था कि अंग्रेजी के बिना राष्ट्र की भौतिक उन्नति सम्भव नहीं है, क्योंकि उनके अनुसार केवल आधुनिक ज्ञान और विज्ञान अंग्रेजी साहित्य में उपलब्ध है, बल्कि अंग्रेजी अन्तर्राष्ट्रीय व्यापार की भाषा भी है।

11 दिसम्बर, 1823 को लार्ड, एम्हर्स्ट को लिखे पत्र में राजा राममोहन राय शिक्षा पर व्यय हेतु स्वीकृत निधि का उपयोग कलकत्ता में अंग्रेजी स्कूल खोलने पर खर्च करने की माँग की, जिसमें यूरोपीय शिक्षकों द्वारा गणित भौतिक विज्ञान, रसायन विज्ञान, खगोल आदि की शिक्षा दी जाय। राजा राममोहन राय ने ऐसे विद्यालय खोलने के लिये वकालत की जिससे इन विषयों की पुस्तकों के अलावा उपकरण और वैज्ञानिक यंत्रादि की व्यवस्था हो। राममोहन राय ने शिक्षा प्रक्रिया में क्रियात्मकता पर विशेष बल दिया।

आज विद्यालयों में जिस व्याख्यान विधि का प्रयोग शिक्षण के सन्दर्भ में किया जाता है, उसे प्रयोजनवादी स्वीकार नहीं करते। उनका मानना है कि इस पद्धति में छात्र मूक श्रोता के रूप में बैठा है, जिससे छात्रों के अन्दर स्वतन्त्र चिन्तन की भावना का विकास नहीं हो पाता है। छात्र आलोचनात्मक ढंग से सीखे, इसके लिए शिक्षण विधि ऐसी होनी चाहिए, जिसमें छात्र अधिक क्रियाशील हो। स्वतंत्र चिन्तन के विकास के लिये छात्रों को शिक्षण के दौरान क्रियाशील होना अतिआवश्यक है। राजा

राममोहन राय भी शिक्षालयों को स्वतन्त्र चिन्तन के अभाव में हम समाज में वर्षों से प्रचलित धार्मिक और सामाजिक रूढ़ियों का विरोध नहीं कर सकते हैं। अतः सामाजिक और धार्मिक चेतना का विकास युवा पीढ़ी में तभी हो सकता है, जब शिक्षालयों में छात्रों को स्वतन्त्र रूप से सोचने और तर्क करने का अवसर प्रदान किया जायेगा।

राजा राममोहन राय के प्रयासों का यह परिणाम निकला कि 1828 में एंग्लोइण्डियन युवक विवियन डेरोजियों ने हिन्दू कॉलेज में शिक्षण का कार्य शुरू किया और कलकत्ता का हिन्दू कालेज सांस्कृतिक गतिविधियों व स्वतन्त्र चिन्तन का केन्द्र बना। बाद में सन् 1831 में हिन्दू कॉलेज की प्रबन्ध समिति ने उसे इसलिए कॉलेज से निकाल दिया कि वह छात्रों को बहुत अधिक स्वतन्त्रता देता था, जबकि वास्तविकता यह थी कि राजा राममोहन राय स्वयं भी विद्यालय के छात्रों को स्वतन्त्रता देने के प्रबल पक्षधर थे और यह मानते थे कि शिक्षा तभी प्रभावी होगी जब शिक्षार्थी बिना किसी दबाव के विषय वस्तु को सीखेगा।

प्रयोजनवाद के अनुसार विश्व परिवर्तनशील है। इसलिए सत्य व यथार्थ भी परिवर्तनशील व अनुभवजन्य है। प्रयोग द्वारा ही सत्य का पता चलता है। सत्य किसी वस्तु या घटना का स्थायी गुण नहीं होता। जो सत्य उपयोगी होता है, उसे ही प्रयोजनवादी सत्य मानते हैं। राजा राममोहन राय किसी भी स्थिति में भारतीय साहित्य से संबंधित उस विषय वस्तु को मान्यता देने के पक्ष में नहीं थे जिनका अतार्किक और तत्कालीन परिस्थितियों में महत्व न हो। वे परम्परागत वैदिक साहित्य में उपलब्ध ज्ञान की आलोचना करते हुए कहते हैं कि इसमें वर्णित अनेक बातें आतर्किक एवं अनुपयोगी हैं, अतः उसे सिर्फ इसलिए नहीं स्वीकार किया जाना चाहिए कि वे भारतीय साहित्य में वर्णित है। भारतीय साहित्य में उपलब्ध उन सूचनाओं एवं तथ्यों की शिक्षा शिक्षालयों में दी जानी चाहिए जो तर्क एवं उपयोगिता की कसौटी पर खरे उतरते हों। प्रयोजनवादी विचारों से राजा राममोहन राय प्रभावित थे।

पारंपरिक शिक्षा और राजा राममोहन राय

राजा राममोहन राय के समय भारत में दो प्रकार की शिक्षा प्रचलित थी प्रथम लौकिक व द्वितीय पारलौकिक। पहले का लक्ष्य, मानव जीवन के समस्त भौतिक

सम्बधों के सम्यक ज्ञान तथा व्यवहार से था तथा दूसरे का लक्ष्य परमज्ञान की उपलब्धि का था, जिसके द्वारा मनुष्य अपने वैयक्तिक अस्तित्व को पारमार्थिक अखिल विश्व सत्ता में अन्तरभूत कर दे। उस समय ऐसे कई विद्यालय थे जो मोक्ष प्राप्ति के लिए ही शिक्षा देते थे। भारत की परम्परागत शिक्षा के आज भी लोग ऋणी हैं, क्योंकि परम्परागत शिक्षा से भौतिक एवं आध्यात्मिक दोनों क्षेत्रों में ज्ञान अर्जित हो पाया था। प्राचीन काल में भारत में बौद्धिक तथा सांस्कृतिक क्षेत्र में विश्व में जो भी गौरव प्राप्त था, उसका श्रेय भारत की प्राचीन शिक्षा पद्धति को ही प्राप्त है। अपनी विशिष्ट शिक्षा पद्धति के कारण शताब्दियों तक भारत ने विश्व में सांस्कृतिक नेतृत्व किया। पूर्वी एशियाई देश भी भारतीय कला से विशेष प्रभावित थे।

अगर हम आदर्शवाद की बात करें तो भारतीय आदर्शवाद तथा यूरोपीय आदर्शवाद में अंतर है। भारतीय शिक्षा का आदर्श छात्र को केवल विशेष सिद्धान्त के अनुसार शिक्षा देना मात्र ही पर्याप्त नहीं समझता था, अपितु यह संस्कारों के माध्यम से आदर्श के अनुरूप जीवन गठन की भी व्यवस्था थी। भारतीय जीवन का सनातन आदर्श आध्यात्मिकता है। छात्र द्वारा ब्रह्मचर्य आश्रम में अपने मन, बुद्धि, आत्मा का विकास संस्कारों की पद्धति से होता था। उपनयन संस्कार के साथ छात्र गुरुकुल में प्रवेश करता था। इन गुरुकुलों को जीवन तथा गुरु और शिष्यों का सम्बन्ध इतना उदार एवं आदर्श था कि उस जीवन पद्धति में पलने वाले सभी छात्र अत्यन्त तेजस्वी, विद्यावान, बुद्धिमान और चरित्रवान होते थे। उपनिषद में ऐसा उल्लेख मिलता है कि मनु के काफी समय पूर्व भी शिक्षा का कार्य होता था। छात्रों को उस समय आज की तरह शिक्षा सामग्री नहीं था। यह सत्य है कि प्राथमिक शिक्षा में छात्रों को वैदिक मन्त्रों को शुद्ध उच्चारण की शिक्षा अवश्य दी जाती थी। बौद्ध भिक्षुओं तथा भिक्षुओं के द्वारा बहुसंख्यक ग्रामीण जनता स्थानीय भाषा के माध्यम से शिक्षित हुई। ईत्सिंग ने बौद्ध संघों की उच्च शिक्षा के साथ-साथ प्राथमिक शिक्षा का भी उल्लेख किया है। 'कल्हण' ने अपनी 'राजतरंगिणी संस्कृत भाषा में लिखा–कई-कई जगहों पर प्राथगिक विद्यालयों का संचालन समाज के सम्पन्न व्यक्तियों द्वारा किया जाता था। तथा सामान्य पाठशालायें समस्त गाँव की ओर से संचालित होती थी। पाठशालाओं के शिक्षक बहुधा गाँव के पुरोहित ही होते थे। ये पाठशालायें ग्राम के मन्दिर के साथ संलग्न रहती थी। मथाई के अनुसार पाठशालाओं का उद्भव उतना ही पुराना है जितना कि ग्राम समुदाय का। जान मथाई ने अपनी पुस्तक विलेज गवर्नमेण्ड इन ब्रिटिश इण्डिया में लिखा था कि भारतीय पाठशालाओं में लिखना-पढ़ना एवं व्यावहारिक अंकगणित की शिक्षा दी जाती थी।

वैदिक साहित्य के वर्णन के अनुसार स्त्रियाँ उच्चतम शिक्षा प्राप्त कर ब्रह्मावादिनी तथा ऋषिका की संज्ञा प्राप्त करती थीं। अग्निकुल में ही उत्पन्न अपाला वृहस्पति की पुत्री होमशा अंगीरा ऋषि की कन्या शाश्वती, ब्रह्मवादिनी घोषा आदि विदुषिया ऋग्वेद की विभिन्न ऋचाओं की रचयिता थीं। इस प्रकार ऋग्वेद के समय में स्त्री शिक्षा पूर्णतः प्रचलित थी। पुरुषों की भाँति वे भी ब्रह्मचारिणी रहकर उच्च शिक्षा प्राप्त करती थीं। उपनिषद में महिलाओं को अध्यापक के रूप में दर्शाया गया है तथा उस समय स्त्रियों को संगीत, नृत्य, ललित कलाओं की शिक्षा भी प्रदान की जाती थी। यहाँ यह बता देना समीचीन होगा कि बौद्ध संघ की स्थापना के समय से ही स्त्रियों को शिक्षा में स्थान नहीं दिया जाता था, बुद्ध के शिष्य आनंद तथा विमाता महाप्रजापति गौतमी के अनुरोध से संघों में महिलाओं के उन्होंने प्रवेश दे दिया। बाद में मुस्लिम आक्रमण, राजनीतिक उथल-पुथल तथा पर्दा प्रथा आदि के कारण स्त्री शिक्षा की गतिविधियों को गहरा आघात पहुँचा और लगभग 800 वर्षो तक भारतीय स्त्रियाँ शिक्षा के क्षेत्र में विशेष प्रगति नहीं कर सकीं।

परम्परागत शिक्षा का प्रमुख उद्देश्य मानव को मोक्ष प्राप्ति के संदर्भ में शिक्षा देना था। मानव-जीवन का यह अन्तिम लक्ष्य एक विशेष प्रकार की तात्विक चिन्तन पद्धति पर निरूपित है, जिसकी स्पष्टतम् अभिव्यंजना उपनिषद में हुई है। इस चिन्तन पद्धति के अनुसार परम तत्व ब्रह्म अथवा अन्तिम सत्ता मनुष्य स्वयं है। समस्त नाशवान संसार भी उसी ब्रह्म से परिव्याप्त है। जीव और ब्रह्म का लौकिक भेद वास्तव में अज्ञान-जनित तथा मिथ्या है। अतः मनुष्य का यह धर्म है कि वह कर्म को ज्ञान प्राप्ति में स्थान दे ताकि वह ब्रह्म के वास्तविक स्वरूप को समझने तथा उस स्वरूप में अपने को अन्तर्भूत करने में समर्थ हो सके। जब तक जीव और ब्रह्म का एकीकरण स्थापित नहीं होता, तब तक जीवन का कल्याण नहीं हो सकता। फलतः ब्रह्म जीव और जगत के उपर्युक्त तात्विक सम्बन्ध में परिज्ञान का नाम ही विद्या है, यही वास्तविक ज्ञान है।

वैदिक काल में कहा गया कि 'सा विद्या या विमुक्तये' अर्थात विद्या वह है जो मुक्ति प्रदान कराये। इसके लिए योग को अनिवार्य बताया गया तथा इसे परिभाषित करते हुए कहा गया कि 'चित्तवृत्ति निरोधः इति योग' अर्थात चित्त की वृत्तियों का नियंत्रण ही योग है। इसकी उपलब्धि चित्तवृत्तियों के निरोध तथा अन्तर्मुखी साधना से ही सम्भव है। शिक्षा को एक साधनात्मक प्रक्रिया माना गया है, जिसमें व्यक्ति अपनी समस्त चित्तवृत्तियों को वाह्य जगत से समेटकर अन्तर्जगत् में अध्यारोपित करता है।

इस पद्धति के द्वारा विद्यार्थी सुयोग्य गुरु के उपदेश को श्रवण करता है तथा उस पर मनन करते हुए निदिध्यासन के द्वारा "स्वात्मानुभूतिमय ज्ञान-दीपक प्रदीप्त करता है और अन्ततः नित्य बोधमय निज स्वरूप में प्रतिष्ठित हो सच्चिदानन्द का सर्वत्र अनुभव करता हुआ जीवन मुक्ति का परमानन्द लाभ कर ब्रह्म की अद्वितीय चिन्मय सत्ता में प्रवेश कर जाता है। जीवन का यही अन्तिम लक्ष्य माना गया है तथा शिक्षा का यही तात्पर्य व उद्देश्य है। यह विद्या लौकिक विद्या नहीं, वरन् आध्यात्म विद्या है। भगवान कृष्ण ने स्वयं कहा है– अध्यात्म विद्या विद्यानाम। मैं विद्याओं में अध्यात्म विद्या हूँ।

परम्परागत शिक्षा का उद्देश्य

शिक्षा की व्यवस्था प्रथम चरण में किसी न किसी रूप में होती थी, परंतु कालांतर में इसमें परिवर्तन होने के कारण यह व्यवस्था कई वर्षों तक सीमित अर्थों में प्रयोग की जाती रही, जहाँ तक पारंपरिक शिक्षा का प्रश्न है तो इस व्यवस्था में सामाजिक नियमों से आबद्ध होकर शिक्षा की प्राप्ति को महत्त्व दिया गया। मनुष्य का जीवन शिक्षा और ज्ञान के द्वारा ही नैतिक मूल्यों से युक्त उच्च आदर्शों से संचलित और बहुमुखी व्यतित्व प्राप्त करता है। विद्यार्जन से व्यक्ति आत्मनिर्भरता तो प्राप्त करता है, साथ ही परिवार और समाज के निर्माण में योगदान प्रदान करता है। पारंपरिक शिक्षा के प्रमुख उद्द्देश्यों पर नीचे प्रकाश निक्षेप किया जा रहा है।

1. मनुष्य के जीवन में धार्मिक वृत्तियों का गरिमामय स्थान है, जिससे मनुष्य का जीवन भक्ति-प्रवण और धर्म-प्रवण होता है। व्रतों के पालन द्वारा ही मनुष्य को अपने गूढ़ स्वरूप का मान होता है, जिसके कारण उसमें आत्मविश्वास की वृध्दि होती है। सत्य भाषण भी प्रमुख माना गया था और यह कहा गया था कि सत्य न बोलने से धर्म का क्षय हो जाता है। धर्म ही मनुष्य की सारी अभिलाषाओं को पूर्ण करता है और संतोष ही स्वर्ग का नन्दन कामना है। विद्या (ज्ञान) ही मोक्ष की जननी है और तृष्णा वैतरणी नदी के समान नरक में ले जाने वाला है। पुरुषार्थ चतुष्टय की प्राप्ति पूर्वक परमार्थ की सिद्ध ही भारतीय संस्कृति में श्रेयस्कारी शिक्षा का प्रधान उद्देश्य स्वीकार किया गया है।
2. वास्तविक ज्ञान की प्राप्ति के लिये आवश्यक है कि व्यक्ति की धार्मिक प्रवृत्तियाँ भी जागृत हों। सद-विद्या मुक्ति की ओर उत्प्रेरित करती है। इसीलिए कहा कि 'या विया सातिमुक्तेय' तथा 'रिते ज्ञानात न मुक्तिः" का परम प्राप्त ही प्राचीन भारतीय शिक्षा का उद्देश्य था।

3. व्यक्ति के सर्वांगीण विकास के लिए आवश्यक है कि व्यक्ति के चरित्र का निर्माण हो। उच्च आदर्श व चरित्र का आकांक्षी व्यक्ति नैतिक क्रियायें सम्पन्न करता हुआ सन्मार्ग का अनुसरण करता था। सच्चरित्रता के कारण विप्रो माननीय और पूज्यनीय था। विद्वान विप्रो के चरित्र से शिक्षा ग्रहण करने का निर्देश मनु ने दिया है। शिक्षा का यह उद्देश्य भारतीय संस्कृति में अप्रतिम है। आधुनिक शिक्षाशास्त्री चरित्र निर्माण को ही शिक्षा का उद्देश्य मानते हैं। निःसन्देह मनुष्य एक आचरणशील प्राणी है, जो इस मत का पोषक है कि चरित्र निर्माण के बाद ही व्यक्ति के अन्य पक्षों का विकास संभव है।
4. अपने कर्मों में आत्मविश्वास और उत्तरदायित्वों को सही ढंग से निष्पन्न किया जा सकता था। ब्रह्मचारी में यह आत्मविश्वास जागृत कराते हैं कि जीवन की भयंकर कठिनाइयाँ आ जाने पर भी वह स्थिर रह सके। अपने कर्तव्यों का पालन करने की दृष्टि से इन्द्रियों को मन की उच्छृंखल प्रवृत्तियों को नियंत्रित और व्यवस्थित रखना संचय था। याज्ञवल्क्य स्मृति में इस बात का उल्लेख मिलता है कि व्यक्तित्व का विकास इन्द्रिय निग्रह द्वारा ही संभव है। शारीरिक विराटता, बुद्धि की सूक्ष्मता, व्यावहारिक-विनयशीलता, वाग्मिता, निर्भयता, सत्य प्राप्ति, आग्रह, आचरण की सुविधा, सामाजिक समरसता अनेक गुणों का समन्वयक ही व्यक्तित्व का बोधक था।
5. पुरातन सांस्कृतिक मान्यताओं व परम्पराओं का संरक्षण तथा नवीन अनिवार्य मूल्यों की स्थापना शिक्षा द्वारा ही संभव है। प्राचीन काल में अपनी पीढ़ी को शिक्षा द्वारा शिक्षित करना और प्राचीन संस्कृति की ओर उनका ध्यान केन्द्रित करना अभिभावकों का प्रमुख लक्ष्य था। वैदिक साहित्य की शिक्षा और उसका प्रसार शिक्षा का प्रधान आधार था। वेदों को कण्ठस्थ करना और अपने मन में सुरक्षित रखना विवेच्य काल के शिक्षार्थी का प्रधान कर्तव्य था। साथ ही आर्य संस्कृति का यह प्रधान उद्देश्य था। वेदों को कंठस्थ करके उन्हें स्मरित रखना ब्राह्मणों का प्रधान गुण माना गया है। शतपथ ब्राह्मण में यह उल्लेख मिलता है कि सांस्कृतिक जीवन के उन्नयन के लिए त्रिऋणों की अनिवार्यता थी। हिन्दू परिवार के लिये देव, ऋषि और पितृ ऋण को पूरा करना अनिवार्य माना गया।
6. व्यक्ति समाज में रहता है इसलिए उसकी विभिन्न सामाजिक जरूरतें भी समाज से पूरी होती हैं और स्नातक होने पर वह अपने हित का ध्यान न रखकर निःशुल्क शिक्षा भी विद्यार्थियों को प्रदान करता है। वह अपने कर्म

करते हुए अपनी सामाजिक प्रतिष्ठा दृढ़ रखता है। पुत्र पिता और पति के रूप में वह अपने विभिन्न उत्तरदायित्वों को सम्पन्न करता है। विद्यार्थी के समावर्तन उद्देश्य में इसका स्पष्ट उल्लेख किया गया है कि "सत्य बोलना, धर्म का आचरण करना, सत्य से न हटना, लाभ कार्य में प्रमाद न करना, देवता और पितरों के कार्य से प्रमाद न करना। माता को देवी, पिता एवं अतिथि को देवता समझना, दोषरहित कार्यों को समझना उसका एक नैतिक गुण होता है। इन्हें वह शिक्षा प्राप्ति के बाद उत्साहपूर्वक संपन्न करता है। सभी वर्गों और जातियों के अपने पृथक-पृथक कर्म है जिनको सम्पादित करना उनका परमधर्ग है।

7. वैदिक काल में शरीर की नाश्वरता तथा आत्मा की अमरता में गहरा विश्वास किया जाता था। वैदिक ग्रंथ में इस बात का उल्लेख है कि आत्मा को न शास्त्र छेद सकते हैं, न आग जला सकती है, न जल भिगो सकता है तथा न ही वायु सुखा सकती है। अतः आत्मा के उत्थान के लिए जप, तप और योग पर अधिक बल दिया जाता था। ये कार्य चित्त की वृत्तियों पर निरोध करके अर्थात् मन पर नियंत्रण करके सम्भव था। इसलिए छात्रों को विभिन्न प्रकार के अभ्यास करवाये जाते थे ताकि उनका मन इधर-उधर न भटके और मोक्ष प्राप्ति में जिन्हें जीवन का परम लक्ष्य समझा जाता था उनमें रुकावट अथवा विघ्न न पैदा करे।

8. पारंपरिक शिक्षा में भारतीय सभ्यता के विकास हेतु नैतिक मूल्यों के संरक्षण तथा उसके प्रचार-प्रसार के लिए शिक्षा दी जाती थी। उनको इस प्रकार की शिक्षा प्रदान की जाती थी कि वह अपने साहित्यिक सांस्कृतिक तथा व्यावसायिक परम्परा का संरक्षण कर सके। वर्ण-व्यवस्था तो थी ही, इसी प्रकार लोग कार्य भी करते थे। परिणामस्वरूप राष्ट्रीय संस्कृति की सुरक्षा को बड़ा बल मिला था। पिता अपने पुत्र को अपने व्यवसाय की शिक्षा देता था। ब्राह्मण वेदों को कण्ठस्थ किया करते थे तथा उसे अपने शिष्यों को भी कण्ठस्थ करा देना अपना कर्तव्य समझते थे।

हमारी सम्पन्नता के कारण संस्कृति प्रगतिशील होती है। उदाहरणार्थ; यज्ञ शब्द बड़ा व्यापक अर्थ रखने वाला है। यज्ञ शब्द का एक अर्थ अग्नि होता है। इस प्रकार ज्ञान, अग्नि, यश आदि शब्द भी मिलते हैं। महर्षि दयानन्द सरस्वती का कथन है कि जो कर्म जगत के उपकार के लिए किया जाता है वह यज्ञ है। वैदिक सांस्कृतिक का संगठन असाम्प्रदायिकता से परिपूर्ण था। वेद किसी जाति या सम्प्रदाय का धन न

मानकर उसका प्रकाश तो ईश्वर ने सम्पूर्ण मानव जाति के हित के लिये किया है। अन्य सम्प्रदायों की भाँति वैदिक धर्म भी यह नहीं कहता कि तुम हमारे धर्म में दीक्षित हो जाओ, तभी तुम, मोक्ष पद के अधिकारी हो सकोगे। गुरुकुलों में भी इन्द्रिय निग्रह एवं संयम को विशेष महत्व दिया जाता था। परंपरागत शिक्षण प्रणालियों में उच्चारण, श्रुति-स्मृति, आवृत्ति पद्धति, व्याख्यान, प्रवचन, प्रश्नोत्तर, जिज्ञासा पद्धति, व्याख्या पद्धति, ज्ञान साधना, तर्क प्रज्ञा और अन्तः प्रज्ञा श्रवण, मनन, प्रकृति पद्धति, व्यावहारिक विधि, भिक्षाटन पद्धति, गोष्ठी, परिष्छद पद्धति का प्रयोग किया जाता था।

परम्परागत शैक्षिक पाठ्यक्रम

प्राचीन युग में विभिन्न प्रकार के विषयों को पाठ्यक्रम में शामिल किया गया था जिसमें भाषा, अंकगणित, बीजगणित, रेखागणित, लिपि, धर्म, ज्योतिष, चिकित्सा, कला, शिल्प, प्राचीन क्रीड़ायें, भाषा संस्कृति, प्राकृत, अपभ्रंश, योग, लिपियों आदि विषयों पर विशेष बल दिया जाता था। राजा राममोहन राय ने यह महसूस किया कि देश की परिस्थितियाँ बदल रही हैं जिसके लिए पारंपरिक शिक्षा सुधार आवश्यक है। उनके अनुसार परम्परागत शिक्षा व्यवस्था में बुनियादी सुधार किये बिना देश को रूढ़ियों के निन्द्रा से जगाना सम्भव नहीं होगा। इस उद्देश्य से सम्पूर्ण शिक्षा व्यवस्था की गहन समीक्षा नितान्त ही आवश्यक है। भारत संसार में फिर से अपना सही स्थान पा सके, इसके लिए एक विवेकपूर्ण और वैज्ञानिक शिक्षा की आवश्यकता है। जब कम्पनी सरकार ने एक ऐसा संस्कृति विद्यालय खोलने का निर्णय लिया, जिसमें हिन्दू पंडित तत्कालीन प्रचलित शिक्षा व्यवस्था को आगे बढ़ाते, तब राजा राममोहन राय ने उस निर्णय को आगे बढ़ाया, जिसमें वे चाहते थे कि भौतिक विज्ञान रसायनशास्त्र, गणित आदि की शिक्षा दी जाय।

राजा राममोहन राय ने 11 दिसम्बर, 1823 को गवर्नर लार्ड एम्हर्स्ट को एक पत्र लिखा था कि सरकार द्वारा एक ऐसा विद्यालय खोला जा रहा है, जिसमें हिन्दू पंडितों द्वारा प्रचलित शिक्षा दी जायेगी। यह विद्यालय आज भी युवापीढ़ी को उनके मस्तिष्क को केवल व्याकरण की सुन्दरता और आध्यात्मिक विशेषताओं से लाद देगा जिसका कि सामाजिक जीवन में कोई खास उपयोग नहीं है। इस प्रकार के विद्यालयों की स्थापना से यहाँ का विद्यार्थी दो हजार साल पहले का प्रचलित ज्ञान ही सीख पायेगा। इसमें बढ़ोत्तरी सिर्फ इतनी होगी कि इस ज्ञान से तब तक के विचारशील व्यक्तियों द्वारा जोड़ी गयी व्यर्थ की खोखली टिप्पणियों की संख्या में वृद्धि हो जायेगी। ऐसा सारे भारतवर्ष में इस समय हो रहा है।

राजा राममोहन राय ने इंग्लैण्ड का उदाहरण देकर कहा कि यदि वहाँ की जनता को वास्तविक ज्ञान से अनभिज्ञ रखना हो तो वह अपने यहाँ के पाठ्यक्रमों में वेकोनियस दर्शन को लागू करने की अनुमति न देती। भारत में ब्रिटिश सरकार यहाँ की जनता को अज्ञानता के अंधकार में रखना चाहती है। वह नहीं चाहती कि भारतवासी नित-नूतन ज्ञान और विज्ञान के आविष्कारों से परिचित हो सकें।

लार्ड एम्हर्स्ट को लिखे गए इस पत्र में राजाराम मोहन राय ने यह भी लिखा कि ब्रिटिश सरकार यह भली-भाँति जानती है कि संस्कृत शिक्षा पद्धति इस देश को अंधकार में रखने के लिए सबसे उत्तम औजार है। ब्रितानी सरकार विकास का केन्द्र जनता को मानती है तो यह बेहतर होगा कि परम्परागत शिक्षा पद्धति के स्थान पर यहाँ की जनता के लिए एक विकसित और प्रबुद्ध शिक्षा पद्धति की व्यवस्था की जाय, जो आधुनिक ज्ञान तथा विज्ञान से पूरी तरह सुसज्जित हो, जिसमें रूढ़ियों तथा अंधविश्वासों के लिए कोई स्थान न हो।

उन्होंने परंपरागत शिक्षा को भारतीयों के विकास में बाधक रूप में स्वीकार किया। भारतीयों के विकास के लिए उन्होंने आधुनिक विकासशील शिक्षा को महत्त्व दिया। राजा राममोहन राय ने इस विषय में स्पष्ट विचार रखते हुए कहा कि भारत की जो तत्कालीन प्रचलित शिक्षा व्यवस्था अंधविश्वासों व रूढ़ियों के आवरण से पूर्णतया बंधी हुई है और अंग्रेज सरकार भी इस शिक्षा को बनाये रखना चाहती थी, ताकि भारतीय विश्व समुदाय के साथ अपना सम्बन्ध स्थापित न कर सके तथा ज्ञान के क्षेत्र में हो रहे विस्फोट से भारतीयों को दूर रखा जाय। वे पारंपरिक शिक्षा को भौतिक समृद्धि में बाधक मानते थे। उनका मानना था कि परम्परागत शिक्षा यहाँ के युवाओं में व्याप्त रूढ़ियों, अन्धविश्वासों एवं कोरी कल्पनाओं को और अधिक पुष्ट करने का कार्य कर रही है। अतः जब तक इस शिक्षा व्यवस्था में परिवर्तन नहीं होगा, तब तक यहाँ का समाज अंधविश्वासों एवं रूढ़ियों के मकड़ जाल में फँसा रहेगा। राजा राममोहन राय ने युवा पीढ़ी के बौद्धिक एवं सामाजिक चेतना को जागृत करने के लिए व्यवस्थित शिक्षा प्रणाली पर जोर दिया जिसमें विवेकशील अध्यापक हो और पाठ्यक्रम को संशोधित कर तत्कालीन सरकार का ध्यान आकृष्ट करे।

भारतीय शिक्षा व्यवस्था के संदर्भ में एम्हर्स्ट को राजा राममोहन राय ने लिखा कि "जब ब्रिटिश सरकार ने अपनी भारतीय प्रजा की शिक्षा पर प्रति वर्ष एक निश्चित रकम व्यय करने का प्रावधान किया तो हम भारतीयों के मन में आशा की एक नयी ज्योति प्रज्ज्वलित हो गयी। भारतवासियों के अन्दर उसके प्रति काफी उत्साह देखने को मिला। उन्हें यह विश्वास था कि यह रकम भारतीय मूल

के लोगों को गणित, दर्शन, रसायन, शरीर क्रिया विज्ञान एवं अन्य उपयोगी विज्ञान की शिक्षा देने तथा शिक्षित यूरोपीय भद्र पुरुषों को शिक्षक नियुक्त करने में प्रयोग की जायेगी। परन्तु अब हम देख रहे हैं कि सरकार हिन्दू पण्डितों के अधीन एक संस्कृत स्कूल खोलने जा रही है जो ऐसे ज्ञान का प्रसार करेगा जो कि भारत में पहले से ही विद्यमान है। यह ज्ञान वेकन से पूर्व के यूरोप के ज्ञान के समान है। इस शिक्षा से सिर्फ इतनी आशा की जा सकती है कि यह नौजवानों के मस्तिष्क में व्याकरणीय बारीकी तथा तात्विक ज्ञान को भरने में ही समर्थ है। अतः ऐसी शिक्षा से छात्र वही प्राप्त करेंगे जो दो हजार वर्ष पूर्व ज्ञात था।''

जब ब्रिटिश सरकार ने शिक्षा व्यय को प्रस्तावित किया तो राजा राममोहन राय ने अपने ज्ञापन पत्र में लिखा कि ''हम भारतवासी इस कृपा प्रस्ताव का हृदय से स्वागत करते हुए अपने स्वामी (ब्रिटिश सरकार) की श्रेष्ठता का आदर करते हैं, परन्तु ऐसे समय में अपने शासक को भारतीयों की मूल भावना से अवगत न कराना भी आपके प्रति आदर को दण्डनीय सीमा तक सूचित करना है। लेकिन देश हित सम्बन्धी निर्णयों एवं उनके क्रियान्वयन में अनुपस्थित रहना देशहित में घोषित आपके परोपकारी नीति के विरुद्ध है। कलकत्ता में संस्कृत स्कूल की स्थापना सरकार की भारतीय मूल के लोगों को शिक्षित करने की प्रबल इच्छा को स्पष्ट करता है, परन्तु इसके लिए जो भी प्रयास किये जाएँ वे पूर्ण रूप से प्रमाणित सिद्धान्तों के द्वारा निर्देशित होने चाहिए, जिससे कि विवेक और बुद्धि रूपी धारा प्रवाहमान हो सके। एशिया में ज्ञान का सर्वोदय तभी होगा, जब यहाँ यूरोप की आधुनिक कला और साहित्य का प्रत्यारोपण किया जायेगा।

राजा राममोहन राय ने संस्कृत को शिक्षा का माध्यम मानने पर आपत्ति जताई, क्योंकि संस्कृत भाषा इतनी जटिल है कि इसके पूर्ण अधिग्रहण के लिए पूरे जीवन भर अध्ययन की आवश्यकता है, क्योंकि इसके अन्दर अध्ययन के अमेद्य पर्दे छुपे हुए हैं। यदि इस भाषा में निहित सूचनाओं को चिर स्थाई बनाने की आवश्यकता महसूस की जा रही है तो संस्कृत महाविद्यालय की स्थापना की तुलना में इसे दूसरे साधनों द्वारा प्राप्त करना आसान है, क्योंकि यहाँ पहले से ही बहुत से महाविद्यालय हैं और देश के विभिन्न भागों में अनेक प्राध्यापक भी हैं और वे इस भाषा तथा साहित्य की दूसरी शाखाओं के अध्ययन में व्यस्त हैं, जो कि नये शिक्षालय का लक्ष्य है। ऐसी दशा में उन श्रेष्ठ प्राध्यापकों के जिन्होंने इन लोगों को पढ़ाने का भार ले रखा है, उनके पारितोषिक एवं भत्ते को बढ़ा दिया जाय तो यह अतिरिक्त पारिश्रमिक उन्हें अधिक परिश्रम हेतु प्रेरित करेगा, जिससे शिक्षा में महत्वपूर्ण वृद्धि होगी।''

ब्रिटिश सरकार ने न तो शिक्षा पर व्यय अधिक किया और न ही उनकी शिक्षा का स्वरूप अच्छा था। ऐसी दशा में राममोहन राय ने लिखा कि इस प्रकार की शिक्षा से नौजवानों के बहुमूल्य जीवन का समय व्याकरण की सूक्ष्मता की प्राप्ति में व्यर्थ हो जाएगा और ऐसी दशा में राष्ट्र के अपेक्षित विकास के लक्ष्य की पूर्ति नहीं हो सकती है। राजा राममोहन राय के अनुसार वेदों में वर्णित सूचनाओं से नौजवान समाज में अच्छे सदस्य भी नहीं बन सकते, क्योंकि उन्हें यह सिखाया जाता है कि जो भी दृश्यमान वस्तु है, उसका वास्तविक अस्तित्व कुछ नहीं है। यदि वास्तव में चिन्तन किया जाये तो माता-पिता, भाई-बहन आदि का कोई अस्तित्व नहीं होता है। इस संसार को जितना जल्दी हो सके त्याग दिया जाय आदि बातों की शिक्षा देकर नौजवानों से हम किस प्रकार के विकास की आशा करते हैं? वेदों के एक निश्चित अनुच्छेद के अध्ययन से पाप मुक्ति मिल सकती है, वस्तुओं के कुल कितने मुख्य विभाग ब्रह्माण्ड में वितरित हैं और उनका वास्तविक जीवन से क्या सम्बन्ध है? इस प्रकार के अध्ययन पर प्रश्न चिन्ह लगाते हुए राजा राममोहन राय ने राष्ट्रीय सामाजिक दृष्टि से अनुपयोगी बताया। उन्होंने वेकोनियस दर्शन से पूर्व तथा उसके बाद के यूरोप की स्थिति की तुलना करते हुए लार्ड एम्हर्स्ट से आग्रह करते हुए लिखा कि यदि देश को अन्धविश्वासों एवं रूढ़ियों के बन्धन से मुक्त करना है तो गणित, रसायन, दर्शन तथा एनाटोमी आदि के शोधित नियमों एवं सिद्धान्तों के अध्ययन, को बढ़ावा देना होगा।"

राजा राममोहन राय ने देश की शिक्षा को सुदृढ़ बनाने के लिए बुनियादी शिक्षा को अनिवार्य माना था। उनका मानना था कि भारत विश्व में अपने पुराने स्थान को प्राप्त कर सके, इसके लिए आवश्यक है कि परम्परागत पाठ्यक्रम के स्थान पर अधिक विवेकपूर्ण, वैज्ञानिक और उत्पादक पाठ्यक्रम का निर्माण किया जाय परन्तु ब्रिटिश सरकार भारतीयों के मस्तिष्क को नवीन प्रगति शक्ति ज्ञान विज्ञान से परे रखना चाहती थी। इसके साथ ही साथ वे समाज के ठेकेदारों को भी रुष्ट करने से डरते थे। बहुमत शिक्षा के विरुद्ध होते देख भी राजा राममोहन राय ने आलोचना की परवाह किये बिना सामाजिक एवं राजनीतिक परिवर्तनों के मुद्दों पर सदैव संघर्ष करते रहे, इसमें उन्हें कई बार सफलता भी मिली।

शैक्षिक संस्थाओं की स्थापना

भारत में मुगल काल की समाप्ति एवं ब्रिटिश शासन की स्थापना के समय भारतीय समाज का बौद्धिक व नैतिक पराभव हो चुका था। पश्चिम से सम्पर्क, दीर्घ

मृत्यु-तुल्य निद्रा से देश को जगाया तथा सम्मान एवं वैशिष्ट्य बौद्धिक एवं आध्यात्मिक सौन्दर्य एवं सामाजिक पुनर्जागरण तथा राष्ट्रीय प्रगति की तरफ अग्रसर किया। यह युग राजा राममोहन राय का खण्ड युग कहलाता है, क्योंकि उन्होंने भारत की आकांक्षाओं को मूर्त रूप देते हुए एक युग संदेश दिया। आधुनिक भारतीय गतिविधियों के समय ही राजा राममोहन राय का प्रादुर्भाव हुआ था। उस समय धर्म अन्धविश्वास से परिपूर्ण तथा पुरोहितों द्वारा शोषित हो रहा था और जाति प्रथा से समाज पूर्णतः दूषित था। कुलीनवाद, बाल-विवाह, विधवाओं का जलाया जाना, शिशु हत्या एवं बहु-विवाह ये सब मुख्यतः समाज के दुर्गुण थे, जिन्होंने धर्म की आड़ में समाज को अपने चंगुल में ले रखा था।

ईस्ट इंण्डिया कम्पनी को वैधानिक स्वामित्व प्राप्त था, लेकिन इस दिशा में वह कोई व्यावहारिक प्रयास नहीं कर पायी तथा उसकी मुख्य समस्या वाणिज्य एवं धन की प्राप्ति थी। शासन के कर्तव्य क्षेत्र में शिक्षा अब भी समाविष्ट नहीं हो पायी थी। राजा राममोहन राय की गरिमा इस तथ्य में निहित थी कि उनके कार्य जीवन के विभिन्न क्षेत्रों को समाहित किये हुए थे और उन्होंने भावी पीढ़ी हेतु एक नवीन पथ का निर्माण किया। अंग्रेजी शिक्षा के लिए प्रथम सार्वजनिक संख्या के रूप में सन् 1817 में कलकत्ता हिन्दू कालेज की स्थापना की गयी। कलकत्ता में राजा राममोहन राय एवं डेविड हेयर के मध्य वार्ता के उपरान्त यह अस्तित्व में आया। पाश्चात्य साहित्य एवं विज्ञान के अध्ययन हेतु एक संस्था प्रारम्भ करने का विचार जब से डेविड हेयर के मन में आया तो उन्होंने तत्काल इस महान सुधारक का पक्ष लेने का विचार कर लिया था। उस समय राजा राममोहन राय के मन में हिन्दुत्व के उच्च एवं शुद्ध सिद्धान्तों के अध्ययन हेतु एक अकादमी की स्थापना का विचार था, लेकिन हेयर के उत्साह एवं व्यावहारिक सूझबूझ दबाये नहीं जा सकते थे, अतः राजा राममोहन राय ने हेयर को पूर्ण समर्थन दिया। राजा राममोहन राय ने उस संस्था को खोलने में लघु भूमिका निभायी।

यहाँ यह बता देना समीचीन होगा कि कलकत्ता में उन दिनों बहुत से सम्मानित हिन्दू थे जो उपभोगवादी कारणों से देश में पाश्चात्य शिक्षा का शुभारम्भ चाहते थे, लेकिन ये लोग राममोहन राय को इस हेतु पसन्द नहीं करते थे कि उनके धर्म विरोधी दृष्टिकोण आत्मीय सभा के द्वारा प्रकाशित किये जाएँ। अतः वे राजा राममोहन राय से जुड़ना नहीं चाहते थे। विद्यालय की स्थापना के औपचारिक निर्णय लिये जाने से पहले ही राजा राममोहन राय ने संन्यास ले लिये, इसका कारण कट्टरवादी पंडितों ने चन्दा प्राप्त करने में उनसे आपत्ति की, क्योंकि उनकी

मुसलमानों से भी घनिष्ठता थी। अपने बायोग्राफिकल स्केच ऑफ डेविड हेयर में पी. सी. मित्रा बताते हैं कि योजना से राजा राममोहन राय स्वेच्छा से अपने को पृथक कर लिये, क्योंकि अपने नाम की मिथ्या प्रसिद्धि की अपेक्षा अपने देशवासियों की शिक्षा को वे अधिक महत्व देते थे, जबकि आर. सी. मजूमदार इस तथ्य का समर्थन नहीं करते। इनका मानना है कि राजा राममोहन राय का संन्यास इस तथ्य के कारण था कि हिन्दू कॉलेज के छात्रों को पंथ निरपेक्ष शिक्षा दिये जाने के सम्बन्ध में वे बहुत अधिक उत्साहित नहीं थे। उन्होंने लिखा कि द्वारका नाथ टैगोर जो उनके घनिष्ठ मित्र मित्र थे उन्हें इस कॉलेज में कोई यश नहीं मिला।

भारत में पाश्चात्य शिक्षा के विवरण के लिए राजा राममोहन राय ने बहुआयामी प्रयास किया। रेवरेण्ड डब्ल्यू. येट्स ने राजा राममोहन राय के योगदान के विषय में लिखा कि उन्होंने भूमि का एक टुकड़ा श्रीरामपुर मिशन के केरी महोदय को भारत की धरती पर पाश्चात्य शिक्षा के प्रचार एवं प्रसार हेतु एक स्कूल की स्थापना के लिए देने का प्रस्ताव दिया। 1816-17 में राजा राममोहन राय द्वारा कलकत्ता में सूरीपारा नामक स्थान पर एक अंग्रेजी स्कूल की स्थापना की गयी। यह पहला अंग्रेजी स्कूल था जो भारतीयों द्वारा संचालित था। इस विद्यालय में लगभग 200 बच्चे निःशुल्क शिक्षा ग्रहण करते थे और इस विद्यालय का सम्पूर्ण खर्च राजा राममोहन राय स्वयं वहन करते थे। गोलक मिस्त्री इस स्कूल के प्रधानाध्यापक थे जो जाति के नाई थे। बाद में इस स्कूल के छात्रों के आगे की पढ़ाई हेतु मानिकतल्ला (उत्तरी कलकत्ता) में स्थित अपने गार्डेन हाउस में अंग्रेजी की कक्षा संचालन की व्यवस्था राजा राममोहन राय ने की। यहाँ सूरी पारा स्कूल के अत्यन्त प्रतिभाशाली छात्र अंग्रेजी की शिक्षी हेतु भेजे जाते थे। संस्कृत, अंग्रेजी और भूगोल की शिक्षा की इसमें उत्तम व्यवस्था थी। 1818 में इस स्कूल में पचास छात्रों का नाम लिखा गया था। यह स्कूल एम मोर क्राफ्ट की देख-रेख में चल रहा था, जिन्हें प्रतिमाह 100 रुपये वेतन राजा राममोहन राय द्वारा दिया जाता था।

आधुनिक शिक्षा के प्रचार-प्रसार के लिए राजा राममोहन द्वारा कई सराहनीय प्रयास किये गये। इसके लिये उन्होंने 1822 ई. में कार्नवालिस चौक के निकट जमीन खरीदकर एक सकूल का निर्माण करवाया। मिस कालेट के अनुसार यह स्कूल एंग्लों हिन्दू के नाम से चल रहा था। इसमें भी निःशुल्क शिक्षा दी जाती थी। इस संस्था में हिन्दू छात्रों को अंग्रेजी का ज्ञान प्रदान किया जाता था। कुछ समय तक इस स्कूल के विजिटर रेवरेण्ड विलियम एडम थे। सैंडफोर्ड अर्नाट, जो कि जेम्स सिल्क बकिंघम के कलकत्ता जनरल के सहायक सम्पादक थे और बाद

में अब राजा राममोहन राय इंग्लैण्ड में थे तो वे उनके सहायक के रूप में वहाँ कार्यरत थे ने भी इस स्कूल में शिक्षण कार्य किया था। राजा राममोहन राय द्वारा स्थापित एंग्लो हिन्दू स्कूल के ही छात्र इनके साथ राजा राममोहन राय के पुत्र राम प्रसाद भी पढ़ते थे। इसका उल्लेख महर्षि देवेन्द्र नाथ टैगोर ने अपनी आत्मकथा में भी किया है।

1830 ई. में राजा राममोहन राय के इंग्लैण्ड जाने के कारण इस स्कूल के कार्यभार का दायित्व प्रधानाध्यापक पूर्णचन्द्र मिश्रा के कन्धों पर आ गया था। अब यह स्कूल पूर्ण मित्रा स्कूल के नाम से जाना जाने लगा। जनवरी 1834 में एक बार पुनः इस स्कूल का नाम परिवर्तित हुआ और अब इसका नाम हो गया इण्डियन एकेडमी। भूदेव मुखर्जी जो बंगला साहित्य में शिक्षा शास्त्री थे इस एकेडमी के छात्र रहे। 10 जनवरी, 1828 के ब्रजेन्द्र नाथ बनर्जी बंगाल हरकारू में जो लेख प्रकाशित हुआ वह बहुत ही प्रेरणाप्रद रहा। इसमें लिखा गया था कि जनवरी को हरकारू के कक्ष में राजा राममोहन राय के इस स्कूल की सार्वजनिक परीक्षा का आयोजन किया गया था। यह परीक्षा विद्यालय के प्रधानाध्यापक सीनक्लेयर तथा प्रबन्धक मि. हेयर के देखरेख में सम्पन्न हुई। लगभग 50 विद्यार्थी इस परीक्षा में सम्मिलित थे जबकि विद्यालय के अभिलेख में 70 से 80 छात्रों का नामांकन था। तीनों कक्षा के छात्रों की वाचन, अनुवाद तथा व्याकरण सम्बन्धी ज्ञान की परीक्षा ली गयी। सबसे विकसित कक्षा का मूल्यांकन मकैनिक्स तथा ज्योतिष सम्बन्धी ज्वायस के वैज्ञानिक संवाद के सन्दर्भ में भी किया गया। इन छात्रों को स्वीडन के चार्ल्स बारहवें के वाल्टेयर के इतिहास का बंगाली में अनुवाद करने के लिए कहा गया। पत्र का सम्पादक छात्रों के उक्त विषयक ज्ञान से अत्यधिक सन्तुष्ट था। यद्यपि इस कक्षा के विद्यार्थियों की उपलब्धि गणित में बहुत अल्प मात्रा में थी, लेकिन विद्यार्थियों से जिस ज्ञान की आशा की थी उसे पाने में वे पूर्ण रूप से सफल हुए। विश्वनाथ मित्र नामक एक छात्र की उपलब्धि इस परीक्षा में विशेष रूप से उल्लेखनीय थी। परीक्षा की समाप्ति पर आयोजकों द्वारा अनेक पुरस्कार अच्छी उपलब्धि अर्जित करने वाले छात्रों को प्रदान किया गया। ये पुरस्कार मि. हेयर, मि. हालक्राफ्ट तथा यूनिटेरियन एसोसिएशन समिति की सम्मानित सदस्यों द्वारा प्रदान किया गया। अध्ययन में विशेष दक्षता प्राप्त करने हेतु विश्वनाथ मित्र, देवेन्द्र नाथ टैगोर सहित कुछ अन्य छात्रों को विशेष रूप से पुरस्कृत किया गया। राम प्रसाद राय सहित कुछ अन्य छात्रों को कक्षा में नियमित रूप से उपस्थित रहने हेतु पुरस्कृत किया गया।

राजा राममोहन राय द्वारा 1822-1824 तक लिखे गये संवाद कौमुदी में प्रकाशित किया जाता था। यह पत्रिका वैज्ञानिक विषयों से संबंधित लेखों व सामाग्रियों का प्रकाशन करती थी कि वे देशी भाषा के माध्यम से शिक्षित बंगालियों के मध्य वैज्ञानिक विषयों को लोकप्रिय बनाने हेतु अत्यन्त ही उत्सुक थे। 1823 में एक सार्वजनिक शिक्षा के लिये सामान्य समिति की नियुक्ति की गयी। इस समिति को शिक्षा के विकास हेतु वह कोष सौंपा गया जो 1813 के अधिनियम के प्रावधान के आधार पर संग्रहीत किया गया था। इस समिति में अंग्रेजी सरकारी अधिकारी नियुक्त किए गए थे जो कि उच्च पदों पर नियुक्त थे। इसीलिए तत्कालीन गवर्नर जनरल लार्ड एम्हर्स्ट की शिक्षा नीति प्राच्यवादियों से प्रभावित हो रही थी। इससे प्रभावित होकर सरकार ने कलकत्ता में संस्कृत भाषा के शिक्षण हेतु एक कॉलेज की स्थापना करने का निर्णय लिया।

11 दिसम्बर, 1823 ई. को राजा राममोहन राय ने सरकार के इस निर्णय का विरोध करते हुए गवर्नर जनरल को एक पत्र लिखा, जिसमें उन्होंने सरकार से अत्यधिक नम्य और समृद्ध शिक्षा के प्रसाद की वकालत की, जिसमें गणित, प्राकृतिक दर्शन, रसायन, एनाटोमी के साथ ही साथ अन्य उपयोगी विषयों के शिक्षण की व्यवस्था हो। इस पत्र में उन्होंने अंग्रेजी भाषा या अन्य यूरोपीय भाषा के ज्ञान के प्रसार के सन्दर्भ में कुछ भी नहीं कहा था। इस पत्र में इन आवश्यकताओं को भी निरूपित किया गया था जिसकी आधुनिक शिक्षा के संबंध में आवश्यकता थी। विशप हेयर जिन्होंने इस पत्र को लार्ड एम्हर्स्ट के सम्मुख प्रस्तुत किया था, ने पत्र की भाषा (अंग्रेजी) उसकी दृष्टि तथा सबल तर्कों की प्रशंसा करते हुए लिखा है कि इस पत्र की सबसे महत्वपूर्ण विशेषता यह है कि यह किसी एशियाई द्वारा लिखा गया है। इसके लिए वेदान्त कॉलेज की स्थापना की गयी जिससे बंगाली व संस्कृत भाषा में शिक्षा दी जा सके। सन् 1830 ई. में जब अलेक्जेण्डर डफ के नेतृत्व में स्काटिश मिशनरी का कलकत्ता में आगमन हुआ तो वे भी वहाँ पर एक अंग्रेजी स्कूल की स्थापना करना चाहते थे। राजा राममोहन राय ने उन्हें भी अपना महत्वपूर्ण सहयोग दिया। राजा राममोहन राय ने स्काटिश मिशनरी को कक्षा संचालन हेतु चित्तपुर रोड पर अवस्थित ब्रह्म सभा का एक हाल उपलब्ध करवाया। राजा राममोहन राय द्वारा निर्देशित शिक्षा व्यवस्था को उनकी मृत्यु (27 दिसम्बर, 1833) के बाद सरकार की स्वीकृति नहीं मिल पायी। आधुनिक शिक्षा का व्यवस्थिति रूप मार्च 1835 में मैकाले ने अपने घोषणा पत्र में वर्णित नीति के विधिवत उद्घाटन के द्वारा प्रदान किया। लार्ड मैकाले ने अपनी शिक्षा व्यवस्था को न्यायसंगत बताते हुए लिखा

है कि भारतीय विशुद्ध रूप से दर्शन और आध्यात्म से परिचित थे, परन्तु उनमें वैज्ञानिक दृष्टिकोण का विकास पाश्चात्य शिक्षा के माध्यम से ही किया जा सकता है। राजा राममोहन राय के शिक्षा दर्शन के प्रति सभी विचारों में मतैक्य नहीं है। कुछ विचारकों ने माना था कि राजा राममोहन राय पाश्चात्य शिक्षा को भारतीय शिक्षा से अधिक महत्व देते थे परंतु वास्तविकता यह है कि उन्होंने पाश्चात्य शिक्षा को वहीं तक महत्व दिया जहाँ भारत की अपनी सांस्कृतिक विरासत व शिक्षा की उपेक्षा न हो। इतना अवश्य था कि वे ऐसी रूढ़िवादी मान्यताओं के समर्थक नहीं थे जो भारतीय लोगों के भौतिक विकास में बाधक हो।

5

आर्थिक क्षेत्र में योगदान

आज हम सभी अपने आप में ही जी रहे हैं। जो लोग दूसरों की सेवा और समाज सेवा करने का जोखिम उठाते भी हैं वह भी अपने मतलब के लिए ही यह कार्य करते हैं। आलम तो यह है आज बिना फायदे के कोई समाजसेवा करना भी नहीं पसंद करता, लेकिन यह सब आज के समय में होता है। इतिहास के पन्नों को अगर पलटा जाए तो कुछ ऐसे नायक भी आएँगे जिन्हें देखकर आपको लगेगा कि हाँ यही हैं असली लोकनायक, समाजसेवक और आदर्श शख्सियत। ऐसे ही एक व्यक्ति थे–राजा राममोहन राय। आधुनिक भारत के निर्माता राजा राममोहन राय ऐसे बहुआयामी समाजसेवी थे जिन्होंने अकेले दम पर सदियों से रूढ़ियों में जकड़े भारतीय समाज के सुधार के लिए विभिन्न क्षेत्रों में काम किया।

राममोहन राय अपनी विलक्षण प्रतिभा से समाज में फैली कुरीतियों के परिष्कारक और ब्रह्म समाज के संस्थापक के रूप में निर्विवाद रूप से प्रतिष्ठित हैं। राजा राममोहन राय सिर्फ सती प्रथा का अंत कराने वाले महान समाज सुधारक ही नहीं, बल्कि एक महान दार्शनिक और विद्वान भी थे। वह जहाँ संस्कृत और हिंदी भाषा में दक्ष थे वहीं अंग्रेजी, ग्रीक, बांग्ला और फारसी भाषा में भी बेहद निष्णात थे। उन्होंने वेदों और उपनिषदों को विश्व जनमानस तक पहुँचाने के लिए इनका बांग्ला हिंदी, फारसी और अंग्रेजी भाषा में अनुवाद किया। इन भाषाओं में उन्होंने कई ग्रंथों की रचना भी की।

मानव एक सामाजिक प्राणी जिसकी इच्छायें अनिश्चित होती हैं और इन इच्छाओं को पूरा करने के लिये वह विभिन्न साधनों का प्रयोग करता है। अर्थशास्त्र के अन्तर्गत व्यक्ति की सम्पत्ति के उत्पादन, वितरण तथा उपयोग पर विशेष बल दिया जाता है। मूल आवश्यकताओं और सीमित साधनों के मध्य वांछित समन्वय स्थापित करना ही अर्थशास्त्र का मूल तत्व है। वर्तमान अर्थशास्त्र को दो रूपों में विभक्त किया गया है–पहला व्यष्टि अर्थशास्त्र और दूसरा समष्टि अर्थशास्त्र। व्यष्टि अर्थशास्त्र के अन्तर्गत ग्राहकों व उपभोक्ताओं के व्यवहारों का अध्ययन किया जाता

है, जबकि सम्पूर्ण राष्ट्र की वित्त-व्यवस्था के व्यवहारों का अध्ययन किया जाता है। वर्तमान दौर में प्रत्येक राज्य की अर्थनीति उसकी राजनीति से प्रभावित होती है। कार्ल मार्क्स का समूचा सामाजिक और राजनीतिक दर्शन उसकी अर्थनीति से आक्रांत है।

आर्थिक विचारक

विभिन्न आर्थिक विचारकों में एडम स्मिथ (1723-1790) सबसे प्रमुख हैं। उन्होंने अपने महाग्रंथ 'द वेल्थ ऑफ नेशन्स (1776)' द्वारा आधुनिक अर्थशास्त्र की नींव डाली। दूसरे प्रकार के अर्थवेत्ता को व्यावहारिक अर्थशास्त्री कहते हैं। ये अपने देश के सम्मुख आने वाली सभी व्यावहारिक समस्याओं को हल करने का प्रयास करते हैं। अमेरिका के राष्ट्रपति फ्रेंकलिन रुजवेल्ट व्यावहारिक अर्थशास्त्री थे। उन्होंने वर्तमान सदी के तीसरे दशक में अपने आर्थिक कार्यक्रमों द्वारा अमरीका में व्याप्त व्यापक बेरोजगारी की समस्या दूर की और अमरीका का आर्थिक पुनर्निमाण किया।

भारत के वर्तमान प्रधानमंत्री डॉ. मनमोहन सिंह को भी व्यावहारिक अर्थशास्त्री में गिनते हैं।

राममोहन राय के आर्थिक विचार

राजा राममोहन राय को सैद्धांतिक विचारकों की श्रेणी में नहीं रखा जा सकता क्योंकि उनका उद्‌देश्य व प्रेरणा आध्यात्म तथा सामाजिक सुधारों तक ही सीमित था। उन्होंने देश में फैली धार्मिक और सामाजिक कुरीतियों को दूर करने का प्रयास किया यही उनका प्रमुख लक्ष्य था। इस लक्ष्य तक पहुँचने के मार्ग में जो भी बाधाएँ या समस्याएँ थीं, उन पर स्वभावतः उन्होंने विचार किया। लोगों की आर्थिक दुरव्यवस्था किसी भी कारगर धार्मिक और सामाजिक सुधार के कार्यक्रम में एक बड़ी बाधा थी, इसलिए देश की आर्थिक समस्याओं की ओर भी राजा राममोहन राय का ध्यान गया था। इनके आर्थिक विचार 19वीं सदी के शुरुआती दौर में भारत की आर्थिक स्थिति संदर्भ में बने थे। अतः राममोहन राय के आर्थिक विचारों को समझने के लिए अठारहवीं सदी के आरम्भ में भारत के आर्थिक विचार पर दृष्टि डालना आवश्यक है।

स्वतंत्रता पूर्व भारत की आर्थिक स्थिति अत्यधिक कमजोर व शोचनीय थी जिसका उल्लेख फ्रांसीसी यात्री बर्नियर ने किया था, ‘‘भारत एक अथाह गड्ढा है जिसमें संसार का अधिकांश सोना और चाँदी चारों तरफ से अनेक रास्तों से आकर जमा होता है और जिसे बाहर निकालने का कोई रास्ता नहीं मिलता।’’ ब्रिटिश शासन के सौ वर्षों में हमारे देश की आर्थिक व्यवस्था में काफी बदलाव आ गया था। देश में लगभग दस करोड़ व्यक्ति ऐसे थे जिन्हें पेट भर अन्न नहीं मिलता था। इस अधः पतन की मिसाल संसार के किसी सभ्य या उन्नतिशील देश में नहीं मिल सकती थी। दादा भाई नैरोजी के विचार से भारत की बढ़ती हुई निर्धनता का प्रमुख कारण यह था कि उसकी पूर्वकालीन संपत्ति धीरे-धीरे खत्म होती जा रही थी, उसकी आय का बहुत बड़ा भाग प्रशासन के ऊपर ही खर्च हो जाता था और अंग्रेजों ने दूसरे देशों की सरकारों से जो ऋण ले रखा था, भारत का बहुत सा रुपया उस ऋण का ब्याज चुकाने में निकल जाता था।

दोहरा शासन

मीरजाफर की सफलता को देखते हुए ईस्ट इंडिया कंपनी ने बंगाल में दोहरी शासन व्यवस्था कायम की। इस शासन में शासन का उत्तरदायित्व कम्पनी और नवाब

दोनों में बँटा हुआ था, लेकिन वास्तविक शक्ति नवाब के हाथों में न होकर कंपनी के हाथों में थी। इस व्यवस्था में अनेक दोष थे। कंपनी के कर्मचारी काफी लालची व भ्रष्ट थे और उनका वेतन भी कुछ खास नहीं था। वे हरसंभव तरीके से अधिक से अधिक धन कमाने की ताक में रहते थे। इस व्यवस्था के अंतर्गत बंगाल के व्यापार, उद्योग और कृषि का सर्वनाश हो गया। 1769-70 में बंगाल में भयंकर अकाल पड़ा जिसमें लाखों लोग भूख से मर गए।' उस समय अंग्रेज भारत का आर्थिक शोषण कर रहे थे। इंग्लैंड की औद्योगिक क्रांति के फलस्वरूप वहां मिलों में कम कीमत पर अधिक कपड़ा बनने लगा। सस्ती लागत का कपड़ा भारतीय बाजारों में बिखेर दिया गया। अंग्रेजी कपड़ों की प्रतियोगिता में भारत का वस्त्रोद्योग नहीं टिक सका।

स्थायी बंदोबस्त

सन् 1793 में लार्ड कार्नवालिस ने भारत में स्थायी बंदोबस्त की नीति लागू की। इस व्यवस्था के अनुसार जमींदारों को भूमि का वास्तविक स्वामी माना गया। जमींदारों तथा उनकी रैयत के बीच संबंधों में जमींदारों को बिल्कुल स्वतंत्र कर दिया गया। कार्नवालिस ने सरकार के लिए राजस्व निर्धारण करके जमींदारों के अधिकारों की धोषणा करके सरकार और जमींदारों के हितों की तो रक्षा की लेकिन किसानों के हितों की उपेक्षा की गई। अब वे पूरी तरह जमींदारों की दया पर आश्रित थे और जमींदार उनका मनमाने ढंग से शोषण कर सकते थे।

नमक पर एकाधिकार का विरोध

कम्पनी नमक व्यापार पर पूर्ण अधिकार रखती थी जिस कारण कंपनी जब चाहती नमक की कीमत बढ़ा देती थी। नमक उत्पादन के लिये जो एक लाख पच्चीस हजार मजदूर लगे हुए थे उनके साथ दासों जैसा व्यवहार होता था। सरकार ने नमक तैयार करने के लिए कुछ एजेंट नियुक्त कर रखे थे। ये एजेंट तैयार नमक को कलकत्ता लाते थे। जहाँ इसे समय-समय पर किश्तों में बेचा जाता था। नमक का यह सारा व्यापार कुछ धनी भारतीयों के हाथों में था। ये लोग नमक को बेचने से पहले उसमें मिलावट कर देते थे। राममोहन राय के द्वारा भी इस एकाधिकार का विरोध किया गया था। उनका मानना था कि अगर नमक के दाम कम कर दिए जाए तो उसकी खपत और बढ़ जायेगी। इंग्लैंड का नमक सस्ता था और भारत के नमक से ज्यादा अच्छा भी था। राजा राममोहन राय ने सरकार पर इस बात के लिए दबाव

डाला कि वह इंग्लैंड का नमक भारत मँगाए। ईस्ट इंडिया कंपनी की सरकार ने नमक के एकाधिकार के संबंध में राममोहन राय के तर्कों को स्वीकार कर लिया और नमक के व्यापार पर कंपनी का एकाधिकार समाप्त कर दिया।

जमींदारी प्रथा और लगान

प्राचीन काल में भारत में जमींदारी प्रथा लागू थी। सन् 1833 में अंग्रेज प्रशासन को ईस्ट इंडिया कंपनी के अधिकार-पत्र का नवीकरण करना था। इसके लिए ब्रिटिश संसद की एक समिति ने 1813 के कंपनी चार्टर की समीक्षा करने के लिए राजा राममोहन राय को सम्मिलित किया गया। उन्होंने समिति के प्रश्नों के बहुत ही अच्छे उत्तर प्रस्तुत किये जिससे उनके आर्थिक विचारों का पता चलता है। राममोहन राय ने स्थायी बंदोबस्त और रैयतवाड़ी प्रथा दोनों का अत्यधिक विरोध किया। उनका मानना था कि स्थायी बंदोबस्त में तो किसान जमींदारों की दया पर निर्भर रहते हैं। रैयतवाड़ी प्रथा में कंपनी के राजस्व अधिकारी किसानों का शोषण करते हैं।

राजा राममोहन राय ने स्थायी बंदोबस्त के आर्थिक दुष्परिणामों का अध्ययन करते हुए कहा था कि स्थायी बन्दोबस्त से भारतीय कृषकों को न कोई लाभ हुआ है और न ही उनमें कोई सुधार ही आया है, लेकिन जमींदारों की हालत में सुधार अवश्य हुआ है। सरकार ने जमींदारों से वसूल किए जाने वाले लगान की दर एकबारगी तय कर दी है, इसलिए जमींदारों को इस बात का डर तो है नहीं कि सरकार उनके लगान की दर में वृद्धि करेगी। जमींदारों ने बहुत सी बेकार पड़ी जमीन पर खेती शुरू कर दी है और काश्तकारों से वसूल किए जाने वाले लगान की दर बढ़ा दी है। इससे जमींदारों को तो लाभ हुआ है लेकिन किसान गरीबी के मकान में धसते ही जा रहे थे। राममोहन राय को इस बात का दुख था कि सरकार ने जमींदारों से लिए जाने वाले लगान को तय कर दिया था परन्तु काश्तकारों से लिए जाने वाले लगान की दर तय ही नहीं की। जो सुविधा जमीदारों को दी गई है, वह सुविधा काश्तकारों को नहीं दी गई। काश्तकारों की दयनीय स्थिति को देखते हुए सरकार को चाहिए कि वह काश्तकारों का उचित लगान तय कर दे और उसके बाद उसमें कोई वृद्धि न होने दे। राममोहन राय की सम्मति थी कि यदि ऐसा करने से सरकार की आय में कुछ कमी हो तो वह भोग-विलास की वस्तुओं पर कर लगा सकती है लेकिन अंग्रेजी अधिकारियों के स्थान पर भारतीयों को नियुक्त कर सकती है। इससे आर्थिक लाभ भी होगा क्योंकि भारतीय अंग्रेजों की अपेक्षा कम पैसे पर काम करेंगे।

स्थायी बन्दोबस्त में जमींदारी जोत की उपज का 1/2 भाग कृषकों से लगान के रूप में ले लेती है। यह रकम भी राजा राममोहन राय के अनुसार ज्यादा थी क्योंकि बीज, खाद और मजदूरी का सारा खर्च काश्तकारों को वहन करना होता था। जमींदार हर संभव उपाय से लगान की दर में वृद्धि करने का हर संभव प्रयास करते थे। जिस समय स्थायी बंदोबस्त शुरू किया गया था, उस समय सरकार ने जमींदारों को ही जमीन का असली मालिक माना था। राममोहन राय का सुझाव था कि सरकार को कुछ ऐसी व्यवस्था करनी चाहिए कि जमींदार भविष्य में लगान बढ़ा सकें। इससे काश्तकारों के साथ न्याय होगा, उन्हें सुरक्षा मिल सकेगी और वे जमींदारों के अत्याचारों से बच सकेंगे। सरकार को इस आशय के नोटिस हर गाँव में, हर थाने में लगा देने चाहिए। यदि काश्तकार लगान न चुका सके तो जमींदार को उसकी जमीन बेचने का अधिकार था। राममोहन राय जमींदार के इस अधिकार को नियंत्रित करने के पक्ष में थे। जमीन बेचने की जिम्मेदारी मुन्सिफ की थी। मुन्सिफ को इस विषय में कुछ कार्यवाही करने से पहले यह छानबीन कर लेनी चाहिए कि काश्तकार ने पिछले साल जो लगान दिया था, जमींदार ने इस बार वह लगान मनमाने ढंग से बढ़ा तो नहीं दिया है।

राजा राममोहन राय ने सरकार से यह माँग की कि लगान विषयक मामलों के निबटारे कि लिए मजिस्ट्रेटों को सप्ताह में एक बार अदालत लगानी चाहिए। तथा दोषियों के खिलाफ चाहे वो जमींदार हो चाहे पुलिस अधिकारी दंड का प्रावधान होना चाहिये। जमींदार पर जुर्माना हो सकता है, पुलिस अधिकारी को नौकरी से निकाला जा सकता है। मजिस्ट्रेट को साल में एक बार जिले का दौरा करना चाहिए और इस बात की अपने आप पड़ताल करनी चाहिए कि लगान विषयक कानूनों और नियमों का ठीक-ठाक ढंग से पालन हो रहा है या नहीं। राममोहन राय का यह भी आग्रह था कि कलक्टरों को सभी काश्तकारों का एक रजिस्टर बनाना चाहिए जिसमें काश्तकारों के नाम, उनके हिस्से की जमीन का विवरण, लगान की निश्चित की गई राशि का विवरण हो।

राजा राममोहन राय ने अपने बयान में कहा कि जो अंग्रेज भारत में सेवा करने के बाद इंग्लैंड वापस जाते हैं वे अपने साथ बड़ी रकम भी ले जाते हैं। वे भारत से औसतन 30 लाख पौंड प्रतिवर्ष ले जाते रहे हैं।

भारत में यूरोपियों का स्थाई निवास

राजा राममोहन राय का कहना था कि अंग्रेज भारत को ही अपना निवास स्थान बनायें। ऐसा होने से भारत का आर्थिक विकास होगा। राममोहन राय के इस विचार

की कठोर आलोचना हुई है। उन्हें अंग्रेजों का पिट्ठू तथा राष्ट्र का विरोधी कहा गया है। राममोहन राय के आर्थिक चिंतन के इस पक्ष को समझने के लिए तत्कालीन भारत की आर्थिक स्थिति का अवलोकन करना आवश्यक है।

ईस्ट इंडिया कम्पनी को ब्रिटिश संसद के एक अधिनियम द्वारा भारत में एकाधिकार व्यापार करने का दर्जा प्राप्त था। कंपनी और किसी यूरोपीय को भारत आने से या यहाँ व्यापार और कृषि करने के इरादे से बसने से रोक सकती थी। कंपनी ने अपने इस उद्देश्य की पूर्ति के लिए हरसंभव उपाय का प्रयोग किया। कंपनी की ये भरपूर कोशिश रही कि भारत के कच्चे माल पर उसका अधिकार हो जिससे वो उस माल को इंग्लैण्ड में ले जायें जो इंग्लैण्ड के उद्योगों के काम आ सके। इस एकाधिकार के कारण कंपनी भारत के लोगों का भी मनचाही रीति से शोषण कर सकती थी। कंपनी के कर्मचारियों ने कंपनी के बोर्ड ऑफ डायरेक्टर्स को समय-समय पर जो पत्र लिखे थे, उनमें इस स्थिति का खुलासा किया गया है। उनका मानना था कि यदि अंग्रेजों को भारत में व्यापार की अनुमति मिल जाये तो उनसे लगान लेने में भारत को समस्या का सामना करना पड़ेगा। इसके लिए अदालतों का द्वार खटखटाना होगा और भारत में कपंनी की सत्ता को आघात पहुँचेगा'' हजारों यूरोपीय भारत आ जाएँगे, यहाँ के देहातों में फैल जाएंगे, अपने कारखाने बनाएँगे, जुलाहों को रकम उधार देंगे, यदि कभी विवाद हुआ तो उसका निपटारा करेंगे और इस तरह देश में अव्यवस्था फैल जाएगी।

18वीं शताब्दी के अंतिम दौर में इंग्लैण्ड में स्वतंत्र वाणिज्य और एकाधिकार वाणिज्य के समर्थकों के बीच विवाद उत्पन्न हो गया। ईस्ट इंडिया कंपनी एकाधिकार वाणिज्य के पक्ष में थी और उसने अपनी सारी ताकत अपने पक्ष को मजबूत करने में लगा दी। 1824 तक वह अपने प्रयास में सफल रही और उसने स्वतंत्र वाणिज्य की नीति को लागू नहीं होने दिया।

19वीं शताब्दी के प्रारंभिक दौर में भारत की आर्थिक स्थिति में कुछ बदलाव आने लगा। जब इंग्लैंड ने श्रीलंका को जीता, तब उसका प्रशासन ईस्ट इंडिया कंपनी को सौंप दिया। ईस्ट इंडिया कंपनी ने श्रीलंका में भी वाणिज्य का एकाधिकार अपने हाथों में ले लिया और किसी को भी वाणिज्य के लिए श्रीलंका में घुसने नहीं दिया। 1801 में ब्रिटिश सरकार ने श्री लंका का प्रशासन फिर अपने हाथ में ले लिया और सर एलैक्जैंडर जान्स्टन की एक रिपोर्ट के आधार पर 1810 में श्रीलंका में ईस्ट इंडिया कंपनी के वाणिज्य-विषयक एकाधिकार को समाप्त कर दिया। इसी समय से श्रीलंका में औद्योगिक क्रांति शुरू हो गई।

सन् 1824 तक ईस्ट इंडिया कम्पनी का व्यापार पर एकाधिकार कायम रहा। 1824 में सरकार ने कॉफी की खेती शुरू करने का विचार किया। इस योजना को सफल बनाने के लिए उसने यूरोपियों को कुछ शर्तों के अधीन भारत में जमीन खरीदने की अनुमति दे दी। यूरोपीय व्यापारियों ने कॉफी की खेती शुरू कर दी पर वे खुद पर लगे प्रतिबंधों से दुखी थे और इस बारे में उन्होंने 7 नवंबर, 1827 को कलकत्ता में एक सभा का आयोजन किया। उस सभा के उपरान्त 26 फरवरी 1828 को राजा राममोहन राय के एक मित्र और सहयोगी द्वारकानाथ टैगोर ने संवाद कौमुदी पत्रिका में मुक्त वाणिज्य नीति के पक्ष में एक पत्र लिखा। द्वारकानाद टैगोर ने अपने इस पत्र में बताया कि यदि यूरोपीय देश के लोग यहां बस जाएँ और उन्हें खेती और व्यापार करने की अनुमति दे दी जाए, तो इससे देशवासियों को लाभ होगा। टैगोर ने यहाँ तक कह दिया कि जो लोग यूरोपियों के भारत में बसने का विरोध करते हैं, वे समस्त भारतीयों तथा आने वाली पीढ़ियों के शत्रु हैं।

ईस्ट इंडिया कम्पनी के व्यापार विषयक एकाधिकार के खिलाफ इंग्लैण्ड में विरोध होने लगा। 28 अप्रैल, 1829 को इंग्लैंड के कुछ व्यापारियों ने ब्रिटिश संसद की सेवा में कंपनी के एकाधिकार के विरोध में एक याचिका प्रस्तुत की थी और एकाधिकार की प्रथा को सार्वजनिक कल्याण के विरुद्ध बताया था। इंग्लैंड के व्यापारियों ने 14 मई, 1829 को संसद की सेवा में एक और याचिका प्रस्तुत की जिसमें कंपनी के एकाधिकार को स्वयं इंग्लैंड के हितों के विरुद्ध घोषित किया।

15 दिसम्बर 1829 को कलकत्ता के टाउनहाल में यूरोपियों को भारत में व्यापार करने की अनुमति देने के प्रश्न पर विचार करने के लिए सभा हुई थी। इस सभा में राममोहन राय, द्वारकानाथ टैगोर और प्रसन्नकुमार टैगोर ने प्रमुख रूप से भाग लिया था। राममोहन राय ने कहा कि अंग्रेजों की नील की खेती के कारण मजदूरों की हालत में सुधार हुआ।

6

भाषा एवं साहित्य के क्षेत्र में योगदान

साहित्य की रचना विभिन्न भाषाओं में की जाती है। साहित्य का अर्थ मानव की लिखी हुई वे कृतियाँ जिनके द्वारा मानव कल्याण संभव हो। साहित्य के दो रूप हैं–(1) रसात्मक साहित्य (2) ज्ञान साहित्य है। साहित्य के अन्दर उन कृतियों को शामिल किया जाता है जो मानव के हृदय को प्रभावित करती हैं, उसमें विचार पैदा करती हैं या उसमें विचारों को जन्म देती हैं। काव्य, कहानी, उपन्यास, नाटक, संस्मरण, यात्रा-वृतांत, जीवनियाँ समीक्षाएँ ये रसात्मक साहित्य के विभिन्न अंग हैं और मुख्यतः साहित्य के अंतर्गत इन्हीं का समावेश होता है। रसात्मक साहित्य का स्रोत मनुष्य का हृदय है। जब हृदय में किसी विशेष भाव का तीव्र गति से संचार हो, तो वह कभी गीत, कभी कहानी, कभी नाटक अथवा अन्य किसी विधा के रूप में फूट पड़ता है। भावों का प्रवाह जितना तीव्र होगा, रचना उतनी ही सशक्त रूप लेगी।

काव्य को साहित्य का शिखर माना गया है। आचार्य मम्मट ने काव्य के संदर्भ में कहा है कि यश, धन, व्यवहार, ज्ञान, अनर्थ-निवारण, आनंद और कांता के समान मधुर ढंग से उपदेश की प्राप्ति के लिए ही काव्य की सृष्टि होती है।

ज्ञान सा।।हित्य प्रकृति और समाज के विभिन्न विषयों पर प्रकाश डालता है। सामाजिकी, मानविकी और विज्ञान के विविध विषयों का विवेचन और विवरण का ज्ञान-साहित्य के अंतर्गत आता है। साहित्य का संबंध मनुष्य के मस्तिष्क तथा उसकी बुद्धि से होता है। इस साहित्य में ठोस तथ्यों और यथार्थ का चित्रण होता है। इस साहित्य के द्वारा मनुष्य अपनी सामाजिक, आर्थिक, राजनीतिक, मनोवैज्ञानिक समस्याएं समझने की और उन्हें हल करने का प्रयत्न करता है।

भाषायी पत्रकारिता के संस्थापक

राजा राममोहन राय यह नाम एक प्रखर एवं प्रगतिशील व्यक्तित्व का है, जिन्होंने भारत में भाषायी प्रेस की स्थापना का ऐतिहासिक कार्य किया। राजा राममोहन राय को भारतीय पुनर्जागरण एवं सामाजिक आंदोलनों का प्रणेता भी कहा जाता है। उन्होंने तत्कालीन भारतीय समाज में व्याप्त कुरीतियों के विरुद्ध जनजागरण का कार्य किया, जो तत्कालीन समय की महत्वपूर्ण आवश्यकता थी। राजा राममोहन राय ने सामाजिक और राष्ट्रव्यापी जनजागरण कार्य पत्रकारिता के माध्यम से ही किया था। उन्होंने पत्रकारिता को जनजागरण के सशक्त माध्यम के रूप में प्रस्तुत किया था। उनके द्वारा चलाए गए सामाजिक आंदोलन और पत्रकारिता एक-दूसरे के पूरक थे। उनकी पत्रकारिता सामाजिक आंदोलन को मजबूती प्रदान करती थी। राजा राममोहन राय का जन्म राधानगर, बंगाल में 22 मई, 1772 को कुलीन ब्राहमण परिवार में हुआ था। उनका जन्म एक ऐसे परिवार में हुआ था जो धार्मिक विविधताओं से परिपूर्ण था। उनकी माता शैव मत में विश्वास करती थीं एवं पिता वैष्णव मत में, जिसका उनके जीवन पर व्यापक प्रभाव पड़ा।

सामाजिक परिवर्तनों के प्रणेता और आधुनिक भारत के स्वप्नदृष्टा राजा राममोहन राय ने संवाद कौमुदी, ब्रह्मनिकल मैगजीन, मिरात-उल-अखबार, बंगदूत जैसे सुप्रसिद्ध पत्रों का प्रकाशन किया। राजा राममोहन राय ने सन 1821 में बंगाली पत्र संवाद कौमुदी का कलकत्ता से प्रकाशन प्रारंभ किया। इसके बाद सन 1822 में उन्होंने फारसी भाषा के पत्र मिरात-उल-अखबार और ब्रह्मनिकल मैगजीन का प्रकाशन किया। यह पत्र तत्कालीन समय में राष्ट्रवादी एवं जनतांत्रिक विचारों के शुरुआती समाचार पत्रों में से थे। इन समाचार पत्रों का उद्देश्य राष्ट्रीय पुनर्जागरण और सामाजिक चेतना ही था। इन समाचार पत्रों के अलावा राजा राममोहन राय ने अंग्रेजी में बंगला हेराल्ड और बंगदूत का भी प्रकाशन किया।

राजा राममोहन राय ने भारत में उद्देश्यपूर्ण पत्रकारिता की नींव डाली थी। उन्होंने अपने द्वारा प्रकाशित किए गए समाचार पत्रों का उद्देश्य स्पष्ट करते हुए कहा था कि- ‘‘मेरा उद्देश्य मात्र इतना है कि जनता के सामने ऐसे बौद्धिक निबंध उपस्थित करूँ जो उनके अनुभव को बढ़ावें और सामाजिक प्रगति में सहायक सिद्ध हों। मैं अपनी शक्ति भर शासकों को उनकी प्रजा की परिस्थितियों का सही परिचय देना चाहता हूँ और प्रजा को उनके शासकों द्वारा स्थापित विधि व्यवस्था से परिचित कराना चाहता हूँ, ताकि जनता को शासन अधिकाधिक सुविधा दे सके। जनता उन

उपायों से अवगत हो सके जिनके द्वारा शासकों से सुरक्षा पायी जा सके और अपनी उचित माँगें पूरी कराई जा सकें।" राजा राममोहन राय ने भारत में पत्रकारिता की नींव उस समय डाली थी, जब भारत को पत्रकारिता के महत्वपूर्ण अस्त्र की आवश्यकता थी।

वर्तमान प्रधानमंत्री मनमोहन सिंह ने कोलकाता प्रेस क्लब में अपने संबोधन में कहा था- "उन्होंने बंगाली और फारसी भाषा में समाचार पत्रों का प्रकाशन किया और हमेशा ही प्रेस की स्वतंत्रता की लड़ाई के अगुआ रहे। राजा राममोहन राय ने बहुत पहले ही सन 1823 में ही प्रेस की स्वतंत्रता के महत्व और उसकी आवश्यकता की व्याख्या कर दी थी।" प्रधानमंत्री ने प्रेस की स्वतंत्रता के संबंध में राजा राममोहन

राय के शब्दों को ही उद्धृत करते हुए कहा- "प्रेस की आजादी के बिना दुनिया के किसी भी हिस्से में क्रांति नहीं हो सकती है।" प्रेस की स्वतंत्रता को लेकर मौजूदा दौर में आवाजें उठती रहती हैं।

प्रेस की स्वतंत्रता की लड़ाई का आरंभ राजा राममोहन राय ने ब्रिटिश शासन से टकराव मोल ले लिया था। उनका मानना था कि समाचारपत्रों पर सरकार का नियंत्रण नहीं होना चाहिए, और सच्चाई सिर्फ इसलिए नहीं दबा देनी चाहिए कि वह सरकार को पसंद नहीं है। प्रेस की स्वतंत्रता के मुद्दे पर ही इतिहास पर दृष्टि डालते हुए मनमोहन सिंह ने कहा- "जब कोलकाता में प्रेस पर नियंत्रण करने का प्रयास किया गया, तब राजा राममोहन राय ने सरकार के निर्णय की आलोचना करते हुए ब्रिटिश सरकार को ज्ञापन सौंपा। उन्होंने पत्रकारिता की स्वतंत्रता की ओर ब्रिटिश सरकार का ध्यान इन शब्दों में आकर्षित किया।" राजा राममोहन राय ने ब्रिटिश सरकार से कहा- "कलकत्ता से प्रकाशित होने वाले अधिकतर समाचारपत्र यहाँ के मूल निवासियों के बीच लोकप्रिय हैं, जो उनमें एक स्वतंत्र चिंतन और ज्ञान की व्याख्या करते हैं। यह समाचार पत्र उनके ज्ञान को बढ़ाने और स्थिति को सुधारने का प्रयत्न कर रहे हैं।"

उन्होंने ब्रिटिश सरकार से कहा- "इन समाचारपत्रों के प्रकाशन पर रोक लगाया जाना उचित नहीं है।" राजा राममोहन राय ने हमेशा ही पत्रकारिता की स्वतंत्रता के लिए संघर्ष किया था। उन्होंने सन 1815 से 1830 के कम अंतराल में ही तीस पुस्तकें लिखी थीं। सौमेन्द्र नाथ ठाकुर के अनुसार-"बंगाली काव्य जगत ने बंकिमचंद्र चटर्जी और रविन्द्र नाथ टैगोर की कविताओं के माध्यम से जो ऊँचाई प्राप्त की है, उसकी आधारशिला राजा राममोहन राय ने ही रखी थी।" राजा राममोहन राय को आधुनिक भारत का जनक माना जाता है।

महान क्रांतिकारी सुभाष चंद्र बोस ने राजा राममोहन के बारे में कहा कि- "राजा राममोहन राय भारतीय पुनर्जागरण के अगुआ थे जिन्होंने भारत में एक मसीहा के रूप में नए युग का सूत्रपात किया।" राजा राममोहन राय की अंग्रेजी शासन और अंग्रेजी भाषा के प्रशंसक होने के कारण आलोचना की जाती रही है। उनकी तमाम आलोचनाओं के बाद भी भारत में भाषायी प्रेस की स्थापना और स्वतंत्रता के लिए किए गए उनके योगदान को भाषायी पत्रकारिता के इतिहास में भुलाया नहीं जा सकता है। राजा राममोहन राय अपनी मृत्यु से कुछ वर्ष पूर्व ब्रिटेन में जा बसे थे जहां 27 सितंबर, 1833 को ब्रिस्टल (इंग्लैण्ड) में उनका निधन हो गया।

पत्रकारिता के क्षेत्र में विकास

उन्होंने पत्रकारिता के विकास में भी महत्वपूर्ण भूमिका निभायी। इस क्षेत्र में उनकी भूमिका एक पथ प्रदर्शक की रही। एकात्मवाद पर प्रकाशित उनके निबन्धों, स्कूलों की स्थापना और दो समाचार पत्रों के प्रकाशन का एक मात्र उद्देश्य यह रहा कि वे अपने देशवासियों को जागरूक बनाना चाहते थे। वे ऐसे व्यक्ति नहीं थे जो कि विद्या के प्रसार में समाचार पत्रों की भूमिका को नजर अन्दाज करते। 1815 में जब राम मोहन राय कलकत्ता आये तो पत्रकारिता का काम काफी कंटकाकीर्ण था। कोई भी योग्य व्यक्ति इस पेशे को नहीं अपनाता था और बुद्धिजीवी लोग इसके विचार से काँपते थे।

राजा राममोहन राय को पत्रकारिता से काफी रुचि थी क्योंकि स्वतन्त्रता उनकी प्रबल आकांक्षा थी। बौद्धिक स्वतन्त्रता को वे मानव का मूल अधिकार मानते थे। उन्होंने कहा कि समाचार पत्र जनमत तैयार करने का सबसे प्रबल साधन है। उसका स्वतन्त्र होना अनिवार्य है। वे इसके लिए संघर्ष करने को भी तैयार थे। ब्रिटिश सरकार द्वारा प्रतिबंधित किए जाने पर (1819 में) इसे सत्ता के लिए काफी घातक माना गया। इसके पूर्व प्रत्येक समाचार पत्र को प्रकाशन से पूर्व सरकारी अधिकारियों के समक्ष प्रस्तुत करना पड़ता था। 1819 में ये प्रतिबन्ध हटा लिये गये।

तत्कालीन गवर्नर जनरल लॉर्ड हेस्टिंग्ज सरकारी काम काज की त्रुटिपूर्ण रिपोर्टिंग, ऐसे विचार-विमर्श जिसे धार्मिक भावनायें भड़क सकती थीं या असन्तोष उत्पन्न हो सकते थे, को ही प्रतिबन्धित करके सन्तुष्ट थे। 29 जनवरी, 1780 को 'हिकी गजट' नाम से प्रथम भारतीय समाचार पत्र प्रकाशित हुआ। हिकी के ये कार्य वारेन हेस्टिंग्ज को पसंद नहीं आए। 14 नवम्बर, 1780 को पत्र की न केवल डाक सुविधाएँ बन्द कर दी गयीं, वरन् पत्र प्रकाशन के सभी अधिकार छीन लिये गये। यह ही नहीं जून 1781 में हिकी गजट के सम्पादक को 5000 रुपये का जुर्माना तथा कारावास की सजा भी दी गयी। भारतीय पत्रकारिता के विकास के लिए कंपनी से असंतुष्ट सभी लोग एकजुट हो गए। तरह तरह के सूचनाओं की आवश्यकता थी।

व्यापार जहाज-रानी, प्रशासन आदि के बारे में जनता की जिज्ञासा बढ़ रही थी। कलकत्ता में रहने वाले अंग्रेजों के व्यक्तिगत जीवन के समाचार छापना एक नया प्रयोग था। साधारण मनुष्य के दुराचार को पढ़ना फैशन बन गया। इस समय लोक नियति के लिए आवश्यक पत्र का प्रचार-प्रसार नही हो पा रहा था।

व्यक्तिगत छीटाकशी, घरेलू जीवन के रहस्यों का भण्डाफोड़ और बदनाम करने के प्रयास उन्हें शिष्टाचार से गिरा चुके थे, परन्तु फिर भी समाचार पत्र लोकप्रिय थे। यद्यपि हिकी ने इसे प्रतिबंधित कर दिया था परंतु समाचार पत्रों में लगातार इजाफा हो रहा था।

सरकार की अन्धाधुन्ध आलोचना से बचते हुए 'इण्डिया गजट', 'बंगाल जर्नल', 'ओरिएण्टल मैगजीन' तथा 'इण्डियन वर्ल्ड' का प्रकाशन प्रारम्भ हुआ। इन समाचार पत्रों के स्वामी व सम्पादक यूरोपीय थे। वे यूरोपवासियों के हितों की रक्षा करते थे। ये पत्र सरकारी नीति का समर्थन करते थे। इस कारण ईस्ट इण्डिया कम्पनी इन्हें हर प्रकार की सहायता देती थी। सन् 1816 में कलकत्ता से बंगाल गजट प्रकाशित होने लगा। राजा राममोहन राय के आत्मीय सभा के उत्साही सदस्य गंगाधर भट्टाचार्य इसके सम्पादक थे। समाज में व्याप्त सती प्रथा को समाप्त करने के लिए वे प्रतिबद्ध थे। इसके लिए उन्होंने इसी में अपने लेख प्रकाशित करवाते थे।

यह पत्रिका सुधारवादियों के लिए अत्यन्त उपयोगी सिद्ध हुई। 1820 ई. तक इसका प्रकाशन होता रहा। सुधार के लिए तथा अन्धविश्वासों के विरुद्ध इसने चार वर्ष तक जो कार्य किया, उससे समाज सुधारों की आधारशिला तैयार हुई। ईसाई मिशनरियों ने 'दिग्दर्शन' व 'समाचार दर्पण' प्रकाशित किया। अपनी गरिमा को रखते हुए उन्होंने अपना प्रतिक्रियात्मक स्वरूप को बनाये रखा। श्रीरामपुर के क्रिश्चियन मिशन ने 1817 ई. में बंगला साप्ताहिक समाचार दर्पण का और अंग्रेजी में एक पत्रिका 'फ्रेण्ड आफ इण्डिया' का प्रकाशन प्रारम्भ किया। अंग्रेजी के पहले उदार अखबार 'कलकत्ता जर्नल' का प्रकाशन जेम्स सिल्क बकिंघम ने 1818 में शुरू किया। राम मोहनराय व बकिंघम दोनों ने वैश्विक स्तर पर पत्रकारिता के स्तर को ऊँचा उठाने का प्रयास किया। इस समय ब्रिटिश सरकार की नीतियाँ भारतीयों के पक्ष में विलकुल नहीं थी।

जब बकिंघम ने इसे स्पष्ट किया तो 12 फरवरी, 1823 को बकिंघम को 15 अप्रैल तक भारत से चले जाने का नोटिस दिया गया। एक बार पुनः प्रेस का गला घोंट दिया गया। इंग्लैण्ड जाकर उन्होंने 'ओरिएण्टल हेराल्ड' का सम्पादन किया। वर्ष 1821 के आखिर में मि. बकिंघम के 'कलकत्ता जर्नल' में एक बंगाली साप्ताहिक समाचार पत्र का विवरण छपा, जिसे कि बंगाली और अंग्रेजी में छापा जाना था और इसका प्रबन्ध बंगाल के निवासियों के हाथ में था। इस समाचार पत्र को 'संवाद कौमुदी' या 'द मून आफ इन्टेलिजेन्स' के नाम से जाना गया। राजनीति

से धर्म व आध्यात्मक के विचार इसमें प्रकाशित होते थे। समाचार पत्र के मूल्य के संबंध में एक विनम्र सूचना कुछ इस प्रकार से दी गयी–"हम इस कार्य पर होने वाले खर्चों का वहन कर सकें, इसलिए हम उन सभी का सहयोग और आशीर्वाद चाहते हैं जो अपने देशवासियों के बौद्धिक और नैतिक विकास के इच्छुक हैं। हम आशान्वित हैं कि ये लोग अपनी उदारवादिता और सहयोग से हमारी सबसे उत्कण्ठ अभिलाषा को पूर्ण करने हेतु हमारे समाचार पत्र को दो रुपये महीना का सहयोग राशि प्रदान करेंगे। हम प्रतिज्ञा करते हैं कि इस समाचार पत्र को यथा सम्भव उपयोगी, मनोरंजक और मार्गदर्शक बनाने हेतु सतत प्रयास करेंगे।"

पुनर्जागरण के इसी काल में 4 दिसम्बर, 1821 को जब इसका पहला संस्करण प्रकाशित हुआ तो चारों तरफ एक लहर फैल गयी। यह बंगाल की समस्त जनता को सम्बोधित था। इसने स्वयं को लोकहित का मार्गदर्शक उद्घोषित किया। इसने प्रेस पर से प्रतिबन्ध हटाने के लिए लार्ड हेस्टिंग्ज की प्रशंसा भी की। इसने अपने उन विषय वस्तु को फारसी हिन्दी और अंग्रेजी में पुनर्मुद्रित करने का वचन दिया जो कि अनुवाद के योग्य थे। इसमें साहित्यकारों से सहयोग माँगा गया। यह समाचार पत्र अनन्य रूप से स्थानीय लोगों द्वारा स्थानीय भाषा में संचालित था और इसने स्वयं को अगर प्रतिमान नहीं तो कम से कम नवीनता संही वर्णित किया।

इस प्रकार हम इस समाचार पत्र को राष्ट्रीय पत्रकारिता का अभिभावक और राम मोहनराय को राष्ट्रीय पत्रकारिता का संस्थापक कह सकते हैं। राजा राम मोहन राय ने संवाद कौमुदी को सर्वजन बनाने के लिए 1822 ई. में फारसी में एक साप्ताहिक समाचार पत्र प्रारम्भ किया, जिसका नाम 'मिरात-उल-अखबार' या 'मिरर आफ इन्टेलिजेन्स' था। यह अखबार शुक्रवार को निकलता था। इस अखबार की शैली के सम्बन्ध में जानकारी इसके 11 अक्टूबर, 1822 के संस्करण में 'आयरलैण्ड पर प्रकाशित लेख' से मिलती है। यह लेख आयरलैण्ड के भौगोलिक स्थिति और राजनैतिक इतिहास के संक्षिप्त परिचय से प्रारम्भ होता है।

इस संस्करण में लिखा गया कि "इंग्लैण्ड के शासकों ने न्याय की तरफ से आँखें मूँदकर आयरलैण्ड के निवासियों की सम्पदा को गरजीतियों को उपहार में दे दिया। इस समय इंग्लैण्ड की यूरोप में चल रही नीतियों की तीव्र आलोचना की गयी। जिससे कि यूरोपीय इस अखबार को सन्देह की दृष्टि से देखने लगे। हालाँकि मिरात-उल-अखबार' की निष्ठा में कोई कमी नहीं थी और इसने निरन्तर अपने संस्करणों से तत्कालीन गवर्नर जनरल लार्ड हेस्टिंग्ज की प्रशंसा की। कौमुदी व मिरात ने जनता को प्रतिदिन के समाचारों, साहित्यिक प्रगति तथा सामान्य ज्ञान से अवगत

कराया। मिरात के सम्पादकीय लेख राजनैतिक, सामाजिक, धार्मिक व दार्शनिक विषयों पर होते थे, जिन्हें राजा राम मोहन राय स्वयं लिखते थे।

अन्तर्राष्ट्रीय घटनाओं पर समाचार एवं टिप्पणियाँ छपती थीं। आयरलैण्ड के गृहयुद्ध के संबंध में भी इसमें सूचनाएँ प्रकाशित होती थीं। मिरात एवं कौमुदी ने पीड़ित जनता की दशा की ओर ध्यान आकर्षित कराया। वर्ण व्यवस्था को समाप्त कराया तथा समाज में महिलाओं की दशा को समुन्नत बनाने के लिए वे प्रबलशील थे। उनके पत्र में व्यंग्य, छीटाकशी तथा गम्भीर वाद-विवाद सभी रहते थे।

प्रकाशित आधुनिक विचारों व उच्च आदर्शों ने शिक्षित मध्य वर्ग को प्रभावित किया। उस काल में बंगाल में सबसे अधिक पत्र-पत्रिकाएँ प्रकाशित हुईं। ब्रिटिश गवर्नर लार्ड हेस्टिंग्ज के शासनकाल के बाद इस दिशा में उदारवादी नीतियों की इति हो गया। कार्यकारी गवर्नर जनरल जान एडम्स ने समाचार पत्रों की स्वतन्त्रता का एक प्रकार से गला घोंट दिया। इसका नमूना 14 मार्च को सपरिषद गवर्नर जनरल द्वारा जारी एक कठोर प्रेस अध्यादेश के रूप में दिखायी पड़ता है। अध्यादेश की उद्देश्यिका में लिखा गया था कि, ''अब तक सरकार के प्रति घृणा और द्वेष तथा समाज की शान्ति व्यवस्था को प्रभावित करने वाले लेख समाचार पत्रों में निरन्तर ही छपते रहे हैं। अतः अब से कोई भी व्यक्ति कोई समाचार पत्र या पत्रिका तब तक नहीं छाप सकेगा, जब तक कि उसे मुख्य सचिव द्वारा हस्ताक्षरित और सपरिषद गवर्नर जनरल द्वारा जारी अनुज्ञपत्ति नहीं दी जाती।'' इसमें यह भी उल्लेख था कि इसे 20 दिनों तक सर्वोच्च न्यायालय के समक्ष रखा जाय और यदि न्यायालय इसे अस्वीकृत न करे तो इसे पंजीकृत कर दिया जाय।

15 मार्च को इसे न्यायालय के समक्ष प्रस्तुत कर दिया गया। 17 मार्च को सपरिषद् गवर्नर जनरल ने इस अध्यादेश से प्रभावित पक्षकारों से आपत्तियाँ माँगी। सर फ्रांसिस मैग्नाटन जो कि इस सम्बन्ध में एक मात्र न्यायाधीश नियुक्त किये गये थे, ने आपत्तियों के संबंध में सुनवायी हेतु 31 मार्च की तिथि निश्चित की तथा सरकार के समक्ष आवेदन के साथ आपत्तियों को प्रस्तुत करें। राजा राम मोहन राय आपत्तिकर्ताओं में प्रमुख थे। राजा राममोहन राय ने द्वारका नाथ, प्रसन्न कुमार ठाकुर, हरचन्द्र घोष, गौरी चरण बनर्जी तथा चन्द्रकुमार ठाकुर के साथ एक संयुक्त याचिका उच्चतम् न्यायालय में प्रस्तुत किया।

इसमें उन लोगों में विशेष महत्व दिया गया था जो अंग्रेज सरकार के विशेष समर्थक थे। इसके साथ-साथ जिस संस्था ने ब्रिटिश शासन के प्रति स्वामिभक्ति

का दम भरा, वह था स्थानीय प्रेस, इनमें चार अखबार प्रमुख थे–दो फारसी में, दो बंगाली में। इस समावेदन में इस बात का उल्लेख था कि किस प्रकार नये अध्यादेश से ज्ञान की एक विशिष्ट प्रकृति का प्रचार-प्रसार बाधित होता है। सर्वोच्च न्यायालय के समझ इस समावेदन के पक्ष में मि. टर्टन तथा फर्ग्युसन ने भी अपनी दलीले दी, लेकिन सर फ्रांसिस मैग्नाटन ने अपना निर्णय प्रेस अध्यादेश के पक्ष में ही दिया। लेकिन इसके बाद भी आपत्तिकर्ताओं के समक्ष एक रास्ता खुला हुआ था। परिषद में राजा राममोहन राय ने अपने कुछ सहयोगियों के साथ इसे पेश किया।

अपील में विकल्प सुझाया गया कि या तो राजा प्रेस की स्वतन्त्रता को बहाल किया जाए या एक स्वतन्त्र आयोग की स्थापना किया जाए जो कि समय-समय पर अध्यादेश द्वारा आरोपित निर्बन्धनों की जाँच करता रहे। इस अपील और तर्कों का कोई सकारात्मक नतीजा नहीं निकला और प्रिवी कौंसिल ने नवम्बर, 1825 में मि. बकिंघम द्वारा प्रस्तुत याचिका को 6 माह के विचार-विमर्श के पश्चात् खारिज कर दिया। जब अध्यापदेश प्रभावी हो गया तो मिरात उल अखबार का 4 अप्रैल, 1823 को अन्तिम संस्करण प्रकाशित कर बन्द हो गया। अन्तिम संस्करण प्रकाशित करते समय यह घोषणा की गयी कि वर्तमान परिस्थितियों में पत्र का प्रकाशन रोक देना ही एक मात्र मार्ग रह गया है जो नियम बने हैं, उनके अनुसार किसी यूरोपीयन सज्जन के लिए जिनकी पहुँच सरकार के चीफ सेक्रेटरी तक है, सरकार के लाइसेन्स लेकर पत्र निकालना आसान है, पर भारत के किसी' निवासी के लिए जो सरकारी भवन के देहरी लाँघने में भी समर्थ नहीं हो पाता है, पत्र प्रकाशन के लिए सरकारी आज्ञा प्राप्त करना दुस्तर कार्य हो गया है।

फिर खुली अदालत में हलफनामा दाखिल करना कम अपमानजनक नहीं है। लाइसेन्स की सुरक्षा के लिए भी पत्र का प्रकाशन रोकना पड़ा। द्वारका नाथ टैगोर ने अत्यधिक प्रभावित आर.एम. मर्टिन ने मई 1829 में बंगाल हेराल्ड का, प्रकाशन शुरू किया। राजा राममोहन राय और द्वारका नाथ टैगोर इस अखबार के मालिकों में से थे। राजा राम मोहन राय के अनुयायी नीलरत्न हल्दार ने बंगाल, फारसी और नागरी में प्रकाशित होने वाले बंगदूत का सम्पादन किया। 9 मई, 1829 को यह प्रथम बार प्रकाशित हुआ। द्वारका नाथ टैगोर के सहयोग से उदारवादी पत्रकारिता की स्थापना हुई।

उनका उद्देश्य राम मोहनराय द्वारा संचालित आन्दोलन की बात जनता तक पहुंचकार सबल जनमत तैयार करना था। द्वारका नाथ ने अपने असर-रसूख से ब्रितानी संसद सदस्य जार्ज थामसन को भारत में लाकर राजा राममोहन राय द्वारा

संचालित उदारवादी राजनीति की नींव मजबूत की। द्वारका नाथ टैगोर तथा राजा राम मोहन राय के सहयोग से बंगाल में पत्रकारिता का जो विकास हुआ उसके लिए भारतीय जनसमाज उनके प्रति कृतरता ज्ञाप्ति करता है।

बंगला साहित्य की भूमिका

उन्नीसवीं शताब्दी में संस्कृत निष्ठता के परिणामस्वरूप बंगाल को विशुद्ध नहीं माना जा सकता है। उस समय भाषा पण्डितों की दया पर निर्भर थी। ऐसे पण्डितों की दया पर, जिनमें ज्यादा-से-ज्यादा क्लिष्ट संस्कृत शब्दों के प्रयोग की होड़ लगी रहती थी। उस समय वह संस्कृतनिष्ट बंगला, बंगला भाषा के अतिरिक्त कुछ भी हो सकती थी। श्रीरामपुर के मिशनरी और फोर्ट विलियम के पण्डित प्रारंभिक बंगला गद्य साहित्य के प्रवर्तक थे। बंगालियों में ईसाई धर्म का प्रचार करने के लिए मिशनरियों का स्थानीय भाषा में रुचि लेना स्वाभाविक था और चूँकि फोर्ट विलियन कॉलेज सरकार चला रही थी उसी कारण कॉलेज के प्राध्यापकों के लिए भाषा में रुचि लेना स्वाभाविक था। प्रशासन के लिए भी बंगला गद्य जरूरी था। इसलिए ब्रितानी अधिकारियों को बंगला पढ़ाई जाती थी, ताकि जनसाधारण के सम्पर्क में आसानी से आया जा सके।

सर्वप्रथम सन् 1778 में हालैण्ड की अंग्रेजी में बंगला व्याकरण छपी। उसके मुख्य पृष्ठ पर लिखा है, 'पुस्तक विदेशियों के उपयोग के लिए' (फिरगियम उपकारार्थ) दूसरा प्रयास श्रीरामपुर के प्रसिद्ध मिशनरी डॉ. विलियम कैरी ने किया। सन् 1801 में कैरी के बंगला व्याकरण का प्रकाशन हुआ। ब्रिटिश लेखकों को बंगला भाषा से परिचित करने के लिए ही इसे अंग्रेजी भाषा में प्रकाशित किय गया। बंगला व्याकरण लिखने का सर्वप्रथम प्रयास राजा राम मोहन राय ने किया। इंग्लैण्ड जाने से पहले राम मोहन राय ने बंगला भाषा का व्याकरण (गौडीय व्याकरण) लिखा। इस व्याकरण को कलकत्ता स्कूल बुक्स सोसाइटी ने सन् 1833 में प्रकाशित किया। इस पुस्तक में ग्यारह अध्याय और अड़सठ विषय हैं। व्याकरण की आवश्यकता और उद्देश्य से लेकर अत्यानुप्राश तक के विषय उन अध्यायों में आते हैं। सन् 1801 में बंगला गद्य पर प्रथम पुस्तक प्रकाशित हुई थी।

रैमराम बसु द्वारा यह पुस्तक विदेशियों के लिए पाठ्य पुस्तक के रूप में लिखी गयी थी। सन् 1802 में पण्डित मृत्युजंय विद्यालंकार ने 'बाचिस सिंहासन' लिखी। यह निश्चित रूप से रैमरास बसु के राजा प्रतापदित्य चरित्र' का संशोधित रूप था।

जो भी हो, विद्यालंकार की पुस्तक संस्कृत शब्दों से भरी पड़ी थी और प्रमुखतः एक पाठ्य पुस्तक थी। इस समय बंगला गद्य पाठ्य पुस्तकों तक ही सीमित था। यहाँ यह बता देना समीचीन होगा कि विलियम कैरी के नेतृत्व में श्रीरामपुर में वैप्टिस मिशन बंगाली प्रेस को बाइबिल के अनुवाद और प्रचार में प्रयोग कर रहा था।

बाद में यही कार्य कैरी के ही देखरेख में कलकत्ता के फोर्ट विलियम कॉलेज में प्रारम्भ किया गया, जिसमें वहाँ बंगाली और दूसरी संयुक्त भाषाओं का विभाग स्थापित किया। वे न केवल बंगाली भाषा और व्याकरण का अध्ययन करते थे, बल्कि इतिहास और साहित्य विषयक सरल पुस्तक भी लिखा करते थे। यह कार्य श्रीरामपुर मिशन और फोर्ट विलियन कॉलेज भारतीयों के लिए नहीं बल्कि अपने लाभ हेतु कर रहे थे। अभी भी सच्चाई यही थी कि बंगाली अपनी शुद्धिकरण और विकास को ग्रहण कर रहा था, जबकि कुछ चीजें स्पर्शविहीन थीं और कुछ स्थानीय उपयोग से खत्म कर दी गयी थीं। संयोग की बात थी कि परिमार्जित शैली न होने पर भी 1814 ई. के समय तक मृत्युजंय की पहचान सबसे अच्छे लेखक के रूप में हो गयी थी।

कभी-कभी वे एकदम बोलचाल की शैली अपनाते थे तो कभी-कभी कठिन शब्दों का भी प्रयोग करते थे। पश्चिमी गद्य शैली में राजा राममोहन राय एवं मृत्युन्जय दोनों निष्णात् थे। मृत्युन्जय के गद्य अधिक संस्कृत पूर्ण और भारी तथा जटिल थे। इनकी विषय वस्तु में भिन्नता थी तथा उनमें विशेष तथा दूसरे विशेष उपवाक्य सही अर्थों के साथ प्रयोग में नहीं लाये गये थे। फलस्वरूप इनका गद्य किसी प्रकार के संचरण नहीं रखता, जबकि राजा राम मोहन राय सरल शैली में लिखते थे। यद्यपि कि वह कभी-कभी जटिल रूप भी धारण कर लेता फिर भी यह स्वयं में स्वच्छन्दता और प्रवाह रखता है, जो उसे सफल अर्थाभिव्यक्ति के योग्य बनाते थे।

मृत्युन्जय के गद्य में इसका सर्वथा अभाव दिखाई देता है, क्योंकि वे संस्कृत पुस्तकें और साहित्य पढ़ने में इतने लीन रहते थे कि बंगाली भाषा और इसकी सरलता की ओर कभी स्वेच्छा से आकर्षित ही नहीं हुए, जबकि दूसरी ओर राजा राम मोहन राय बंगाली भाषा से प्रेम करते थे जो कि जनसामान्य की भाषा थी। इस समय व्याकरण का प्रयोग सरल भाव में शुरु हो गया था। राम मोहनराय ने यह महसूस किया कि सरल भाषा बुद्धिजीवी और सामान्य दोनों वर्गों के लिए लाभदायक है। चूँकि मृत्युन्जय संस्कृत के विद्वान थे, इसलिए वे भविष्य में साधारण और सभ्य भाषा की सम्भावनाओं को न समझ सके।

वे बंगाली भाषा को हेय दृष्टि से भी देखते थे, उसकी तुलना उन्होंने एक चरित्रहीन नारी से की है। इसलिए मृत्युन्जय के बंगला भाषा के लेखन के स्तर में कोई सुधार नहीं हुआ और उन्होंने इस दिशा में कोई प्रयास भी नहीं किया। पहली बार एक कठिन विषय बंगाली भाषा में अनुवाद के लिए राममोहन राय द्वारा लिया गया और उनका वेदान्त तथा उपनिषद का अनुवाद (1815 ई. तथा उसके बाद) विषय की सूत्रपरकता (संक्षिप्तता) को ध्यान में रखते हुए एक अच्छे गद्य के रूप में आया। उनकी विश्लेषण क्षमता अत्यधिक तीव्र थी। उनके लेखन में मुहावरों का भी यथास्थान प्रयोग मिलता है। वेदांतों की बंगाली भाषा में अनुवाद करते समय राम मोहन ने विशेष सतर्कता से काम किया।

वाक्य का विशेष कर्ता (संज्ञा) जिस विशेष क्रिया के साथ संगत हो, उसे भी ध्यान से खोजना होगा, क्योंकि कभी-कभी एक ही वाक्य अनेक संज्ञाएँ तथा अनेक क्रियाएँ रखता है और बिना जाने कि कौन (संज्ञा) किस क्रिया से परस्पर सम्बन्धित है, वाक्य का सही अर्थ इकट्ठा नहीं किया जा सकता है। हमें वाक्य के प्रारम्भ और अन्त को बड़े ध्यान से सुनिश्चित करना चाहिए। जब हम कब, किसे, किस प्रकार आदि शब्दों का प्रयोग करें तो वाक्य के अन्त की ओर बढ़ने से पहले उन्हें संगत संयुग्मी जैसे–तब, वह, उस प्रकार से जोड़ दें। वाक्य पूर्ण क्रिया को प्राप्त करने पर ही उसके अर्थ को समझने का प्रयत्न करना चाहिए।

व्याकरण के प्रयोग से राजा राम मोहन राय सिद्ध हस्त थे उन्होंने बंगाल तथा संस्कृत रचना में वैज्ञानिक दृष्टिकोण अपनाया। ध्यातव्य है कि राम मोहन राय ने स्वयं के लिए आध्यात्मिक और दार्शनिक विषयों पर बहस का विलक्षण कार्य चुना, जबकि दूसरों ने प्रसिद्ध ऐतिहासिक कहानी, चरित्र चित्रण और पौराणिक कथाओं पर लिखा, जो कि तुलना में साधारण थे और जिनके वर्णन में किसी भी प्रकार के जटिलता की आवश्यकता नहीं थी। भाषाशास्त्री प्रो. सकुमार सेन ने लिखा है कि, "राजा राममोहन राय को प्रथम बंगाली गद्य साहित्य लेखक होने का अद्वितीय सम्मान प्राप्त है। वह पहले ऐसे व्यक्ति हैं जिन्होंने बंगाली गद्य को उच्च तथा दार्शनिक विचारों को अभिव्यक्त का माध्यम बनाया।"

समकालीन बंगाली भाषा और साहित्य की स्थिति को ध्यान में रखा जाय तो यह एक महान उपलब्धि है और इसमें बंगाली भाषा और साहित्य के भविष्य में व्याप्त महान सम्भावनाओं को प्रदर्शित करती है। राम मोहन राय की बंगाली कृतियों मानक व प्रामाणिक मानी जाती है। एडम का कथन है कि राज राममोहन राय बंगला भाषा

में तार्किक ढंग से और विस्तृत रूप से अपने बंगला भाषा के मुहावरों का समुचित और शुद्ध प्रयोग करने में नयी दिशा प्रदान किया।

राजा राममोहन राय द्वारा बंगला भाषा में व्याकरण पुस्तक लिखकर प्रकाशित की गयी। यद्यपि बंगला भाषा के व्याकरण पर अनेक यूरोपीय विद्वानों ने उस समय पुस्तक लिखा, परन्तु केवल राज राम मोहन राय के व्याकरण की पुस्तक ही बंगला भाषा व्याकरण की दृष्टि से शुद्ध मानी गयी। उनकी यह देन भाषा और व्याकरण के क्षेत्र में अद्वितीय रही और इस पुस्तक ने तत्कालीन बंगला भाषा में प्रसिद्धि प्राप्त की।

बंगला भाषा उस समय पच्चीस करोड़ लोगों की व्यावहारिक भाषा थी, इसलिए इसका प्रकाशन भी तीव्रता से हुआ। उस समय बंगला भाषा में सभी साहित्यिक और वैज्ञानिक विषयों के साथ ही दर्शन और धर्म की लोकप्रिय रचनाएँ की गयीं जो प्रगतिशील सभ्यता की परिचायिका थी। बीसवीं शताब्दी के साहित्य पर बंगला भाषा का स्पष्ट प्रभाव दिखाई देता है। बंगला भाषा में राजा राममोहन राय के अवदानों के सूक्ष्म शोधात्मक अध्ययन से ज्ञात होता है कि उन्होंने बंगला भाषा के विकास में आधुनिक गद्य लेखन शैली में विराम चिन्हों के समुचित प्रयोग को दिशा प्रदान किया। चूँकि राजा राम मोहन राय के पूर्व लिखे गये लेखों में विराम चिन्हों के प्रयोग में कामा, सेमी कोलन आदि के प्रयोग प्रचलित नहीं थे।

संस्कृत में लिखित वेदान्त के बंगला अनुवाद में उनका कथन था कि किस प्रकार से इन चिन्हों का प्रयोग होना चाहिए और उसका उदाहरण प्रस्तुत किया। 1826 ई. में प्रकाशित बंगला व्याकरण में उन्होंने व्यवस्थित और वैज्ञानिक ढंग से भाषा में मुहावरों के प्रयोग से बंगला भाषा को समृद्ध किया। बंगला भाषा के समृद्धि के लिए उन्होंने बंगला भाषा के व्याकरण ग्रन्थ को अंग्रेजी में इसलिए लिखा, जिससे कि यूरोपीय लोगों को बंगला भाषा का ज्ञान हो सके। "संवाद कौमुदी" की लेखन शैली इतनी प्रभावी रही कि बंगला में पढ़ाने के लिए पाठबली के पाठ्यक्रम भी इसमें प्रकाशित हुए 1854 ई. में प्रकाश्ति बंगीय पाठावली प्ररिद्ध हुई।

बंगाली भाषा के प्रवेश परीक्षा के लिए राजा राम मोहन राय के कतिपय लेखों को 1874 ई. में कलकत्ता विश्वविद्यालय द्वारा स्वीकार कर लिया गया। इन लेखों के प्रकरण-साहित्यिक राजनीतिक, सामाजिक और वैज्ञानिक विषयों से सम्बद्ध थे। गोष्ठियों में भी बंगला भाषा का व्यापक प्रयोग होता था ताकि इसका प्रचार-प्रसार हो सके। आधुनिक बंगाली भाषा राजा राम मोहन राय की ऋणी है। आधुनिक भारत के नव जागरण के विभिन्न क्षेत्रों में बंगला भाषा को राष्ट्रीय स्तर पर प्रतिष्ठापित

करने का श्रेय इन्हीं को दिया जाता है। राजा राममोहन राय के बंगला भाषा को समृद्धपूर्ण अवदानों का ही यह परिणाम रहा कि रवीन्द्र नाथ टैगोर जैसे महाकवि ने बंगला भाषा को अन्तर्राष्ट्रीय स्तर पर यशस्वी भाषा बना दिया।

वाक्य के अंत में विराम चिन्हों का प्रयोग

प्रत्येक वाक्य के अंत में विराम चिन्ह् का प्रयोग इस भाषा में मुख्य रूप से किया जाता है, इसलिए उन्होंने अर्द्धविराम चिन्हों के अलावा अन्य पाश्चात्य चिन्हों को ग्रहण नहीं किया। बाकी दूसरे चिन्ह बाद के वर्षों में विद्यासागर और अशोक दत्त इत्यादि के साथ आये। राजा राममोहन राय ने बहुत अधिक उपवाक्य या कोष्ठक चिन्हों का प्रयोग नहीं किया। कहने का अर्थ यह है कि विराम चिन्हों का प्रयोग भी क्रमिक रूप से व्यवहार में आया। सुकुमार सेन द्वारा राजा राममोहन राय की अभूतपूर्व भाषा विश्लेषण की क्षमता का उल्लेख भाषा के क्षेत्र में उनके विशिष्ट योगदान को बताता है।

विशेष रूप से उनके बारे में कोई यही कह सकता है कि राजा राममोहन राय ने संस्कृत और पर्सियन दोनों ही शास्त्रीय भाषाओं के जटिल क्रम से बंगाली भाषा को मुक्त किया। राजा राममोहन राय ने नवोत्पादित, विकृत, अप्रभावी और अप्रचलित बंगाली गद्य को आकर्षक, प्रशंसनीय और शक्तिशाली भाषा के रूप में उच्च विचारों के अभिव्यक्ति का आधार बनाया और इस प्रकार उन्होंने भविष्य् के बंगाली गद्य साहित्य की नींव डाली। जब बंगाली भाषा और साहित्य के क्षेत्र में राजा राममोहन राय की इन उपलब्धियों पर विचार करते हैं तो सबसे कम यही कह सकते हैं कि राजा राममोहन राय के बिना विद्या सागर, बंकिमचन्द्र और रविन्द्र नाथ जैसे लोगों की प्रतिभा भी विकास काफी कठिन था।

संगीत के क्षेत्र में सराहनीय कार्य

संगीत के क्षेत्र में राजा राम मोहन राय ने काफी योगदान किया। 19वीं शताब्दी के पहले दो दशकों तक बंगला में जो गीत प्रचलित थे वे ज्यादातर ठुमरी, टप्पा, कीर्तन और राम प्रसादी विधि से लिखे जाते थे। बाउल, सारी, जारी और इसी प्रकार के अन्य लोक गीत भी प्रचलित थे। हिन्दी साहित्य में तो ध्रुपद गीतों की रचना होती थी, परंतु बंगला साहित्य में इसका विकास अभी भी नहीं हो सका था। बंगला में ध्रुपद गीत की रचना करने वाले पहले व्यक्ति राज राम मोहन राय थे।

सन् 1828 में अपनी ब्रह्मसभा के लिए इन्होंने ध्रुपद गीतों की रचना बंगला में की। इसका प्रमुख कारण, ध्रुपद गीत जैसी गहराई, सरलता, आकर्षण, सुरों का उत्सरण और तेज, टप्पा या ठुमरी में नहीं पाया जाना था। अपनी ब्रह्म सभा के लिए उन्होंने बंगला में बत्तीस ध्रुपद गीतों की रचना की। यहाँ पर ध्रुपद गीतों के विकास में देवेन्द्र ठाकुर का योगदान सराहनीय रहा।

हिन्दी भाषा के विकास में राजा राममोहन राय का योगदान

यदि हिन्दी भाषा के विकास में राजा राममोहन राय के योगदान का उल्लेख करने पर तो सन् 1781 में एक अंग्रेजी रेजीडेण्ट ने बनारस में संस्कृत कॉलेज की स्थापना की। सन् 1793 में विलवर फोर्स ने ब्रिटिश संसद में प्रथम बार भारतीय बालकों की शिक्षा व्यवस्था से सम्बन्धित एक प्रस्ताव रखा, किन्तु कोर्ट के डायरेक्टरों के विरोध और रैण्डल जैक्सन के इस तर्क के कारण कि–''अमेरिका में शिक्षा का प्रचार कर हम अपना उपनिवेश खो चुके हैं। क्या ब्रिटिश विधायिका की मंशा है कि भारत को भी हम अपने हाथ से निकाल दें'', प्रस्ताव पारित न होने के कारण कंपनी दायित्वों से मुक्त हो गई।

इस समय डॉ. गिलक्राइस्ट ने सन् 1797 में कलकत्ता में 'ओरियेण्टल सेमिनरी' की स्थापना कर जूनियर सिविल सेवकों को 'हिन्दुस्तानी' पढ़ाना आरम्भ किया, क्योंकि वे इसका विकास अनिवार्य मानते थे। लार्ड वेलेजली ने अनुभव किया कि जूनियर सिविल सेवकों को हिन्दुस्तानी भाषा के साथ-साथ भारत के इतिहास, भूगोल, धर्म, दर्शन, संस्कृत आदि का भी ज्ञान अर्जित करना चाहिए। अपनी इस अनुभूति को क्रियात्मक रूप देने के लिए उन्होंने सन् 1800 में कलकत्ता फोर्ट विलयम कॉलेज की स्थापना की और डॉ. गिल को उसके हिन्दुस्तानी विभाग का प्रोफेसर अध्यक्ष नियुक्त किया। 'प्रोटेस्टेण्ट मिशन' जो कि प्रथम ईसाई मिशनरी की स्थापना कलकत्ता के समीप श्रीरामपुर में 18 जनवरी सन् 1800 में हुई।

मिशन का उद्देश्य अपने धर्म का प्रचार करना था। इसलिए इसने स्थानीय भाषाओं पर जोर दिया और यह महसूस किया कि बिना हिन्दुस्तानी भाषाओं के धर्म का प्रचार वे नहीं कर सकेंगे। इसकी आवश्यकता को समझते हुए विलियम कैरे ने जो कि 1793 ई. में कलकत्ता आया था, सन् 1795 में घोषित किया कि, ''जब तक बाइबिल का प्रकाशन बंगला और हिन्दुस्तानी में नहीं हो जाता, तब तक हम लोग दयनीय स्थिति में बने रहेंगे। सन् 1801 में मिशन ने न्यू टेस्टामेण्ट का प्रथम बंगला

संस्करण छापा। मिशन की स्थापना के साथ ही बाइबिल की भारतीय भाषाओं में अनुवाद कार्य आरम्भ कर दिया गया।

सन् 1800 में स्थापित फोर्ट विलियम कॉलेज के अध्यापक के रूप में विलयन कैरे की नियुक्ति की गयी जो आगे चलकर संस्कृत विभाग के भी प्राध्यापक अध्यक्ष बने। सन् 1803 में जब वे अपने साथियों के साथ 'न्यू टेस्टामेण्ट' का हिन्दी अनुवाद कर रहे थे, कॉलेज के उपाचार्य क्लाउडियस बुकानन ने उनसे कहा कि ''एक सम्भ्रान्त सैनिक (मिर्जा फितरत) ने ईसा मसीह के उपदेशों का हिन्दुस्तानी और फारसी में अनुवाद किया है और कॉलेज कौंसिल ने उसके प्रकाशन की अनुमति भी दे दी है।''

उल्लेखनीय है कि विलियम हण्टर ने हिन्दुस्तानी अनुवाद से बाइविल की तुलना की और उसमें अपेक्षित संशोधन भी किया। कालेज की ओर से न्यू टेस्टामेण्ट के उस हिन्दुस्तानी अनुवाद का सन् 1805 ई. में प्रकाशन हुआ। उस अनुवाद का एक अंश ''सय तुम गवाही देते हो कि तुम अपने आबा के किरदार से राजी हो, इसलिए कि फिलहकीकत उन्होंने इन्हें कतल किया और उनकी कबरें बनाते हो हिकमति इलाही ने भी कहा था कि मैं नबियों और रसूलों को उनके पास भेजूँगी और उनमें से (कितनों को) कतल करेंगे।'' परंतु हिन्दुस्तानी का विलियम कैरे ने हिन्दी में अनुवाद करना जारी रखा। सन् 1807 में यह कार्य पूर्ण हुआ और उसका प्रकाशन 1812 ई. में हुआ–एक अंश ''तुम्हारे एक दिन या दो दिन या पाँच दिन या दस दिन या बीस सिरिफ खावगे नहीं मगर तमाम महीने तलक ही तुम्हों के नाक से वह निकलने तक वा वह तुम्हों को नाचीज होने तक भी खावगों, क्योंकि तुम्हों के बीच को उन्होंने नाचीज का जाना है वा उसके साम्ने तुम रोये हो वा मिह कहा है कि क्यों हम मिसर से निकले।''

विलियन कैरे ने इस अनुवाद की भाषा को हिन्दी कहा गया किन्तु भाषा स्वरूप के अवलोकन स्पष्ट है कि वह हिन्दी आधुनिक हिन्दी का नहीं हिन्दुस्तानी अर्थात सरल उर्दू का पर्याय है क्योंकि इसमें उर्दू शब्दों की प्रचुरता है। ईसाई धर्म प्रचारकों का उद्देश्य अपने धर्म का प्रचार करना था न कि किसी भाषा का विकास करना। यही कारण है कि उन्होंने अनेकानेक भाषाओं में बाइबिल का अनुवाद किया। सन् 1824-25 ई. में फोर्ट विलियम कालेज के हिन्दुस्तानी विभाग के अध्यक्ष विलियम प्राइस ने पहली बार कम्पनी की सरकार को भली-भाँति समझाया कि हिन्दुस्तान की महान सम्पर्क भाषा हिन्दुस्तानी (सरल उर्दू) नहीं, खड़ी बोली अर्थात् आधुनिक हिन्दी है और गवर्नर जनरल ने इसके महत्व के प्रतिपादन के लिए प्रोत्साहन भी दिया।

सकल पाठ्यक्रम न बना पाने तथा पाठ्य पुस्तकों की रचना न कर पाने के कारण प्राइस की नीति व्यावहारिक न हो सकी। हिन्दी गद्य के विकास में भी राजा राममोहन राय ने पर्याप्त योगदान दिया। भविष्य द्रष्टा के रूप में उन्होंने यह पुर्वानुमान कर लिया था कि हिन्दी सभी भारतवासियों के लिए सामान्य भाषा के रूप में एक महत्वपूर्ण भूमिका निभायेगी। वे देवनागरी लिपि में हिन्दी गद्य के निर्माताओं में से एक थे और बंगाली गद्य सी ही उनकी अभिरुचि हिन्दी गद्य में भी थी। हिन्दी में अपनी प्रबल अभिरुचि के कारण ही उन्होंने पाँच उपनिषदों का हिन्दी में अनुवाद किया तथा हिन्दी भाषा में समाचार पत्र आरम्भ करने का फैसला किया। 1829 ई. में प्रकाशित बंगदूत के चार कालमों में अंग्रेजी, बंगला, फारसी और खड़ी बोली हिन्दी चार भाषाएँ रहती थीं और उसका प्रकाशन राजा राममोहन राय, द्वारिका नाथ ठाकुर, प्रसन्न कुमार ठाकुर, प्रभृति सज्जनों द्वारा होता था। हिन्दी लेखन के इस प्रथग चरण में विभिन्न समस्याएँ थीं। इसका विस्तृत इतिहास अभी भी अज्ञात है, लेकिन हिन्दी गद्य को 1801 ई. में लालू जी लाल और उनके समकालीन सदल मिश्र के साथ ही प्रारम्भ हुआ कहा जा सकता है।

इन दोनों लेखकों ने पर्शियन लिपि के विरुद्ध देवनागरी लिपि का प्रयोग किया। स्मरणीय है कि लालू लाल सदल मिश्र और राम मोहनराय वे पहले व्यक्ति थे जिन्होंने देवनागरी लिपि का प्रयोग किया। लालू जी और सदल मिश्रा दोनों ही फोर्ट विलियम कालेज से सम्बद्ध हिन्दी शिक्षक थे, जिनमें लालू जी ने 'प्रेम सागर' नाम की तथा सदल मिश्रा ने 'नासिखेतोपाख्यान' नाम की पुस्तक लिखा। इन कार्यों को कालेज द्वारा कराया गया। इसलिए ये किसी प्रकार से लेखक के स्वाभाविक उत्पाद के रूप में स्वीकार नहीं किये जा सके। पुस्तकों में सार गर्भित्य के कारण ये ग्राह्य थी।

स्वाभाविक लेखन का कार्य राम मोहन राय और उनके पूर्वाधिकारी सदाशुक्ल के साथ शुरू हुई, इसलिए इनको हिन्दी रचना का मार्ग दर्शक कहा जा सकता है। चूँकि सदाशुक्ल ने पर्शियन और उर्दू भी लिखे, इसलिए राममोहन राय हिन्दी गद्य रचना निर्माण के अग्रणी होने का अधिकार पूर्ण दावा कर सकते हैं। भारतीय पत्रकारिता में राजाराम मोहन राय का योगदान निश्चित रूप से सराहनीय रहा। तत्कालीन भारत की ब्रिटिश सत्ता की राजधानी कलकत्ता में अंग्रेजों द्वारा साम्राज्य विस्तार की लिप्सा में किये जा रहे अनैतिक कार्यों, अत्याचारों का विरोध करने के लिए समाचार पत्रों के माध्यम से जनता की भावनाओं को वाणी देने के लिए राजा राममोहन राय ने सर्वप्रथम 'एकला चलो' के मार्ग का पथ प्रदर्शन किया। बंग भूमि

के साहसी बुद्धिजीवी 'हिकी गजट' नामक प्रथम समाचार पत्र के माध्यम से ईस्ट इण्डिया कम्पनी के कुकृत्यों का उद्घाटन करने लगे। ि

हकी गजट के प्रति किसी की सहानुभूति नहीं थी। सम्पूर्ण जनसमाज इसके विरोध में हो गयी। इससे वारेन हेस्टिंग्ज भी संतुष्ट नहीं था। प्रतिबन्ध से आक्रोशित जन भावनाओं को व्यक्त करने के लिए लोगों में जिज्ञासा बढ़ती गयी। ईस्ट इण्डिया कम्पनी द्वारा समर्थित 'इण्डिया गजट', बंगला जर्नल, ओरियण्टल मैगजीन के स्वामी और सम्पादक अंग्रेजी की नीतियों, का विरोध करने के लिए 'बंगला गजट' का प्रकाशन राजा राम मोहन राय के प्रखर प्रेरणा से आरम्भ हुआ। इस पत्रिका में राजा राममोहन राय ने लेख प्रकाशित होते थे।

तत्कालीन बंगाल में समचार पत्रों के प्रकाशन की प्रतियोगिता-प्रतिस्पर्धा प्रारम्भ हुई और ईसाई मिशनरियों ने अपने धार्मिक और ईसाई शिक्षा का प्रचार ''समाज दर्पण'' नामक पत्रिका से प्रत्युत्तर देने का प्रयास किया। समकालीन पत्र-पत्रिकाओं के अशिष्ट स्तर से ऊँचा उठकर तार्किक, प्रामाणिक और शिष्ट पत्रकारिता का मानदण्ड स्थापित किया। इसका परिणाम यह हुआ कि बकिंघम तथा राजा राममोहन राय की पत्रकारिता के क्षेत्र में ख्याति काफी बढ़ गयी। राजा राम मोहन राय ने मात्र अंग्रेजी और बंगला पत्रकारिता के क्षेत्र में ही मार्गदर्शन नहीं किया, वरन् तत्कालीन बंगला के मुस्लिम बुद्धिजीवियों और शिक्षितों के लिए 'मिरात-उल-'अखबार' नामक साप्ताहिक समाचार पत्र फारसी में प्रारम्भ किया। यद्यपि गवर्नर जनरल 'जान एडम्स' ने 1822 ई. के बाद समाचार पत्रों को समाप्त करने के लिए कठोर प्रेस अध्यादेश लगाया, तथापि ये लोग पीछे नहीं हटे राम मोहन राय तथा उनके सहयोगियों ने उच्चतम् न्यायालय जो इसके विरुद्ध चुनौती दी।

इससे भारत में अपना विशेष योगदान देने के साथ-साथ विदेशों में भी ख्याति अर्जित किया था। इससे बंगला साहित्य के साथ-साथ हिन्दी साहित्य का भी विकास हुआ। बंगला साहित्य के विकास में तो राजा राम मोहन राय की भूमिका अद्वितीय थी। उनकी मातृभाषा बंगला भाषा थी, अपने विचारों और भावनाओं को यथार्थ रूप में प्रस्तुत करना अपनी भाषा में उनके लिए सहज और सरल था। कम्पनी का सत्ता केन्द्र बंगाल में विद्यमान था, इसलिए बंगाल के जनगण को जागृत करने के लिए बंगला भाषा में पत्रकारिता का प्रारम्भ करना तत्कालीन परिस्थितियों में आवश्यक एवं अनविार्य था, बंगाली जनमत को कम्पनी के कार्यों से परिचित कराना और न्यायपूर्ण संघर्ष के लिए शैक्षिक मार्ग प्रशस्त करना उनका महत्वपूर्ण दायित्व था। तत्कालीन परिस्थितियों का भी राज राम मोहन राय के शिव दर्शन पर व्यापक प्रभाव

पड़ा था, इसीलिए राजा राम मोहन राय ने भारत की बहुसंख्यक जनता के लिए हिन्दी पत्रकारिता को प्रारम्भ करने का राष्ट्रीय क्षेत्र प्रदान किया।

हिन्दी पत्रकारिता ने राजा राममोहन राय को सम्पूर्ण भारत का राष्ट्रीय पत्रकार ही नहीं, वरन् राष्ट्रीय नेतृत्व के रूप में स्वीकार किया। शिक्षा के क्षेत्र में राजा राममोहन राय ने अंग्रेजी के वर्चस्वत और भावी शिक्षा के माध्यम को समन्वित रूप में प्रस्तुत करने के लिए हिन्दी पत्रकारिता को नूतन आयाम देने की दिशा में एक महान योगदान दिया। यहाँ यह उल्लेखनीय है कि ब्रिटिश सरकार के विभिन्न प्रतिवादों के बाद भी राजा राममोहन राय ने बंगला, हिन्दी व अंग्रेजी शिक्षा के विकास के लिए अतुलनीय प्रयास किया और इससे सफलता भी प्राप्त की। यह भारतीय पुनर्जागरण की विशेष उपलब्धि थी।

7

व्यक्तित्व का मूल्यांकन

जब वे मुश्किल से 15 वर्ष के थे, तब उन्होंने बंगाल में एक छोटी सी पुस्तिका लिखी थी, जिसमें उन्होंने मूर्तिपूजा का खंडन किया था, जिसके सम्बन्ध में उनका कहना था कि वह वेदों में नहीं है। नवयुवक राममोहन को इसके लिए बहुत कष्ट उठाने पड़े। उन्हें कट्टरवादी परिवार से निकाल दिया गया और उन्हें देश निकाले के रूप में अपना जीवन व्यतीत करना पड़ा तथापि उन्होंने ईश्वर प्रदत्त परिस्थितियों से पूर्ण लाभ उठाया। उन्होंने दूर दूर तक यात्राएँ की और इस प्रकार बहुत सा ज्ञान और अनुभव संचित किया। राममोहन राय को मूर्तिपूजा एवं परम्पराओं के विरोध के कारण अपना घर भी छोड़ना पड़ा था। उन्होंने तिब्बत यात्रा की तो उनके क्रान्तिकारी विचारों के कारण वहाँ के लामा भी उनके विरोधी हो गये। वे अरबी और फारसी पहले से ही जानते थे, अब उन्होंने संस्कृत की भी योग्यता प्राप्त कर ली। उन्होंने अंग्रेजी, फ्रेंच, लैटिन, हिब्रू और ग्रीक का भी कुछ ज्ञान प्राप्त कर लिया। एकेश्वरवादी राममोहन राय ने जैन, इस्लाम आदि धर्मों का अध्ययन किया था। वे संसार के महत्त्वपूर्ण धर्मग्रंथों का मूल रूप में अध्ययन करने में समर्थ थे। इस कारण वे संसार के सब महत्त्वपूर्ण धर्मों की तुलना करने में सफल हो गये। विश्वधर्म की उनकी धारणा किन्हीं संश्लिष्ट सिद्धांतों पर आधारित नहीं थी, अपितु विभिन्न धर्मों के गम्भीर ज्ञान पर ही आधारित थी। उन्होंने वेदों और उपनिषदों का बंगला अनुवाद किया। वेदान्त के ऊपर अंग्रेजी में लिखकर उन्होंने यूरोप तथा अमेरिका में भी बहुत ख्याति अर्जित की।

राजा राममोहन राय आधुनिक शिक्षा के समर्थक थे तथा उन्होंने गणित एवं विज्ञान पर अनेक लेख तथा पुस्तकें लिखीं। 1821 में उन्होंने यूनीटेरियन एसोसिएशन की स्थापना की। हिन्दू समाज की कुरीतियों के घोर विरोधी होने के कारण 1828 में उन्होंने ब्रह्म समाज नामक एक नये प्रकार के समाज की स्थापना की। 1805 में राजा राममोहन राय बंगाल में अंग्रेजी ईस्ट इंडिया कम्पनी की सेवा में सम्मिलित हुए और 1814 तक वे इसी कार्य में लगे रहे। नौकरी से अवकाश प्राप्त करके वे कलकत्ता

में स्थायी रूप से रहने लगे और उन्होंने पूर्ण रूप से अपने को जनता की सेवा में लगाया। 1814 में उन्होंने आत्मीय सभा को आरम्भ किया। 20 अगस्त 1828 में उन्होंने ब्रह्मसमाज की स्थापना की। 1831 में एक विशेष कार्य के सम्बन्ध में दिल्ली के मुगल सम्राट के पक्ष का समर्थन करने के लिए इंग्लैंड गये। वे उसी कार्य में व्यस्त थे कि ब्रिस्टल में 27 सितंबर, 1833 को उनका देहान्त हो गया। उन्हें मुगल सम्राट की ओर से 'राजा' की उपाधि दी गयी। अपने सब कार्यों में राजा राममोहन राय को स्वदेश प्रेम, अशिक्षितों और निर्धनों के लिए अत्यधिक सहानुभूति की भावना थी। अंग्रेजों के विरुद्ध सशस्त्र विद्रोह के सम्भव होने के कारण उन्होंने अपने देशवासियों में राजनीतिक जागृति की भावना को प्रोत्साहित करने के लिए जनमत को शिक्षित किया। उन्होंने सम्भव उपायों से लोगों की नैतिक उन्नति के यथासम्भव प्रयत्न किए।

वे अपने समय के सबसे बड़े प्राच्य भाषों के ज्ञाताओं में से एक थे। उनका विश्वास था कि भारत की प्रगति केवल उदार शिक्षा के द्वारा होगी, जिसमें पाश्चात्य विद्या तथा ज्ञान की सभी शाखाओं की शिक्षण व्यवस्था हो। उन्होंने ऐसे लोगों का पूर्ण समर्थन किया, जिन्होंने अंग्रेजी भाषा तथा पश्चिमी विज्ञान के अध्ययन का भारत में आरम्भ किया और वे अपने प्रयत्नों में सफल भी हुए। उन्होंने हिन्दू कॉलेज की स्थापना में सहायता दी। यह संस्था उन दिनों की सर्वाधिक आधुनिक संस्था थी।

राजा राममोहन राय एक धार्मिक सुधारक तथा सत्य के अन्वेषक थे। सभी धर्मों के अध्ययन से वे इस परिणाम पर पहुँचे कि सभी धर्मों में अद्वैतवाद सम्बधी सिद्धांतों का प्रचलन है। मुसलमान उन्हें मुसलमान समझते थे, ईसाई उन्हें ईसाई समझते थे, अद्वैतवादी उन्हें अद्वैतवाती मानते थे तथा हिन्दू उन्हें वेदान्ती स्वीकार करते थे। वे सब धर्मों की मौलिक सत्यता तथा एकता में विश्वास करते थे।

अंग्रेज ईसाई मिशनरी ने अंग्रेजी भाषा में फ्रेंड ऑफ इण्डिया नामक एक पत्र जारी किया था। इसी वर्ष गंगाधर भट्टाचार्य ने बंगाल समाचार का प्रकाशन शुरू किया। बंगाल में एक उदारवादी पत्र कैलकटा जर्नल जेम्स सिल्क बकिंघम ने अक्टूबर सन् 1818 ई. में शुरू किया। सन् 1821 ई. में ताराचंद्र पंत और भवानी चरण बंधोपाध्याय ने बगाली भाषा में साप्ताहिक पत्र संवाद कौमुदी निकाला, लेकिन दिसंबर 1821 ई. में भवानी चरण ने संपादक पद से त्याग पत्र दे दिया, तो उसका भांर राजा राममोहन राय ने सँभाला। अप्रैल 1822 ई. में राजा राममोहन राय ने फारसी

भाषा में एक साप्ताहिक अखबार मिरात-उल-अखबार नाम से शुरू किया, जो भारत में पहला फारसी अखबार था। साम्राज्यवादी ब्रिटिश सरकार को राजा राममोहन राय के धार्मिक वाचिर और इंग्लैण्ड की आयलैंड विरोधी निति को आलोचना पसंद नहीं आई, परिणामस्वरूप सरकार ने प्रेस की स्वतंत्रता पर प्रतिबंध लगाने के लिए अध्यादेश जारी किया, जिसके विरोध में राजा राममोहन राय ने मिरात-उल-अखबार का प्रकाशन बंद कर दिया।

राजा राममोहन राय ने समाचार पत्रों की स्वतंत्रता के लिए भी कड़ा संघर्ष किया था। उन्होंने स्वयं एक बंगाली पत्रिका सम्वाद-कौमुदी आरम्भ की और उसका सम्पादन भी किया। यह पत्रिका भारतीयों द्वारा सम्पादित सबसे पुरानी पत्रिकाओं में से थी। उन्होंने 1833 ई. के समाचारपत्र नियमों के विरुद्ध प्रबल आन्दोलन चलाया। उन्होंने सर्वोच्च न्यायालय को एक स्मृति-पत्र दिया, जिसमें उन्होंने समाचार पत्रों की स्वतंत्रता के लाभों पर अपने विचार प्रकट किए थे। समाचार पत्रों की स्वतंत्रता के लिए उनके द्वारा चलाये गये आन्दोलन के द्वारा ही 1835 ई. में समाचार पत्रों की अजादी के लिए मार्ग बना।

राजा राममोहन राय के जीवन की सबसे बड़ी उपलब्धि थी - सती प्रथा का निवारण। उन्होंने ही अपने अथक प्रयासों से सरकार द्वारा इस कुप्रथा को गैर-कानूनी दंण्डनीय घोषित करवाया। राजा राममोहन राय ने सती प्रथा को मिटाने के लिए प्रयत्न किया। उन्होंने इस अमानवीय प्रथा के विरुद्ध निरन्तर आन्दोलन चलाया। यह आन्दोलन समाचार पत्रों तथा मंच दोनों माध्यमों से चला। इसका विरोध इतना अधिक था कि एक अवसर पर तो उनका जीवन ही खतरे में था। वे अपने शत्रुओं के हमले से कभी नहीं घबराये। उनके पूर्ण और निरन्तर समर्थन का ही प्रभाव था, जिसके कारण लॉर्ड विलियम बैंटिक 1829 में सती प्रथा को बन्द कराने में समर्थ हो सके। जब कट्टर लोगों ने इंग्लैंड में प्रिवी कॉउन्सिल में प्रार्थना पत्र प्रस्तुत किया, तब उन्होंने भी अपने प्रगतिशील मित्रों और साथी कार्यकर्ताओं की ओर से ब्रिटिश संसद के सम्मुख अपना विरोधी प्रार्थना पत्र प्रस्तुत किया। उन्हें प्रसन्नता हुई जब प्रिवी कॉउन्सिल ने सती प्रथा के समर्थकों के प्रार्थना पत्र को अस्वीकृत कर दिया। सती प्रथा के मिटने से राजा राममोहन राय संसार के मानवतावादी सुधारकों की सर्वप्रथम पंक्ति में आ गये।

1831 से 1834 तक अपने इंग्लैंड प्रवास काल में राममोहन जी ने ब्रिटिश भारत की प्राशासनिक पद्धति में सुधार के लिए आन्दोलन किया। ब्रिटिश संसद के

द्वारा भारतीय मामलों पर परामर्श लिए जाने वाले वे प्रथम भारतीय थे। हाउस ऑफ कॉमन्स की प्रवर समिति के समक्ष अपना साक्ष्य देते हुए उन्होंने भारतीय प्रशासन की प्रायः सभी शाखाओं के सम्बन्ध में अपने सुझाव दिया। राममोहन जी के राजनीतिक विचार बेकन, ह्यूम,बैंथम, ब्लैकस्टोन और मॉन्टेस्क्यू जैसे यूरोपीय दार्शनिकों से प्रभावित थे। उन्होंने अंतर्राष्ट्रीय विवादों के शान्तिपूर्वक निबटारे के सम्बन्ध में कांग्रेस के माध्यम से सुझाव प्रस्तुत किया, जिसमें सम्बंधित देशों की संसदों से सदस्य लिए जाने का निश्चय हुआ।

आधुनिक भारत के जनक

राजा राममोहन राय एक प्रखर-प्रगतिशील व्यक्तित्व का नाम है। वे भारतीय भाषायी प्रेस के सही अर्थों में संस्थापक थे। जनजागरण और सामाजिक सुधार आंदोलन के प्रणेता राजा राममोहन राय पैनी पैठ के चिंतक थे। उन्होंने आंदोलन और पत्रकारिता के कुशल संयोग से दोनों क्षेत्रों को गति प्रदान की। उनके आन्दोलनों ने जहाँ पत्रकारिता को चमक दी, वहीं उनकी पत्रकारिता ने आन्दोलनों को सही दिशा दिखाने का कार्य किया। राय हिन्दी, अँग्रेजी के अलावा फारसी, अरबी, संस्कृत एवं बांग्ला भाषा के भी जानकार थे।

इनके पिता एक वैष्णव थे जबकि माता शाक्त। उन्होंने 1803-1814 तक ईस्ट इंडिया कम्पनी के लिए भी काम किया। बाद में उन्होंने ईस्ट इंडिया कंपनी की नौकरी छोड़कर अपने आपको राष्ट्र सेवा में झोंक दिया। भारत की स्वतंत्रता प्राप्ति के अलावा वे दोहरी लड़ाई लड़ रहे थे। दूसरी लड़ाई उनकी अपने ही देश के नागरिकों से थी। जो अंधविश्वास और कुरीतियों में जकड़े थे। राजा राममोहन राय ने उन्हें झकझोरने का काम किया। बाल विवाह, सती प्रथा, जातिवाद, कर्मकांड, पर्दा प्रथा आदि का उन्होंने भरपूर विरोध किया।

राजा राममोहन राय ने "ब्रह्ममैनिकल मैग्जीन" संवाद कौमुदी, मिरात-उल-अखबार, बंगदूत जैसे स्तरीय पत्रों का संपादन-प्रकाशन किया। बंगदूत एक अनोखा पत्र था। इसमें बांग्ला, हिन्दी और फारसी भाषा का प्रयोग एक साथ किया जाता था। राजा राममोहन राय के जुझारू और सशक्त व्यक्तित्व का इस बात से अंदाज लगाया जा सकता है कि सन 1821 में अँग्रेज जज द्वारा एक भारतीय प्रतापनारायण दास को कोड़े लगाने की सजा दी गई, फलस्वरूप उसकी मृत्यु हो गई। इस बर्बरता के खिलाफ राय ने एक लेख लिखा। लेख में उठाए मुद्दे थे- 1. जूरी प्रथा आरंभ की जाए। 2. न्यायाधीश और दंडाधिकारी के पद अलग

किए जाएँ। 3. न्यायालय की कार्रवाई आम जनता के लिए खुली हो। 4. उच्च पदों पर भारतीयों की नियुक्ति हो। 5. पंचायतें कायम की जाएँ। 6. भारतीय जनमानस पर आधारित विधि का निर्माण हो।

राजा राममोहन राय की दूरदर्शिता और वैचारिकता के सैकड़ों उदाहरण इतिहास में दर्ज हैं। वे अँग्रेजी के हिमायती थे लेकिन हिन्दी के प्रति उनका अगाध स्नेह था। वे रूढ़िवाद और कुरीतियों के विरोधी थे लेकिन संस्कार, परंपरा और राष्ट्र गौरव उनके दिल के करीब थे। 1814 में उन्होंने आत्मीय सभा को आरम्भ किया। 20 अगस्त 1828 में उन्होंने ब्रह्मसमाज की स्थापना की। 1831 में एक विशेष कार्य के सम्बन्ध में दिल्ली के मुगल सम्राट के पक्ष का समर्थन करने के लिए इंग्लैंड गये। वे उसी कार्य में व्यस्त थे कि ब्रिस्टल में 27 सितंबर, 1833 को उनका देहान्त हो गया।

वे स्वतंत्रता चाहते थे लेकिन चाहते थे कि इस देश के नागरिक उसकी कीमत पहचानें। नवजागरण काल के इस प्रणेता को आज का भारत कभी नहीं भुला सकता। वे एक व्यक्ति नहीं विचार थे। कर्म नहीं क्रांति में विश्वास रखते थे।

राजा राममोहन राय को आधुनिक भारत का जनक माना जाता है। वे एक संस्कारवान पुरुष थे, उनके व्यक्तित्व में भारतीय जीवन की समन्वयशीलता के दर्शन होते हैं। ये प्राचीन भारत के संस्कृत, साहित्य, इतिहास दर्शन और धर्मशास्त्रों से परिचित थे। वे एक दूरदर्शी व्यक्ति थे जो भविष्य के प्रति सचेत रहते थे।

पौराणिक दृष्टि से यदि देखा जाए तो भारत में नेतृत्व की अवतारों के रूप में तथा संत-महात्माओं के रूप में दो धारणायें हैं। पृथ्वी पर ईश्वर का अवतार तब होता है जब पाप चरम सीमा पर पहुँच जाता है। पथ-भ्रष्ट मानवों को ईश्वर सही रास्ता दिखाता है तथा उनके कष्टों को दूर करता है और लोगों को पवित्र तथा उच्चतर जीवन का ज्ञान कराता है। विश्व के प्रमुख धर्म, ग्रन्थ पुराणों के अनुसार परमात्मा ने पृथ्वी पर अनेक बार अवतार लिए हैं। इन अवतारों में अलौकिकता का चमत्कारों का पुट रहता है। वे मुख्यतः कल्पना की उपज है और मनुष्य की कुछ मनोवैज्ञानिक आवश्यकताएँ पूरी करते हैं। वे मानव को यह विश्वास दिलाते हैं कि ईश्वर सदा उनके साथ है कभी भी खुद को अकेला व असहाय न समझें।

संतों और महात्माओं का जन्म एक ऐतिहासिक व अनोखी घटना है। वे अपने समय की सामाजिक कुरीतियों से लड़ते हैं तथा अपने अनुयाइयों को धर्म का मार्ग दिखाते हैं। अनुयायी श्रद्धा के कारण उनकी ओर आकृष्ट होते हैं। गौतम बुद्ध,

महावीर, शंकराचार्य, कबीर, नानक, दादू, चैतन्य, तुकाराम, रामानुज, समर्थ गुरु रामदास, तुलसीदास ऐसे ही संत और सुधारक थे।

सामाजिक और राजनीतिक क्षेत्र में नेतृत्व की कल्पना एक आधुनिक कल्पना है। आज का नेतृत्वकर्ता हमारी तरह एक सामान्य व्यक्ति होता है। उसमें सारी मानवोचित कमजोरियाँ विद्यमान होती हैं। उसके अनुयायी उसकी इन कमजोरियों को स्वीकार करते हैं। आज के नेता धर्म के बजाय सामाजिक प्रक्रियाओं तथा शक्तियों पर जोर देते हैं। वह अपने अनुयायियों को संगठित करता है। वह शासकों के विरुद्ध क्रांति का रास्ता अपना कर अथवा अपनी संगठित शक्ति द्वारा इन पर दबाव डालकर अपने उद्देश्य की पूर्ति चाहता है।

भारतीय समाज सुधारक राजा राममोहन राय एक सार्वभौम नेता थे। उन्होंने राष्ट्रीय जीवन के प्रायः सभी प्रमुख अंगों पर अपनी छाप छोड़ी है।

राजा राममोहन राय की प्रतिभा बहुमुखी थी। सार्वभौमिकता के संदेश वाहक, स्वतंत्रता के सभी पक्षों के उत्साही समर्थक और प्रेस की स्वतंत्रता के लिए वे हमेशा से ही आंदोलन करते रहे। राजा राममोहन राय आधुनिकता के प्रवर्तकों में प्रथम थे। आधुनिक भारत की परिकल्पना में जो प्रयास किये जा रहे हैं, उसका पूर्वाभास राजा राममोहन राय के विचारों था।

राजा राममोहन राय का जन्म 22 मई 1772 को बंगाल के हुगली जिले के राधा नगर गाँव में हुआ था। पिता का नाम रमाकान्त राय और माता का नाम तारिणी देवी था। प्रतिभा के धनी राजा राम मोहन राय बहुभाषाविद् थे। उन्हें बंग्ला, फारसी, अरबी, संस्कृत, हिन्दी, अंग्रेजी, ग्रीक, फ्रेंच और लेटिन भाषाओं का अच्छा ज्ञान था। इन भाषाओं में वे अपने भावों को कुशलता से अभिव्यक्त करने की क्षमता रखते थे। मूर्ति पूजा में उनकी आस्था नहीं थी।

राजा राममोहन राय सती प्रथा को गलत मानते थे। उनके प्रयासों का ही परिणाम है कि लॉर्ड बैंटिक ने 4 दिसम्बर 1829 को एक आदेश जारी किया, जिसके तहत सती प्रथा पर रोक लगाई गई। भारत में राजनीतिक और सामाजिक चेतना जगाने के कारण ही उन्हें नये भारत का संदेश वाहक कहा जाता है। सुरेन्द्र नाथ बनर्जी ने उन्हें संवैधानिक जागरूकता का जनक कहा था। वे लिखित अभिव्यक्ति की स्वतंत्रता के सिद्धान्त का समर्थन करते थे। 1823 में द्वारका नाथ ठाकुर, सज्जन बोस गौरी शंकर बनर्जी और चन्द्र कुमार आदि के साथ मिलकर हाई कोर्ट के सामने एक याचिका प्रस्तुत करके उन्होंने प्रेस की स्वतंत्रता की माँग की थी। याचिका अस्वीकृत कर देने पर राजा राम मोहन राय ने इस निर्णय के

विरुद्ध मंत्री परिषद में अपील की। राजा राम मोहन राय की शिक्षा और विज्ञान में गहरी आस्था थी। आपके शिक्षा सम्बन्धी विचार रचनात्मक थे। 1816 में आपने कलकत्ता में अंग्रेजी स्कूल की स्थापना की। ये पहला अंग्रेजी स्कूल था, जिसका व्यय पूर्णतः भारतीयों द्वारा वहन किया जाता था। उनके प्रयासों से ही 1822 और 1823 में हिन्दू कॉलेज की स्थापना हुई। राजा राममोहन राय ने 1803 से 1814 तक ईस्ट इंडिया कंपनी के लिए काम भी किया। उन्होंने ब्रह्म समाज की स्थापना की और देश में प्रचलित बाल-विवाह, जातिवाद, कर्मकांड, पर्दा प्रथा आदि का भरपूर विरोध किया। उन्होंने अपना पूरा जीवन भारत की सामाजिक बुराईयाँ दूर करने में बिता दिया।

महान भविष्यद्रष्टा

आधुनिक भारत के निर्माता राजा राममोहन राय ऐसे बहुआयामी समाजसेवी थे जिन्होंने अकेले दम पर सदियों से रूढ़ियों में जकड़े भारतीय समाज के सुधार के लिए विभिन्न क्षेत्रों में काम किया।

तमाम विरोधों की अनदेखी करते हुए राममोहन राय ने सती प्रथा की समाप्ति के लिए संघर्ष किया और तत्कालीन अँग्रेज शासक के सहयोग से इस 'भयानक' प्रथा का अंत कर ही दम लिया।

पिछले कुछ समय से 'नॉलिज इज पावर' पर जोर दिया जा रहा है पर भविष्यदृष्टा राममोहन राय ने 18वीं सदी में ही इसका महत्व समझ लिया था। उस समय भारत में स्कूलों में सिर्फ फारसी और संस्कृत की शिक्षा का जोर था। कम ही लोगों को पश्चिमी शिक्षा खासकर विज्ञान की जानकारी थी जबकि यूरोप में नित नए शोध हो रहे थे।

आधुनिक भारत के निर्माता राजा राममोहन राय ऐसे बहुआयामी समाजसेवी थे जिन्होंने अकेले दम पर सदियों से रूढ़ियों में जकड़े भारतीय समाज के सुधार के लिए विभिन्न क्षेत्रों में काम किया...

महान राममोहन राय ने देश के पिछड़ेपन को महसूस करते हुए समझ लिया था कि आधुनिक शिक्षा खासकर अँग्रेजी, गणित एवं विज्ञान के अभाव में देश का भविष्य अंधकारपूर्ण ही रहेगा। इसके लिए उन्होंने अपने पैसे से कॉलेज शुरू किया जिसमें अँग्रेजी एवं विज्ञान की पढ़ाई होती थी।

देश के ऐसे महान सपूत का जन्म बंगाल के मुर्शिदाबाद जिले में 22 मई 1772 में ब्राह्मण रमाकांत राय के घर हुआ था। बचपन से ही उन्होंने भगवान में

भरोसा था लेकिन वह मूर्ति पूजा के विरोधी थे। कम उम्र में ही वह साधु बनना चाहते थे लेकिन माता का प्रेम इस रास्ते में बाधा बना।

लगन के पक्के राजा ने अपनी भाभी को सती होते देखा था। इस दर्दनाक घटना ने उन पर ऐसा असर डाला कि उन्होंने इस अमानवीय प्रथा को खत्म करने की ठान ली। उल्लेखनीय है कि इसके लिए उन्हें तमाम विरोधों का सामना करना पड़ा...

परंपराओं में विश्वास करने वाले रमाकांत चाहते थे कि उनके बेटे को ऊँची तालीम मिले। इसके लिए कम उम्र में ही राममोहन राय को पटना भेज दिया गया। कुशाग्र बुद्धि के बालक ने उस समय के प्रसिद्ध अरबी एवं फारसी विद्वानों से शिक्षा ग्रहण की। बाद में उन्होंने अँग्रेजी का महत्व समझा और उसका अध्ययन शुरू किया। अँग्रेजी के अध्ययन से उन्हें यूरोप तथा फ्रांसीसी क्रांति की जानकारी मिली।

मूर्ति पूजा के विरोधी राममोहन राय का इस मुद्दे पर पिता से मतभेद था और वह एक बार घर छोड़कर चले गए। लंबे चौड़े शरीर के मालिक एवं आकर्षक व्यक्तित्व के धनी राममोहन राय पश्चिमी देशों की अंधाधुंध नकल के पक्ष में नहीं थे। वह अपनी संस्कृति की अच्छाई को भी बनाए रखने के पक्षधर थे जबकि रूढ़िवादी एवं जड़ रीति रिवाजों के विरोध में उन्होंने कोई कसर नहीं छोड़ी।

उस समय किसी हिंदू के लिए समुद्र पार करने या विदेश जाने की मनाही थी लेकिन राममोहन राय ने इस मान्यता को भी खारिज कर दिया। वह उन शुरुआती कुछ लोगों में थे जिन्होंने इस 'दकियानूसी' मान्यता की अनदेखी की और इंग्लैंड की यात्रा की। जब राममोहन राय लीवरपूल (इंग्लैंड) पहुँचे तो वहाँ के प्रमुख नागरिक उनकी अगवानी के लिए मौजूद थे। उन्होंने फ्रांस की भी यात्रा की थी।

मौजूदा दौर में प्रेस की आजादी के लिए जोर-शोर से आवाज उठती रहती है लेकिन राममोहन राय ने 19वीं सदी में ही इस पर बल दिया और तत्कालीन शासक से टकराव गोल लिया। उनका मानना था कि समाचार पत्रों पर सरकार का नियंत्रण नहीं होना चाहिए। सच्चाई सिर्फ इसलिए नहीं दबा देनी चाहिए कि वह सरकार को पसंद नहीं है।

उस समय किसी हिंदू के लिए समुद्र पार करने या विदेश जाने की मनाही थी लेकिन राममोहन राय ने इस मान्यता को भी खारिज कर दिया। वह उन शुरुआती कुछ लोगों में थे जिन्होंने इस 'दकियानूसी' मान्यता की अनदेखी की और इंग्लैंड की यात्रा की....

अँग्रेज राज में ऐसी आवाज उठाना हिम्मत की बात थी लेकिन उन्होंने यह भी बखूबी किया और अंततः सफल रहे। उन्होंने मिरात-उल अखबार और संवाद कौमुदी जैसे पत्रों का प्रकाशन भी किया। वह अपने पत्रों में नियमित रूप से अपने विचार व्यक्त करते और विरोधियों का जवाब देते।

लगन के पक्के राजा ने अपनी भाभी को सती होते देखा था। इस दर्दनाक घटना ने उन पर ऐसा असर डाला कि उन्होंने इस अमानवीय प्रथा को खत्म करने की ठान ली। उल्लेखनीय है कि इसके लिए उन्हें तमाम विरोधों का सामना करना पड़ा, लेकिन धुन के पक्के राममोहन राय की मेहनत रंग लाई और तत्कालीन सरकार ने सती प्रथा को अपराध घोषित कर दिया।

ब्रह्म समाज तथा आत्मीय सभा के संस्थापक तथा आजीवन रूढ़िवादी रिवाजों को दूर करने के लिए प्रयासरत राममोहन राय का 27 सितंबर 1833 को ब्रिस्टल (इंग्लैंड) में निधन हो गया। जीवन भर समाज से संघर्ष करने वाले राममोहन राय भले ही इस दुनिया में नहीं रहे हों लेकिन जब भी आधुनिक भारत की चर्चा होगी उनका नाम सदैव बड़े सम्मान से लिया जाता रहेगा।

ईश्वर में आस्था किन्तु मूर्तिपूजा के विरोधी

ऐसा कम ही होता है कि संतान कुछ अच्छा करे फिर उसके माता-पिता उसका विरोध करें, लेकिन राजा राममोहन राय के साथ ऐसा ही था। उनके काल में सतीप्रथा एक ऐसा अंधविश्वास था, जो समाज में भीतर तक घर कर गया था। उनकी भाभी को सती होने लिए बाध्य किया गया तो वे विचलित हो उठे। राजा राममोहन राय ने समाज की ऐसी ही कुरीतियों को दूर करने के लिए आवाज उठाई तो समाज ने उनका बहिष्कार किया। माता-पिता ने घर से बाहर निकाल दिया। इसके बाद राज राममोहन राय तिब्बत चले गए, लेकिन उन्होंने हार नहीं मानी वापस फिर बंगाल आ गए और अपने मंजिल को पाने के लिए प्रयास करते रहे। उन्होंने लार्ड विलियम बैंटिक से मिलकर सती प्रथा समाप्त करने का अपना संकल्प शासनादेश जारी कराकर पूर्ण कर दिया। राजा राममोहन राय ऐसा मानते थे कि यदि समाज की महिलाओं को शिक्षित किया जाए तो समाज सुधार निश्चित है। इसके लिए उन्होंने आजीवन प्रयास किया। समाज की कुरीतियों को दूर करने के लिए ही उन्होंने 1828 में 'ब्रह्म समाज' की स्थापना की। महिलाओं की जागरूकता के लिए किया उनका काम हमेशा याद किया जाएगा। उन्होंने स्त्रियों को शिक्षा और संपत्ति का उत्तराधिकार दिलाने के लिए भी आंदोलन चलाया। अपने

अपने जीवनकाल में मिरात-उल अखबार और संवाद कौमुदी जैसे पत्रों का प्रकाशन भी किया।

राजा राममोहन राय बचपन से आस्थावान थे परन्तु मूर्ति पूजा के घोर विरोधी थे। कहा जाता है कि वह कम उम्र में ही साधु बनना चाहते थे लेकिन उनकी माँ ने ऐसा करने से मना किया। पिता जी चाहते थे कि उनका बेटा पढ़ाई-लिखाई करे इसीलिए उन्होंने अंग्रेजी शिक्षा प्राप्ति के लिए कम उम्र में ही पटना भेज दिया।

मोनियर विलियम के अनुसार,–"राजा महोदय सम्भवतः तुलनात्मक धर्मशास्त्र के प्रथम सच्चे अन्वेषक थे।"

सील के अनुसार,–"राजा विश्व मानवता के विचार के संदेशवाहक थे। वे मानवतावादी, पवित्र तथा सरल थे। वे विश्व इतिहास में विश्व मानवता के दिग्दर्शन करते थे।"

मिस कोलेट के कथनानुसार,–"इतिहास में राममोहन राय ऐसे जीवित पुल के समान हैं, जिस पर भारत अपने अपरिमित भूतकाल से अपने अपरिमित भविष्य की ओर चलता है। वे एक ऐसे वृत खंड थे, जो प्राचीन जातिवाद तथा अर्वाचीन मानवता, अंधविश्वास तथा विज्ञान, अनियन्त्रित सत्ता तथा प्रजातंत्र, स्थिर रिवाज तथा अनुदार प्रगति, भयावने अनेक देवताओं में विश्वास तथा पवित्र, यद्यपि अस्पष्ट आस्तिकता के बीच की खाई को ढके हुए थे।"

नन्दलाल चटर्जी के अनुसार,–"राजा राममोहन राय अविनष्ट भूतकाल और उदित होते हुए भविष्य, स्थिर अनुदारता तथा क्रांतिकारी सुधार, अंध परम्परागत पृथकता तथा प्रगतिशील एकता के मध्य मानव सम्बन्ध स्थापित करने वाले थे। संक्षेप में वे प्रतिक्रिया तथा प्रगति के मध्य बिंदु थे।"

रवींद्रनाथ टैगोर के अनुसार,–"राममोहन राय ने भारत में आधुनिक युग का सूत्रपात किया। उन्हें भारतीय पुनर्जागरण का पिता तथा भारतीय राष्ट्रवाद का प्रवर्तक भी कहा जाता है उनके धार्मिक और सामाजिक सब विचारों के पीछे अपने देशवासियों की राजनीतिक उन्नति करने की भावना मौजूद रहती थी।" वे आगे लिखते हैं कि "मुझे यह खेदपूर्वक कहना पड़ता है कि हिन्दुओं की वर्तमान पद्धति उनके राजनीतिक हितों की दृष्टि से ठीक नहीं है। जात पात के भाव ने उन्हें राजनीतिक भावना में शून्य कर दिया है। सैकड़ों हजारों धार्मिक कृत्यों और शुद्धता के नियमों ने उन्हें कोई भी कठिन काम करने के अयोग्य बना दिया है। मैं समझता हूँ कि यह

आवश्यक है कि उनके राजनीतिक लाभ और सामाजिक सुविधा के लिए उनके धर्म में कुछ परिवर्तन हो।"

सहनशील व्यक्तित्व

जरा सोचें, आज से लगभग 150 वर्ष पूर्व के भारत में इन सुधारों की बात करना कितना क्रन्तिकारी कदम था। उन्होंने ब्रह्म समाज की स्थापना की जिसका उद्देश्य था समस्त सामाजिक कुरीतियों का बहिष्कार करना और मानव मात्र की सेवा करना।

एक बार उनके दो मित्रों ने यह विचार किया कि यदि राजा राममोहन राय वास्तव में ब्रह्मज्ञानी हैं तो उनपर किसी भी प्रकार के मोह-माया के बंधनों का असर नहीं पड़ेगा। इसकी परीक्षा लेने के लिए उन्होंने एक योजना बनाई। एक व्यक्ति को डाकिया बनाकर राजा राममोहन राय को एक पत्र भिजवाया गया। पत्र में लिखा था कि आपके बड़े पुत्र का दुर्घटना में निधन हो गया है।

योजना के अनुसार वे दोनों मित्र भी उस समय वहाँ मौजूद थे जब डाकिये ने वह पत्र राजा राममोहन राय को दिया। राजा राममोहन राय ने पत्र पढ़ा तो उनके चेहरे पर स्वाभाविक रूप से कुछ परिवर्तन आ गया। पुत्रशोक की वेदना उनके चेहरे पर उभर आई। कुछ क्षणों तक वे कुछ न बोले और निश्चल बैठे रहे। फिर वह जिस काम में लगे हुए थे उसी काम को करने लगे। कुछ ही समय में उन्होंने अपने आप को सँभाल लिया और इतने बड़े शोक को सहने की शक्ति जुटा ली। दोनों मित्रों ने वास्तविकता बताकर उनसे अपने इस कृत्य के लिए क्षमा माँगी। राजा राममोहन राय को उनके कृत्य पर ज रा भी क्रोध नहीं आया और वे पूर्ववत अपना काम करने में लगे रहे।

भारतीय राष्ट्रीयता का अग्रदूत

राममोहन राय एक स्वतन्त्रता के पक्षधर थे। स्वतंत्रता की व्याख्या वे दार्शनिक धरातल पर करते थे। अंग्रेजी राज की स्थापना को वे भारत के लिए वरदान मानते थे और अंग्रेज भारतीयों के बीच अधिकधिक सम्पर्क को लाभदायक मानते थे, परन्तु अंग्रेजों के प्रति श्रद्धा रखते हुए भी उन्होंने उनकी अनुचित नीति की निंदा करने में जरा सा भी नहीं हिचकिचाते थे। 1823 ई. के प्रेस-अध्यादेश और 1827 ई. के प्रेस-अध्यादेश और 1827 ई. के जूरी ऐक्ट की उन्होंने कटु आलोचना की थी।

राममोहन राय ने कुछ प्रमुख कार्यों जैसे नौकरियों में भारतीयों को सर्वाधिक स्थान दिलाने, जमींदारों के शोषण को खत्म करने, आन्दोलन करने के वैधानिक अधिकारों, किसानों की दशा में सुधार, न्याय-विभाग की स्वतंत्रता, जूरियों द्वारा मुकदमों की जाँच, लिखने और अभिव्यक्ति की स्वतंत्रता आदि प्रश्न उठाने का उन्होंने प्रयास किया था। अन्तरराष्ट्रीय प्रश्नों में भी उनकी दिलचस्पी थी। नेपोलियन के अत्याचार का उन्होंने विरोध किया था।

इंग्लैण्ड में संसदीय सुधार आन्दोलन के प्रति सहानुभति प्रकट की थी। भारतीय जनमानस में अधिकार और दायित्व की भावना जागृत कर उन्होंने राजनीतिक चिंतन की दिशा में एक मोड़ ला दिया था।

राय ने विभिन्न क्षेत्रों में एक महत्वपूर्ण योगदान दिया। समाज, शिक्षा, साहित्य, धर्म और पत्रकारिता के क्षेत्र में उनकी देने विशेष रूप से उल्लेखनीय था। राममोहन राय ने विभिन्न क्षेत्रों में अनुभूत किये जा रहे परिवर्तनों को एक साथ रखकर एक नयी चेतना का सूत्रपात किया था। वे जीवन के विविध क्षेत्रों में नयी प्रवृत्तियों का समर्थन करते थे। उनके विचारों ने भारत के सर्वांगीण जीवन को प्रभावित किया था। इस अर्थ में उन्हें 'आधुनिक भारत का मसीहा-हम कह सकते हैं।

राजा राममोहनराय को भारतीय राष्ट्रीयता का अग्रदूत कहा जा सकता है, जिन्होंने समाज तथा धर्म में व्याप्त बुराइयों को दूर करने हेतु अगस्त 1828 ई. में ब्रह्म समाज की स्थापना की। राजा राममोहन राय ने सती प्रथा, छुआ-छुत, जाति-भेदभाव एवं मूर्तिपूजा आदि बुराइयों को दूर करने का प्रयास किया। उनके प्रयासों के कारण आधुनिक भारत का निर्माण सम्भव हो सका। इसलिए उन्हें आधुनिक भारत का निर्माता कहा जाता है। डॉ. आर.सी. मजूमदार ने लिखा है कि राजाराममोहन राय को बेकन तथा मार्टिन लूथर जैसे प्रसिद्ध सुधारों की श्रेणी में गिना जा सकता है। एस.सी. सरकार तथा के.के. दत्त का मानना है कि राजा राममोहनराय ने आधुनिक भारतवर्ष में राजनीतिक जागृति एवं धर्म सुधारक का आध्यात्मिक युग प्रारम्भ किया। वे एक युग के प्रवर्तक थे, इसलिए डॉ. जकारिय ने उन्हें सुधारकों का आध्यात्मिक पिका कहा है। बहुत से विद्वान उन्हें आधुनिक भारत का पिता तथा नए युग का अग्रदूत मानते हैं।

राजा राममोहनराय ने भारतीयों के लिए राजनीतिक आधिकारों की माँग की। 1823 ई. में प्रेस ऑर्डिनेन्स के द्वारा समाचार-पत्रों पर प्रतिबन्ध लगा दिया गया था। इस पर राजा राममोहन राय ने इस ऑडिनेन्स का प्रबल विरोध किया और इसको

रद्द करवाने का हरसम्भव प्रयास किया। इसके पश्चात् उन्होंने ज्यूरी एक्ट के विरुद्ध एक आन्दोलन प्रारम्भ कर दिया। डॉ. आर. सी. मजूमदार के शब्दों में, राजा राममोहनराय पहले भारतीय थे, जिन्होंने अपने देशवासियों की कठिनाई तथा शिकायतों को ब्रिटिश सरकार के सम्मुख प्रस्तुत किया और भारतीयों को संगठित होकर राजनीतिक आन्दोलन चलाने का मार्ग दिखलाया। उन्हें आधुनिक आन्दोलन का अग्रदूत होने का श्रेय दिया जा सकता है।